教育部基础学科拔尖学生培养计划 2.0 基地建设成果

国家级一流本科专业建设点建设成果

教育部基础学科拔尖学生培养计划 2.0 研究重点课题"新时代中国哲学拔尖人才本硕博连读培养模式的探索与实践"（20211028）阶段性成果

江苏高校品牌专业建设工程二期项目建设成果

江苏省高等教育教改研究课题"面向拔尖 2.0 的哲学拔尖人才培养模式的探索与实践"（2019JSJG148）阶段性成果

南京大学全球战略合作伙伴推进计划建设成果

思入风云

——南京大学哲学系学生国际交流学术论文集

刘　鹏　辛香英 / 主编

南京大学出版社

编者前言

本文集收录的是南京大学哲学系近五年来出国访学交流学生的学术论文，论文主题涵盖哲学下设的所有二级学科。总的来说，这19篇学术论文代表了南京大学哲学系学生哲学学术训练和研究的水平，而这种学术水平的修炼离不开他们共同而又独特的国际交流经历。

南京大学以及南大哲学系向来注重教育国际化建设，积极推动学生对外交流访学，为学生的学业发展打造了非常好的平台。在国家留学基金委、南京大学以及哲学系的各类国际交流政策和计划的支持下，同学们赴国外知名高校、知名院系，在知名学者的指导下进行学习，极大开拓了学术视野，提升了学术能力。近年来哲学系部分本科班级的出国交流比例已经超过80%，研究生的联合培养和短期访学比例也在稳步提升。南京大学还常年开办法语精英班、德语精英班，为学生出国交流夯实语言基础。本文集的作者均基于兴趣或专业研究的需要赴美国宾夕法尼亚州立大学、法国巴黎第一大学、德国弗莱堡大学、加拿大多伦多大学、比利时根特大学等世界知名学府或哲学顶尖机构进行了3个月以上的交流学习，有的在校期间甚至不止一次出国交流。在打开一扇扇交流之门后，学生的收获包含兴趣、视野、态度、文化等诸多方面，而本书就是这些收获凝练到学术写作上的体现。为学与为人本就大道相通，希望读者也能由这些文章瞥见学生们"论究学术""会通中西"的独特风貌。

近年来哲学系国际交流的成果不仅体现在学生出境交流比例的提升

上,更可喜、更重要的是交流的效果和质量也可圈可点,本论文集的选编正是这种效果与质量的一次展示。这里的很多文章实际上都已经发表在国内外高水平学术刊物,也有一些文章在国际顶尖学术会议上交流报告。这些文章都是作者在国际交流期间或回国后撰写的专业学术论文,文章的作者们将在南京大学的所思所想与在国外研讨、收集的素材创造性地吸收、提升、"融化新知",打造出既具前沿视野又内涵深厚的学术佳作。细细阅读这些"会通中西"的学术论文,不仅能感受到学术视野开阔带来的前沿性,更能体会到作者在深厚学术涵养的基础上所做的创新性思考。国际交流的核心意义,恰恰就在于促进学生们在吸收中西方优秀成果的基础上打造创新性理论,为构建中国特色哲学社会科学学科体系、学术体系和话语体系发挥积极作用。在南京大学国际交流平台上成长起来的这批作者已经显露出从事前沿性、原创性、引领性科学研究的能力和素养,论文的作者在毕业后大都继续从事前沿学术研究,有的继续到境内外高校升学深造,有的已经入职成为界内的优秀青年学者,相信他们会继续耕耘,在专业领域内做出更大贡献。

在中华民族伟大复兴战略全局和世界百年未有之大变局"两个大局"交融激荡之际,从国家到学校、院系都以坚定的态度加强教育对外开放,积极建设教育强国。南哲的学子们在这种风云交汇的背景下不忘初心,秉先学"昌明国粹、融化新知""论究学术、会通中西"之志,在精神的原野上诚朴耕犁写作。这本论文集便是这种精神与行动的见证,我们期待一代代的南哲人在各种机遇与挑战面前砥砺前行,以思之锋芒接入事理变化精微之几,以思之超越通于天地风云之外。

感谢南京大学国际合作与交流处对哲学系国际交流工作的大力支持,感谢"南京大学国际战略合作伙伴推进计划"(GESP)项目对本文集出版的支持。感谢南京大学出版社施敏老师为本论文集出版所做的努力。感谢刘瑶、辛香英、刘雨轩、刘兆晖、唐铱涵在本论文集稿件征集、统稿过程中的辛勤付出。

目　录

"New Infrastructure Investment" in China: A Proactionary Measure after the COVID-19 Crisis

王　聪

After COVID-19 Crisis: A Chance to Go Green

The COVID-19 has caused damage to the Chinese economy. On April 17, 2020, China's National Bureau of Statistics of China (国家统计局) released China's economic data for the first quarter of 2020. The data showed that China's GDP fell 6.8% in the first quarter. International Monetary Fund (IMF) forecasts that China's annual GDP growth rate will fall to 1.2% in 2020, the lowest since "the Reform and Opening-up" (1978). And the Chinese government has not set a GDP growth target for 2020. Thus, in early March, after China had initially contained the COVID-19 and started to reopen the whole country, the Chinese government proposed an investment plan called "New Infrastructure Construction" (新型基础设施建设, "新基建") to deal with the economic downturn. The Chinese government's "New Infrastructure" plan refers to information technology infrastructure, transport infrastructure, and power infrastructure.

In the "New Infrastructure" plan, the environment-related infrastructure has become a new focus. On March 28, according to Ministry of Transport, 25 provinces in all 31 provinces released their investment plans for major projects in 2020 mentioned "New Infrastructure", with the keywords like "5G", "big data centers" and "new energy vehicle charging piles" (新能源充电桩). "New Energy Vehicles" (新能源汽车) in China refer to pure battery electric vehicles (BEVs), plug-in hybrid electric vehicles (PHEVs), and fuel cell electric vehicles (FCEVs). The "new energy vehicle charging piles" are the essentials for electric vehicles.

At the national level, new energy vehicles are also a focus. On March 31, The State Council (国务院) announced three measures to boost new energy vehicle industry: (1) Extend subsidies and duty-free policy of new energy vehicles for two years; (2) The central finance will adopt incentives instead of subsidies to eliminate diesel trucks with National three or lower emission standards in key areas such as Beijing, Tianjin, and Hebei Province; (3) A reduction of 0.5% of the VAT on sales of used cars to enterprises from May 1, 2020 to 2023. Following in the footsteps of The State Council, the government departments also came up with their plans. On April 16, State Grid Corporation of China (国家电网) announced that 78,000 new energy vehicle charging piles will be built by 2020. On April 22, the Ministry of Finance (财政部), the General Administration of Taxation (税务总局), and the Ministry of Industry and Information Technology (工业和信息化部) announced a duty-free policy on new energy vehicles from January 1, 2021 to December 31, 2022[①].

The local governments also promote new energy vehicles. For example, on April 31, Shenzhen (深圳) in Guangdong Province, announced two measures[②]. (1) Easing restrictions on the purchase of new energy vehicles by in-

---

① 关于新能源洗车免征车辆购置税有关政策的公告, http://www.gov.cn/zhengce/zhengceku/2020 - 04/22/content_5505188.htm.

② 深圳拟放宽个人新能源车增量指标申请, http://auto.people.com.cn/n1/2020/0501/c1005 - 31695508.html.

dividuals. Both foreigners and non-Shenzhen citizens can buy new energy vehicles without the restriction of paying for local medical insurance for 24 months or more. (2) 20,000 yuan/car subsidy for newly purchased new energy vehicles.

The Chinese government's policy for new energy vehicles can be seen as a proactionary technology policy, as there are still many problems and challenges faced by new energy vehicles. For example, in May 2020, there were three accidents of new energy vehicles in one week. The safety of new energy vehicles is in doubt. On the other hand, new energy vehicles will have a good impact on China's carbon emissions and environmental protection. In 2009, China's transport sector accounted for 48% of oil consumption [CAERC (China Automotive Energy Research Center, Tsinghua University), 2012]. Zhou, Ou, and Zhang once predicted that the proportion of oil consumption in the transport sector in China would be more than half by 2030.[1] The promotion of new energy vehicles will effectively reduce oil consumption in the transport sector. Because of new energy vehicles, China is taking a step in environmental protection.

Economy or Environment: "Old Infrastructure" vs. "New Infrastructure"

When it comes to "New Infrastructure", it is easy to recall that during the Global Financial Crisis (2007—2009), the Chinese government also released a plan to deal with the economic downturn: an investment of 4 trillion Yuan to build the infrastructure. The Chinese government refers to the 2020 investment plan as "New Infrastructure" to distinguish it from the "Old In-

---

[1] G. Zhou, X. Ou & X. Zhang, "Development of Electric Vehicles Use in China: A Study from the Perspective of Life-Cycle Energy Consumption and Greenhouse Gas Emissions", *Energy Policy*, 2013, Vol.59, pp.875 – 884.

frastructure" plan in 2008. The "Old Infrastructure" plan was mainly invested in traditional infrastructure, for example, railroads, highways, airports, water conservancy construction, and the upgrading of power grids.[1] While the "New Infrastructure" plan focuses more on information infrastructure and environmental infrastructure.

The most significant difference between the two plans is the attitude towards environment protection. In the "Old Infrastructure" plan, in the game of economic and environmental protection, China chose the economy and chose to adjust its industrial structure at the expense of the environment. The economic results were significant. The imbalance in the industrial structure of the Chinese economy was compensated.[2] China moved up in the global value chain and China's exports moved towards higher value-added products instead of cheap ones since 2005.[3] The development gap between the Eastern Region and the Western Region narrowed. According to the study of Shi and Huang, the Western Region is even better than the Eastern Region in infrastructure after the implementation of the "Old Infrastructure" plan.[4]

However, the cost to the environment is also great. At the end of 2008, the Chinese government proposed an infrastructure investment plan with 4 trillion Yuan, but this plan was revised at the National People's Congress and the National Committee ("两会") in March 2009. The investment in energy-saving and emission reduction was reduced from 350 billion yuan to 210

---

① H. Shi, S. Huang, "How Much Infrastructure Is Too Much? A New Approach and Evidence from China", *World Development*, 2014, Vol.56, pp.272 - 286.

② 王曦、陆荣:《危机下四万亿投资计划的短期作用与长期影响》,《中山大学学报(社会科学版)》,2009 年第 4 期。

③ Z. Mi, J. Meng, *et al.* "Chinese CO_2 Emission Flows Have Reversed since the Global Financial Crisis", *Nature Communications*, 2017(8), pp.1 - 10.

④ H. Shi, S. Huang, "How Much Infrastructure Is Too Much? A New Approach and Evidence from China", *World Development*, 2014, Vol.56, pp.272 - 286.

billion yuan, and its share was reduced from 8.75% to 5.25%.[1] The proportion of environmental improvement investment in total urban infrastructure investment dropped from 25.4% in 2000 to 21.3% in 2009.[2] The cut in environmental protection investment caused serious consequences. China's carbon emissions have increased significantly since 2010.[3] The Western Region in China, which was poorer than the Eastern Region and used to have fewer carbon emissions, started to exceed carbon emissions of the Eastern Region.[4]

For the "New Infrastructure" plan, it focuses on the new energy vehicles and the associated facilities, which will be an effective environmental measure for the transport sector. For example, Hawkins, and Singh, *et al.* found that the Electric Vehicles would offer a 10% to 24% decrease in global warming potential (GWP) in Europe.[5] The same situation also happened in China. Li, and Davis, *et al.* showed that the Electric Vehicles would reduce NO_X emission in all the regions in China and SO_2 emission in the region south of the Yangtze River. They predicted that the future potential for emission reduction would from southern provinces.[6] The study of Hao, and Qiao, *et*

---

① 严昀镝、徐延萌、段海英:《浅议经济低迷时期政府投资的着力方向——基于四万亿元政府投资计划的分析》,《软科学》,2009 年第 8 期。

② J. Wu, Y. Deng, J. Huang, R. Morck & B. Yeung, "Incentives and Outcomes: China's Environmental Policy", *National Bureau of Economic Research* 2013, No.w18754.

③ Z. Mi, J. Meng, *et al.* "Chinese CO_2 Emission Flows Have Reversed since the Global Financial Crisis", *Nature Communications*, 2017(8), pp.1 – 10.

④ Z. Mi, J. Meng, *et al.* "Chinese CO_2 emission Flows Have Reversed since the Global Financial Crisis", *Nature Communications*, 2017(8), pp.1 – 10.

⑤ T. R. Hawkins, B. Singh, G. Majeau-Bettez, & A. H. Strømman, "Comparative Environmental Life Cycle Assessment of Conventional and Electric Vehicles", *Journal of Industrial Ecology*, 2013(1), pp.53 – 64.

⑥ Y. Li, C. Davis, Z. Lukszo & M. Weijnen, "Electric Vehicle Charging in China's Power System: Energy, Economic and Environmental Trade-Offs and Policy Implications", *Applied Energy*, 2016, Vol.173, pp.535 – 554.

al. also indicates that the adoption of Electric Vehicles would significantly reduce the reliance on fossil fuel in the long term in China.[①] Therefore, the deployment of Electric Vehicles will contribute to the energy-saving and greenhouse gas emission reduction in China's transport sector.

However, we should also note that the adoption of Electric Vehicles is just the first step to environmental protection in China. At present, China's power system still relies heavily on coal. A Coal-based power system dominates the Northeast and North China with a proportion of 95%—98%.[②] So Li, and Davis, *et al.* point that Electric Vehicles are shifting the use of gasoline to coal-fired power generation in China and it might be more carbon emission from the power system.[③] Therefore, the next step for environmental protection in China might need to change its power system and use cleaner and renewable energy sources. Moreover, the recycling of Electric Vehicles would also be beneficial in reducing greenhouse gas emissions. For example, the recycling of steel, aluminum, and the cathode material of traction battery in Electric Vehicles accounted for 61%, 13%, and 20% of the total emission reduction, respectively.[④]

After the COVID-19 Crisis, the Chinese government is now promoting new energy vehicles. In other words, the Chinese government prefer new energy vehicles instead of fuel vehicles in the transport sector. The replacement

---

① H. Hao, Q. Qiao, Z. Liu & F. Zhao, "Impact of Recycling on Energy Consumption and Greenhouse Gas Emissions from Electric Vehicle Production: The China 2025 Case. Resources", *Conservation and Recycling*, 2017, Vol.122, pp.114 - 125.

② H. Huo, Q. Zhang, M. Q. Wang, D. G. Streets & K. He, "Environmental Implication of Electric Vehicles in China", Environmental Science & Technology, 2010(13), pp.4856 - 4861.

③ Y. Li, C. Davis, Z. Lukszo & M. Weijnen, "Electric Vehicle Charging in China's Power System: Energy, Economic and Environmental Trade-Offs and Policy Implications", *Applied Energy*, 2016, Vol.173, pp.535 - 554.

④ H. Hao, Q. Qiao, Z. Liu & F. Zhao, "Impact of Recycling on Energy Consumption and Greenhouse Gas Emissions from Electric Vehicle Production: The China 2025 Case. Resources", *Conservation and Recycling*, 2017, Vol.122, pp.114 - 125.

might bring two benefits: first, new energy vehicles could serve as a new hot spot of consumption; moreover, new energy vehicles could reduce air pollution in the transport sector. The idea is embodied in 2020 Government Work Report (2020 年政府工作报告) at the National People's Congress and the National Committee in May 2020. In the Report, Li Keqiang (李克强) suggested that China's investment in 2020 would focus on "New Infrastructure", "New Urbanization", and key projects in transportation and water conservancy ("两新一重"). Among the "New Infrastructure", Li highlighted the construction of new energy vehicle charging piles and the promotion of new energy vehicles to "stimulate new consumer demand and facilitate industrial upgrading"[1]. New energy vehicles are seen as an important part of industrial upgrading and energy-saving and environmental protection industry.

On the other hand, after the COVID-19 Crisis, China would make little change in its energy mix, remaining coal-based. According to the Report, for the power system, the main goal for 2020 is to guarantee energy security. The main measure to achieve environmental protection in the power system is to improve the clean and efficient use of coal[2]. Clean energy will serve as a supplement.

Therefore, after the COVID-19 Crisis, we might see China's environmental achievements mainly in the transport sector thanks to the use of new energy vehicles. While the power system still has a long way to go in terms of environmental protection.

Proactionary Principle Towards the Crisis

Although the attitude of the "Old Infrastructure" plan and the "New In-

---

① 2020 年李克强总理政府工作报告, http://www.gov.cn/zhuanti/2020lhzfgzbg/index.htm.
② Ibid.

frastructure" plan towards environmental protection is very different, they are proactionary principles that the Chinese government has adopted in response to the crisis. In the game of environment and economy, the Chinese government has chosen to pollute first and then regulate. This process is like what More calls, learn by acting.[1] The Chinese government focused on solving economic difficulties after the Global Financial Crisis but caused a serious problem of environmental pollution. Therefore, the Chinese government is concerned about environmental protection after the COVID-19 Crisis.

Either the precautionary principle or the proactionary principle is about weighing the pros and cons before making a decision.[2] One who adopts the proactionary principle is usually more willing to face the uncertainty because it will view the uncertainty in a Gestalt switch. In this way, the uncertainty can be seen from a potential threat into an opportunity.[3]

Proactionary principle is the policy choice of the Chinese government in response to the crisis. This option is also suited to China's situation. China's centralized system can shift between the two extremes. Therefore, by comparing the "Old Infrastructure" plan with the "New Infrastructure" plan, China can easily switch from economy-centric to environment-centric. Moreover, because China's centralized system can easily move from one extreme to the other, it is able to withstand the risks posed by the choice and can compensate for the adverse consequences caused by the previous policy. On the other hand, China's science and technology policy is easily leading to extreme consequences. For example, the large amount of carbon emissions generated in the implementation of the "Old Infrastructure" plan requires

---

[1] J. B. Holbrook & A. Briggle, "Knowing and Acting: The Precautionary and Proactionary Principles in Relation to Policy Making", *Social Epistemology Review and Reply Collective*, 2013 (5), pp.15–37.

[2] Ibid.

[3] S. Fuller & V. Lipinska, *The Proactionary Imperative*, London: Palgrave Macmillan, 2014.

greater efforts to address. China's "learn by acting" strategy can also lead to a lack of long-term goals and fall in the trap that only focuses on solving the problems left before. After the COVID-19 Crisis, China is going to address the environmental issues that resulted from the last proactionary measure in 2008. For China, the COVID-19 Crisis might be an opportunity to achieve environmental protection.

On the one hand, COVID-19 has caused huge damage to the economy not only in China but worldwide. On the other hand, there are new opportunities for human beings to protect the environment. During the lockdown, we also saw some rare scenes, for example, we see a clear river in Venice, a blue sky in India, and the potential environmental benefits brought by the "New Infrastructure" plan in China. As Fuller says, we can take a proactionary attitude towards the crisis and "Never let a good crisis go to waste".[①] If we are prepared, we can also turn the COVID-19 Crisis into a successful environmental protection opportunity, as Lao Tzu said, "Difficult and easy interdepend in completion"(难易相成).

(原载 *Social Epistemology Review and Reply Collective*, Volume 9, Issue 6)

作者简介: 王聪,南京大学哲学系 2010 级哲学专业本科生、2014 级科学技术哲学专业硕士研究生(导师刘鹏),于 2013 年 1 月至 6 月与 2015 年 9 月至 2016 年 6 月通过南京大学国际交流项目分别赴美国戴顿大学、法国巴黎第一大学进行为期 6 个月与 10 个月的交流,现于英国华威大学社会学系攻读博士学位。

---

① S.Fuller, *Preparing for Life in Humanity* 2.0, London: Palgrave Macmillan, 2012, chap. 4.

技术哲学的第三次转向

——维贝克道德物化思想的三重特征

史 晨

摘 要:技术哲学的发展先后经历了经验转向和伦理转向两次重大的转折,但两次转向后的技术哲学各有利弊,维贝克在整合两次转向的基础上提出了"道德物化"思想,指明当代技术文化大背景下的技术哲学需要第三次转向。至此,技术哲学从最初经典技术哲学的重视技术的本质和结构发展为第三次转向中愈来愈重视技术的物质性、道德性、实践性,逐渐为我们展现的是一个多方面、多层次的技术观。

关键词:技术哲学;转向;道德物化;物质性;道德性;实践性

20世纪中叶开始,以海德格尔和雅斯贝尔斯为代表的经典技术哲学将批判的矛头直指技术的本质与结构,前者将技术还原为"技术思维"(technological thinking),后者将技术视为"大批量生产系统"(the system of mass production),都将注意力放在技术得以产生的条件和可能性上而非具体的技术本身。此外,经典技术哲学一味的批判视角容易陷入技术悲观主义,"先验地对技术持单边否定态度和悲观态度"①,而技术为整个社会和人类生活所做出的贡献却毋庸置疑,这就需要我们以一种更加具体、积极从而也更全面的视角看待技术。鉴于经典技术哲学对技术的先验态度及其对技术本身的背离,20世纪80年代和90年代,技术哲学进行了经验转向,转向后的技术哲学不再将"大写的技术"作为出发点,转而从"小写的技术"着手,为我们展现具体、微观

---

① 潘恩荣:《技术哲学的两种经验转向及其问题》,《哲学研究》,2012年第1期。

的技术与社会的关系,然而对语境的过分强调使得技术自身从讨论中消失,社会因素成为主角,经验转向后的技术哲学显得舍本逐末,同时也因重视描述社会因素而缺乏哲学高度的思考。① 当然,如果将技术视为一个现实问题,那么伦理维度就是一个无可忽视的层面,因此经验转向很自然带来了新一轮的伦理转向,换句话说技术研究的伦理维度的快速增长在一定程度上可以视为经验转向的结果。② 不过,在 21 世纪最初 10 年的这一转向中,人们对技术的伦理学研究仅仅是将技术作为伦理学的一个一般对象,从而将普遍伦理学的道德要求,不加改变地运用到了技术身上,强调技术的风险评估尤其注意技术的负面影响,这实际上是以一种外在的、自上而下的视角俯视技术,进而将技术置于了道德的对立面,最终导致了伦理与技术的二分。③ 因而从结果上看,无论是经验转向还是伦理转向之后的技术哲学,在针对转向之前面临的问题提出解决方案的同时,又都陷入了新的困境。因此,技术哲学要想实现新的发展,就必须开辟不同于以往的研究进路和方法。

当代的技术哲学家们如伊德、拉图尔、伯格曼、温纳等,充分认识到了前两次转向所可能带来的哲学难题,他们尽管思路各异,但却基本都主张当代技术哲学的发展应将具体的技术发展经验研究与道德反思结合起来,即在本体论的层面上谈论技术伦理学。荷兰技术哲学家彼得·保罗·维贝克是这一新思潮中的重要代表,他综合了伊德、拉图尔、伯格曼、温纳等多位技术哲学家的思想,提出"将技术道德化"④也即"道德物化"的技术调解理论和技术

---

① 闫宏秀、杨庆峰:《技术哲学视野中的物之研究:读〈物何为:对技术、行动体和设计的哲学反思〉》,《哲学分析》,2011 年第 2 期。

② P. P. 维贝克、杨庆峰:《伴随技术:伦理转向之后的技术哲学》,《洛阳师范学院学报》,2013 年第 32 期。

③ S. Soltanzadeh, "Peter-Paul Verbeek's Moralizing Technology: Understanding and Designing the Morality of Things," *Nanoethics*, 2012(6), pp. 77 - 80.

④ "将技术道德化"即维贝克的代表作《将技术道德化:理解与设计物的道德》(*Moralizing Technology: Understanding and Designing the Morality of Things*),2011 年首次以英文出版。在此之前的奠基性著作《物何为:对技术、行动体和设计的哲学反思》(*What Things Do: Philosophical Reflections on Technology, Agency and Design*),2000 年首次以荷文出版,2005 年由克里斯(R. P. Crease)翻译为英文并出版,该书奠定了维贝克技术哲学的物质性基础,在此基础上维贝克关注技术实践的过程,发掘技术的道德性内涵,写作《将技术道德化》一书。

伦理学,认为技术人工物内嵌道德,对人的思想和行为发挥着重要的调解作用。在此意义上,技术伦理学开始进入了本体论层面,维贝克本人称之为技术哲学的第三次转向①。作为综合经验转向和伦理转向的一次有益尝试,国内学界或将研究重点置于介绍维贝克的道德物化思想及其内在进路之上,如闫宏秀、杨庆峰对维贝克代表作的翻译和述评,再如大连理工大学王前、张卫所做的全面而系统的评介工作;或者着重研究维贝克技术哲学思想中的伦理学意蕴,如王绍源、任晓明直接把维贝克的第三次转向称为"物伦理学转向",再如东北大学陈凡、贾璐萌对技术调解中道德主体重构的探究等。本文在吸收前人经验的基础上另辟蹊径,尝试在对技术哲学两次转向历史的分析中,突出维贝克第三次转向的重要性,明确指出维贝克的道德物化思想呈现出三重特征——愈来愈重视技术思考与研究的物质性、道德性和实践性。

一、物质性:维贝克道德物化思想的理论基础

与经验转向前后呈现的技术哲学都不同,维贝克始终将重视物质性视为新的技术哲学的理论基础。物质性一词是在胡塞尔"回到物自身"(to the things themselves)最基本的字面意义上指出的,在维贝克看来,这一口号不仅适用于现象学也应该运用于技术哲学,在《物何为》一书中,维贝克曾尖锐地指出哲学界几乎从未严肃对待过物的作用,从哲学伊始的古希腊,柏拉图将理念而非实物视为哲学研究的对象,到语言学转向后对语言文字的重视,再到后现代工业设计中对象征符号的强调,继"上帝之死"和"主体之死"后维贝克甚至提出了"物之死"(The Death of Things)②表明其对物哲学发展的失望,真实存在的具体物在以往哲学那里从来都是无意义的概念,不具有哲学地位,直至经典技术哲学诞生也未能逃脱这一窠臼。

---

① P. P. 维贝克、杨庆峰:《伴随技术:伦理转向之后的技术哲学》,《洛阳师范学院学报》,2013 年第 32 期。

② P. P. Verbeek, *What Things Do : Philosophical Reflections on Technology , Agency and Design*, Pennsylvania, University Park: The Pennsylvania State University Press, 2005, p. 1.

1. 针对经典技术哲学

以一个简单的时间轴为图示,我们能够大致勾勒出技术哲学的发展走向(如图1.1)。20世纪中叶,以雅斯贝尔斯存在主义和海德格尔解释学为代表的经典技术哲学仍然习惯于将认识与讨论的对象由技术人工物转化为非技术元素,转化为技术人工物得以产生的可能性及条件:在雅斯贝尔斯那里,技术意味着人类自主性的丧失,要克服这种异化必须只能将技术视为一种中性的工具;海德格尔将技术理解为一种达至真实的特殊方式,对社会与文化发挥着支配与控制的作用。但无论是雅斯贝尔斯还是海德格尔,他们的技术哲学都无法对应技术人工物在人们日常生活中扮演的真实角色。

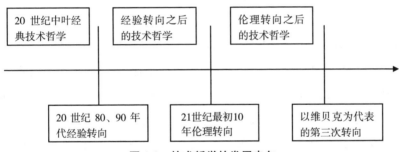

图1.1 技术哲学的发展走向

维贝克的目标就是要扭转技术哲学的这种倾向,为具体的技术人工物正名①。他一方面承认并赞赏雅斯贝尔斯和海德格尔在人与技术关联上做出的突出贡献②,比如他推崇海德格尔早期有关工具"上手"与"在手"的区分以及从中引发的技术人工物对人与世界关系的中介作用。但另一方面与雅斯贝尔斯、海德格尔后思式(backward thinking)的哲学相反,维贝克的技术哲学是前思式(forward thinking)③的。正如伯格曼所指出的技术已成为重塑着人的

---

① D. M. Kaplan, "What Things Still Don't Do," *Human Studies*, 2009, 32(2), pp. 229 - 240.

② P. P. Verbeek, *What Things Do: Philosophical Reflections on Technology, Agency and Design*, Pennsylvania, University Park: The Pennsylvania State University Press, 2005, p. 9.

③ P. P. Verbeek, *What Things Do: Philosophical Reflections on Technology, Agency and Design*, Pennsylvania, University Park: The Pennsylvania State University Press, 2005, p. 8.

存在的"器具范式"(device paradigm),对社会和文化发挥着规约的作用,维贝克从具体技术出发,思考它们在日常生活和文化中的作用,而不是执着于技术产生的可能性与条件。他认为技术既不能被视为中立的工具也不能被视为决定性的力量,他将技术视为一种依赖语境的、调解(mediation)①人与世界的方式②,从而既避免了工具主义(instrumentalist)技术中性的论调,又避免了实体主义(substantivist)技术支配与控制的惯常思路。维贝克摒弃了经典技术哲学关于技术本质的超越性理论的探讨,将视角从抽象的"大批量生产系统""技术思维"拉回到具体的技术特别是技术人工物,例如在《将技术道德化》中,维贝克以超声波检查孕妇子宫的例子贯穿全书,将技术的调解作用具体化、情境化,真正做到了从技术本身出发思考人与世界的关系,使得我们对技术的理解更贴近技术自身的真实状态。

2. 针对经验转向之后的技术哲学

20世纪80和90年代,技术哲学呈现出微观化、具体化的发展方向,这一时期完成的经验转向将技术哲学的着力点从"大写的技术"拉回到"小写的技术",逐渐摒弃了以雅斯贝尔斯"来自其中并侵犯本真的人类存在的巨生产系统"和海德格尔"解蔽现实的特殊方式"为代表的经典技术哲学。但这一转向存在矫枉过正的缺点。尽管经验转向之后的技术哲学表面上将技术自身作为研究对象和出发点,实则更加关注的是技术背后的社会的、文化的、伦理的等描述性因素,技术作为研究对象名存实亡,这与回归技术本身的初衷相差甚远。因而无论是经验转向之前被称为先验论的技术哲学过度关注技术产

---

① P. P. Verbeek, *What Things Do：Philosophical Reflections on Technology，Agency and Design*, Pennsylvania, University Park：The Pennsylvania State University Press, 2005, pp. 8 - 9.

② 选择将"mediation"一词翻译为"调解"而非"中介"的原因在于维贝克强调"mediation"的建构性,他区分了"mediation"与"between",认为人与世界是在被调解的关系中建构起来的,"mediation"是主体与客体相互构建的场所,而非先在的、既有的主客体之间的中介。P. P. Verbeek, D. Ihde, "The Technological Lifeworld," in *American Philosophy of Technology：The Empirical Turn*, Bloomington and Indianapolis：Indiana University Press, 2001：pp. 119 - 146.

生的可能性,倾向于把人工物还原到它们得以存在的条件;①还是经验转向之后过多放弃规范性进路造成技术从哲学讨论中消失,二者均无法真正体现技术本身的功能与作用。

与经验转向后的技术哲学中技术人工物退居二线不同,在吸收伊德和拉图尔技术中介思想的基础上,维贝克的技术哲学直接面向物质性的具体技术,在对技术调解作用的反思中建立人与世界的关系。伊德的后现象学思路关注具体的技术,尤其是技术对人知觉的影响,将能够"放大"和"缩小"人类知觉的技术作为理解人与世界关系的重要中介;相比伊德更加关注技术对人知觉的影响,拉图尔的行动者网络理论从行动的角度为维贝克的技术哲学提供了本体论基础。拉图尔将人和物都视为行动者,技术人工物通过"激励"和"抑制"人的行为达到影响人与世界关系的目的。在维贝克看来,伊德与拉图尔的工作相辅相成,思想与行为缺一不可,在二人的影响下,维贝克不但将研究重点拉回技术自身,而且同时重视技术对人思想和行为两方面的塑形、调节作用,形成了综合解释学"世界之于人"和存在主义"人之于世界"②的独特技术调解理论。总的看来,无论是针对经验转向之前还是之后,维贝克的技术哲学都将研究对象还原到具体的技术人工物上,避免了传统技术哲学"非技术"的倾向,有助于在人与世界的关系中展现技术的在场和真实性,甚至可以说维贝克的技术哲学就是"技术人工物的哲学"③。对技术哲学物质性的强调为道德物化思想奠定了坚实的理论基础,在此之上维贝克深入挖掘技术物内嵌的道德性,建立起有别于传统伦理学的技术伦理学。

---

① P. P. Verbeek, *What Things Do: Philosophical Reflections on Technology, Agency and Design*, Pennsylvania, University Park: The Pennsylvania State University Press, 2005, pp. 161 – 162.

② P. P. Verbeek, *What Things Do: Philosophical Reflections on Technology, Agency and Design*, Pennsylvania, University Park: The Pennsylvania State University Press, 2005, pp. 161 – 162.

③ P. P. Verbeek, *What Things Do: Philosophical Reflections on Technology, Agency and Design*, Pennsylvania, University Park: The Pennsylvania State University Press, 2005, p. 9.

二、道德性：维贝克道德物化思想的核心观点

长久以来,技术人工物都被视为价值无涉的工具,但在技术文化的当下,技术对人的思想、行为的调解作用愈发明显,人与世界的关系若无技术的中介则无法建立,再加上越来越多的人—技结合体赛博格(cyborg)的出现,技术部分地左右和决定着人的道德决策与行为,人不再是享有完整自主性的自由主体。实际上,无论是在物理层面还是心理层面,我们都很难在人与技术之间划出明显的界限,"技术是中立的工具""道德性为人所独有"的观点愈来愈与技术文化的现实格格不入,我们有必要重新审视人、技术与道德的关系,维贝克的道德物化思想为我们反思当下技术文化提供了方向。"将技术道德化"是维贝克技术哲学的核心观点,维贝克不仅将技术人工物拉回技术哲学的讨论重点,还将其纳入伦理学的考量范围,提出"伴随技术"的伦理学,在技术与人的关联交杂中赋予技术以道德性,形成了独具特色的内在主义的、非人本主义的技术伦理学,既打破了伦理转向后的技术哲学规范进路的外在主义困境,又规避了传统伦理学人本主义的狭隘主张。托皮·海克约(Topi Heikkerö)在他对《将技术道德化》的书评中直接将维贝克的第三次转向称为"道德转向"(moral turn)①。

1. 针对伦理转向之后的技术哲学

技术哲学的经验转向过于重视描述性而忽视规范性,这一倾向促进了该领域的进一步发展,21 世纪的最初 10 年,技术哲学进行了伦理转向,将规范性重新纳入技术的思考和研究范围。然而由伦理转向产生的技术伦理学实则切断了伦理与技术的密切联系,致力于以一系列抽象的准则、原则和标准自上而下地规训技术的使用和评价,造成了技术与伦理的二分,使技术哲学

---

① T. Heikkerö. "Moralizing Technology: Understanding and Designing the Morality of Things by Peter-Paul Verbeek," *Technology and Culture*, 2015, 56(1), pp. 265 - 267.

陷入外在主义的困境,无法深入伦理与技术交织的使用语境,无法洞察在人的道德行为与决策中技术发挥着重要调解作用这一真实情况。

针对伦理转向显现出的外在主义倾向,维贝克的观点是:伦理学不能采取外部的立场,伦理学应该意识到它自身也是技术产品之一。[①] 技术与伦理本质同源,正如亚里士多德将技术界定为一种以善为目的的理智德性,海德格尔认为技术是真理的发生方式,技术与伦理并不是相互外在的两个东西。[②] 在确定这一前提的基础上,温纳的技术政治理论为维贝克内在主义技术伦理学的产生提供了重要灵感。温纳曾在关于人工物政治性的讨论中指出技术对社会秩序尤其是政治秩序的影响,这种影响通过前期设计和部署潜藏于技术中,在技术的使用之前以一种物质的方式体现着人的意图,证明技术可以承载道德性尤其是政治性。维贝克通过研究技术调解人的道德决策与行为的方式,发展出了一种更加内在的、"技术伴随"(technology accompaniment)的伦理学。比如减速带的例子,相比口头或书面告知司机高速驾驶存在风险的信息运动,减速带这一发挥共时性作用的技术人工物更能影响司机的行为使其低速驾驶。维贝克指出技术在设计时已嵌入了伦理考量,从而影响着人们对技术的决策和使用,这种人—技同时进行的行动伦理学不像外在主义伦理学在技术使用之前给予规范,而是将人与技术、描述与规范糅合在一起,强调技术与人共同发挥伦理作用,技术在调解过程中具备了道德性。减速带的例子也表明,维贝克的技术伦理学提供了除道德(自身良心的自律和社会舆论的他律)、法律(国家机关的强制力)之外的第三种规范人行为方式的手段——"物律"[③],既规避了道德手段不作为、人类自律性低下的可能性,也避免了法律手段发挥作用时有害结果的已然产生。技术物规范作用的强度虽然处于中等,有效性却是最高的。

---

① P. P. Verbeek, *Moralizing Technology*: *Understanding and Designing the Morality of Things*, Chicago and London: The University of Chicago Press, 2011, p. 163.

② 刘铮:《技术物是道德行动者吗?:维贝克"技术道德化"思想及其内在困境》,《东北大学学报(社会科学版)》,2017 年第 19 期。

③ 张卫,王前:《道德可以被物化吗?:维贝克"道德物化"思想评介》,《哲学动态》,2013 年第 3 期。

2. 针对传统伦理学

传统伦理学是能思物的专有,始终将物排除在道德共同体之外,是一种人本主义的伦理学。然而人本主义是通向人性的一条过于狭隘的现代主义路径①,人类主体和非人类客体被截然分开,关于人与现实的思考也被绝对二分为人本主义和实在论。但实际上正如拉图尔所说的"我们从未现代过",人与物始终交杂在一起,现实生活中根本不存在所谓的现代主义或人本主义。受拉图尔的启发,维贝克以非现代的视角指出伦理学需要非人本主义的路径,他主张物是负责道德的;它们调节道德决定、塑形道德主体,并在道德能动性方面发挥着重要作用。② 以超声波成像技术为例,该技术最重要的伦理作用在于将准父母视为未出生孩子生命的决定者,技术带来了新的道德问题(是否堕胎),建构了道德决策的境遇(准父母与超声波检测结果同时在场),并为人类的道德行为提供了理由(超声波成像是否正常),简言之技术正在积极主动地促进着人类行动、解释和决定的形成,因而道德能动性不应被视为人类专有而至少应该散落在人与非人组成的共同体中。

在维贝克之前,拉图尔的"脚本"概念便已表明非人的技术可以规训、塑形人的行为,旨在跨越人与非人的界限。但拉图尔也明确一点,技术自身作为实体毫无意义,本身不具有道德能动性,技术发挥作用必须在与人的关联中,也即能动性存在于人及人—技杂合体之中。维贝克将拉图尔的工作进一步推进,明确技术扮演道德调解者的角色,在人—技交杂、关联中能够分有道德能动性。这一立场一方面未将道德行动和决策彻底还原为人类意图,赋予技术一定的道德主动作用,另一方面也规避了将道德视为技术自身的固有属性的观点,强调技术发挥道德作用的关联性特征,维贝克从来不认为技术能够单独具备能动性或技术是独立的道德行动体。

---

① P. P. Verbeek, *Moralizing Technology*: *Understanding and Designing the Morality of Things*, Chicago and London: The University of Chicago Press, 2011, p. 22.

② P. P. Verbeek, *Moralizing Technology*: *Understanding and Designing the Morality of Things*, Chicago and London: The University of Chicago Press, 2011, p. 21 - 22.

维贝克进一步分析指出技术的道德能动性得以成立存在两个必要条件：1.意向性；2.实现其意向的自由。① 传统伦理学中意向性即形成意向的能力，维贝克所指的技术"有"意向性并非意味着技术人工物和人一样有意识，而是指技术在调解人类思想和行动的实践中、在与人的关联中作为人与非人杂合体的一部分分有了物质性的意向性。技术的意向性没有人的支撑是不可能的，同样的道理人—技杂合体产生的"复合意向性"②也不能完全还原为人所有。维贝克不仅采用了伊德后现象学的视角看待意向性概念，借助其对人—技四重关系——具身关系、解释关系、背景关系、它异关系的解读，指出技术在实用主义和解释学两个向度上均能调节人的意向性，从而明确意向性能指向人工物、可"通过"技术物而展开；还从拉丁词源的角度说明意向性（intendere）实则是一种指向性，指导人类思想和行为的方向，从而将意向性概念物质化。用相似的论证手法，维贝克证明技术物在发挥调解人类实践作用的过程中也具备一定程度的自由。自由不是强迫和约束的缺失，而是人类在与技术物共塑物质文化的过程中意识到自身存在的场所。③

三、实践性：维贝克道德物化思想的现实意义

与密涅瓦的猫头鹰在黄昏后起飞——哲学落后于现实不同，21世纪初的技术伦理学和工程伦理学不再用回归性的视角而是开始以建构性的视角看待技术发展。④ 不同于以往技术哲学囿于书斋因而缺乏实践有效性的思维方

---

① P. P. Verbeek, *Moralizing Technology*: *Understanding and Designing the Morality of Things*, Chicago and London: The University of Chicago Press, 2011, p. 54.

② P. P. Verbeek, *Moralizing Technology*: *Understanding and Designing the Morality of Things*, Chicago and London: The University of Chicago Press, 2011, p. 58.

③ P. P. Verbeek, *Moralizing Technology*: *Understanding and Designing the Morality of Things*, Chicago and London: The University of Chicago Press, 2011, p. 60.

④ R. Hillerbrand, S. Roeser: "Towards a Third 'Practice Turn': An Inclusive and Empirically Informed Perspective on Risk", in *Philosophy of Technology after the Empirical Turn*, *Philosophy of Engineering and Technology* 23, Cham: Springer International Publishing AG Switzerland, 2016: pp. 145–166.

式,维贝克将其强调物质性的技术调解理论和内在主义的、非人本主义的技术伦理学路径积极转化到设计实践中。首先,他指出技术的设计负载着价值,设计活动本质上是一种伦理活动,设计师具有不可推卸的伦理责任,须积极引导而非放任自流。"设计是'物质化的道德性'……所有设计中的技术最终要调解人类行动和体验"①,"技术物成了内在的道德实体,这就意味着设计者可以以一种物质的方式从事伦理活动:对道德进行物化"②。维贝克将设计者视为以物质而非理念为研究对象的实践伦理学者,简言之即认为设计师们在"做"伦理学。在此认识的基础上,维贝克详述技术的道德调解作用对设计伦理和设计者责任的影响,给出了包括预测、评估、设计在内的高度归纳的方法论,为现实的设计活动提供一般性指导。预测指的是通过"道德想象力""扩充的建设性技术评估"③"情景与模拟"等方法,尽可能预估产品在使用过程中可能出现的状况,从而在设计语境和使用语境之间建立一种联系;评估的对象包括四个方面:设计师有意嵌入的调解作用,人工物具有的潜在的调解作用,技术调解作用所采取的形式如强制、劝导、诱导以及最终结果的正当性,在评估时更加注重打开使用语境的黑箱;设计环节则综合用户逻辑(集中在用户的解释和使用上)和脚本逻辑(集中在技术对用户行为的影响上),即同时注重设计语境和使用语境以及技术具有的调解作用,将设计者、使用者和技术物均视为调解作用中的主体。

"反弹效应"的出现(如图 1.2)为维贝克重视使用语境及其与设计语境的关联提供了论据。以往的设计原则和方法论多从设计者的角度出发,忽视技术物的调解作用和使用者的真实使用情况,容易导致反弹效应的出现,比如节能灯的发明非但没有节约能源反而造成使用量增加、资源浪费的现象。维

---

① P. P. Verbeek, *Moralizing Technology: Understanding and Designing the Morality of Things*, Chicago and London: The University of Chicago Press, 2011, p. 90.

② P. P. Verbeek, "Materializing Morality: Design Ethics and Technological Mediation," *Science, Technology, & Human Values*, 2006, 31(3), pp. 361 – 380.

③ "扩充的"指不仅重视人也重视物,尽可能将所有的利益相关者包含在内;"建设性"强调不是在技术完成后评估,而是对设计中的技术实时评估。借助这一系统化的评估方法,技术的设计过程更显民主化。

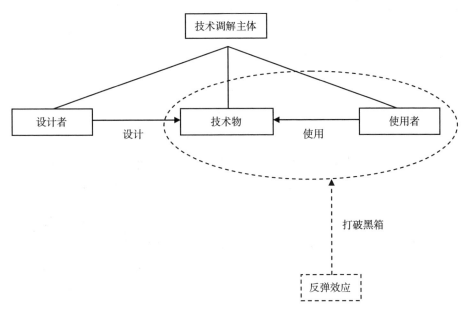

图 1.2   反弹效应打破使用语境的黑箱

贝克的设计方法论将设计者、技术物、使用者置于平等的主体地位考量,实现了设计语境和使用语境的关联;他的评估方法论超越了传统伦理学对技术单一的风险评估,更全面地展现了技术的道德调解作用;预测方法论则在增加预测完备性和准确性的同时有助于提醒设计者的伦理责任,在避免不合理的技术调解作用的同时积极构建合理的调解作用。

不仅为技术的设计活动提供方法论的指导,维贝克还将其技术道德化的技术哲学积极运用于日常生活实践——环绕智能和劝导技术的解释上。环绕智能指的是可以感知人的行为并对人的行为做出相应反应的技术,比如自动门、烟雾报警器、自动刹车系统。当今社会以信息技术为代表的技术文化逐渐成为主流,技术不再作为单纯的工具出现在人们的日常生活中,相反已成为伊德眼中的"背景关系",成为人类生活鲜少被注意却又不可或缺的背景。无数的计算机、电子设备、智能用户界面组成的网络构成我们生活的智能环境,技术正在潜移默化地发挥着调解作用,改变着人类的思想和行为。

劝导技术指的是能够改变人的态度或行为的交互式技术,比如购物网站反馈的消费偏好和参考意见。劝导技术最著名的例子要属维贝克对荷兰工业设计者联盟设计的"珍爱一生"(Eternally Yours)沙发的解读:沙发作为家具原是耐受品,但随着人们消费水平、消费品位的提高以及沙发款式的翻新、美观度的增加,沙发的心理使用寿命而非实际使用寿命大大缩短,造成了很多不必要的浪费。"珍爱一生"着重延长技术物的心理寿命(技术物不再迎合人们的偏好与品位)而非技术寿命(技术物损坏并无法修复)或经济寿命(技术物更新换代),①将可持续发展的道德理念铭写入技术物的设计中,致力于以独特的设计使沙发老化得更慢、更吸引人、更有尊严:沙发使用一段时间后不可避免磨损,通常因此而遭遇更换命运的沙发却因为先前隐藏的底层图案的出现令使用者耳目一新,延长了心理寿命。② 由此,维贝克指出"设计美学的奥义不仅在于设计的风格和美感,还包括人与物的关系、技术物塑形人与世界关系的方式"③。

四、结语

维贝克技术哲学的第三次转向以其道德物化思想的物质性、道德性和实践性为主要特征。针对经典技术哲学和经验转向后的技术哲学对技术本身的忽视,维贝克提出了技术调解理论,真正从具体技术出发,指出人的思想和行为总是受到技术的规约和塑形,强调技术在人与世界的关系中发挥重要的调解作用;针对伦理转向后的技术哲学和传统伦理学中技术与伦理的二分,维贝克提出"伴随技术"的伦理学,将技术人工物纳入道德共同体中,给予物和人存在论上平等的地位,扩大了伦理学的研究对象。针对技术文化的当

---

① P. P. Verbeek, "Materializing Morality: Design Ethics and Technological Mediation," *Science, Technology, & Human Values*, 2006, 31(3), pp. 361 – 380.

② P. P. Verbeek, *Moralizing Technology: Understanding and Designing the Morality of Things*, Chicago and London: The University of Chicago Press, 2011, p. 222.

③ P. P. Verbeek, *What Things Do: Philosophical Reflections on Technology, Agency and Design*, Pennsylvania, University Park: The Pennsylvania State University Press, 2005, p. 212.

下,维贝克积极将其技术哲学运用于设计实践,不仅明确了设计产品的内嵌道德性和设计者的伦理责任,还为设计活动提出了一系列方法论的指导。总的看来,技术哲学的经验转向和伦理转向之后,以维贝克道德物化思想为代表的新的技术哲学努力解决前两次转向遗留的问题,兼顾描述性与规范性,实现了技术哲学研究范式的三重转变:从重视技术的本质结构到强调技术自身(物质性),从外在主义、人本主义到内在主义、非人本主义(道德性),从书斋到实践(实践性)。

当然,维贝克的道德物化思想作为综合两次转向的尝试仍存在诸多问题,作为维贝克技术哲学的核心观点——"将技术道德化"在挑战人的自由意志、人与技术间责任分配难、专家治国的民主困扰、存在不道德物化可能性等方面常遭人诟病,但在当今技术文化大背景下,维贝克坚持将人与技术的交杂作为技术伦理学的出发点,指出道德行为与道德决策不能理解为单纯的人类行为,同时也不是完全的技术控制下的行为,技术的调解作用是复杂的,无法完全还原到设计者、使用者、技术物中的任何一方,我们必须在与技术的关系中形成自身,就像技术是人类的产物一样,人类也是技术的产物,[1]维贝克的道德物化思想不再将技术视为一种侵犯性力量而是对人类存在有影响和作用的道德实体,致力于模糊人与技术的界限,发展出与技术共同美好生活的伦理学。作为融合两次转向的新尝试,维贝克将道德反思与具体的技术发展经验相结合,无疑已经成为技术哲学第三次转向的先锋。

(原载《科学技术哲学研究》2020 年第 5 期)

作者简介:史晨,南京大学哲学系 2012 级哲学专业本科生、2016 级科学技术哲学专业硕士研究生(导师刘鹏)、2018 级哲学专业博士研究生(导师蔡仲),于 2017 年 9 月至 2018 年 9 月受留基委资助,赴比利时根特大学进行为期 1 年的交流。现为南京大学哲学系助理研究员。

---

[1] P. P. Verbeek, *Moralizing Technology*: *Understanding and Designing the Morality of Things*, Chicago and London: The University of Chicago Press, 2011, p. 155.

论身体的时空性

——对《知觉现象学》整体思路的考察与反思

李林蜜

摘　要:《知觉现象学》的核心任务是阐明身体的知觉场的构成性作用。梅洛-庞蒂试图表明,身体能够通过自身的时空统一性来确保被知觉事物与世界的统一性。本文将对此论证思路进行考察,讨论具体分为三个部分:首先,通过分析身体的感觉性与运动性的原初空间性,揭示身体本质上作为对等和换位系统,能够实现感觉间的统一性与运动的统一性,并由此构成对象的统一性;其次,通过分析身体的时间性,阐明知觉场的时间视域与时间化运动,指出身体的统一性根本上建基于时间的统一性;最后,借助梅洛-庞蒂对失音症的时间性分析,反思身体现象学可能存在的理论困境。最终,对这一问题的考察,将有助于我们更好地把握《知觉现象学》的整体思路与内在得失,并为我们理解梅洛-庞蒂中后期的思想发展提供有益的线索。

关键词:身体;世界;知觉场;空间性;时间性

梅洛-庞蒂的哲学思考始于对笛卡尔式身心二元论的反思。如何消解身体的二元对立以及由此导致的主体与世界的割裂,构成了贯穿梅洛-庞蒂思想发展始终的核心问题与内在动力。[①] 在《知觉现象学》中,梅洛-庞蒂试图为我

---

① 关于梅洛-庞蒂的哲学意图及其哲学内在发展线索与笛卡尔哲学之间的关联的具体研究,可以参阅: E. de Saint Aubert, *Le scénario cartésien: recherches sur la formation et la cohérence de l'intention philosophique de M. Merleau-Ponty*. Vrin, 2005.

们提供一个走出二元困境的现象学方案。依照现象学的基本立场,梅洛-庞蒂同样要求悬搁世界作为外部实在的形而上学设定,强调主体与世界之间的原初关联。《知觉现象学》所要讨论的问题仍然是现象学的经典问题,即原初经验的被给予性问题(现象场的构成问题)。不过,此时的原初经验领域既不是纯粹意识领域,也不是此在的生存关联域,而是身体的知觉场。在梅洛-庞蒂看来,身体不是单纯的生理或心理机能,而是使现象得以显现的场域,主体与世界的原初关联就是身体与世界之间的知觉关联,后者可以被刻画为"身体寓于世界之中"这一整体结构。因而,《知觉现象学》的核心任务是要揭示身体的知觉场的构成性作用。

然而,仅仅揭示知觉场的诸构成性要素,指明意向性本质上是由身体的运动性(motricité)、感觉性(sensorialité)与情感性(affectivité)等所标明的诸身体意向性,尚不足以完成上述任务。梅洛-庞蒂必须论证身体知觉最终能够构成被知觉事物以及世界的统一性。在《知觉现象学》中,对这一问题的思考具体表现为对身体的时空统一性的说明,因为梅洛-庞蒂明确指出,在广义上,知觉给予我们的呈现场根据两个维度展开自身:(1) 空间维度的这里—那里;(2) 时间维度的过去—现在—未来。[①] 最终,只有阐明身体的时空统一性,梅洛-庞蒂提出的身体现象学方案才是完整和可靠的。

基于上述说明,本文将围绕《知觉现象学》的相关文本,考察梅洛-庞蒂关于身体的时空性的讨论,以期系统地展现梅洛-庞蒂构建身体现象学的整体思路与内在得失。

一、身体与空间性

在《知觉现象学》中,梅洛-庞蒂试图让身体取代意识成为具有构成性功能的主体,让知觉取代反思成为把握主体与世界关联的首要模式。从而,人的基本生存状态被揭示为以身体的方式寓于世界之中。我们首先通过身体与

---

① M. Merleau-Ponty. *Phénoménologie de la perception*. Gallimard, 1945, p. 307.

世界的知觉关联来把握世界的意义,相应地,世界也在身体展开的知觉场之中如其所是地向我们显现。在此,强调身体与被知觉世界之间的相关性,也就意味着被知觉事物必须将自身的统一性建基于身体的统一性。

梅洛-庞蒂认为,传统的知觉理论在说明身体的统一性时常常遭遇挫折,因为它们总是寻求某种外在于身体的生理或心理关联,而没有意识到身体本身就蕴含着一种原初空间性。这种空间性不是某种实在的空间属性,而就是"身体存在的展开,是身体将自身实现为身体的方式"。①

那么,应该如何理解这种身体的原初空间性及其对被知觉对象的构成性功能呢?在《知觉现象学》中,梅洛-庞蒂本人主要从身体的感官性与运动性这两个维度出发来说明这一问题。本章将对此展开细致的考察。

1. 感官的多样性与感觉间的统一性

在说明身体的统一性时,梅洛-庞蒂最先遭遇的就是身体感官的多样性与感觉间的统一性之间的张力问题。具体而言,身体在感知过程中会产生各种不同的感觉,这些彼此异质的感觉如何能够被关联起来形成统一的关于对象的知觉?在梅洛-庞蒂看来,传统的知觉分析往往将各种感觉看作彼此孤立的存在,但是"任何感觉都不是点状的,所有感觉性以某个场域为前提,因而(它们)是共存的"。② 在身体现象学的论域中,问题的关键不再是"点状"感觉之间的关联问题,而是使得诸异质感觉得以共存的感觉场的构成问题。

首先,梅洛-庞蒂承认各种感官之间的差异性。"每一种感官本身带有一种不可完全互换的存在结构",换言之,每一种感官实际上都为我们提供了一种独特的关联世界和进入世界的方式。③ 对于先天性盲病人而言,在实施眼部手术之前,触觉主导了知觉的开展;而在实施眼部手术之后,视觉的恢复又为病人提供了一种不同于以往的知觉样态。不过,梅洛-庞蒂强调,尽管触觉

---

① M. Merleau-Ponty. *Phénoménologie de la perception*. Gallimard, 1945, p. 174.
② Ibid, p. 256.
③ Ibid, p. 260.

与视觉截然不同,但是二者并非不可兼容。在知觉体验中,身体的各种感官从来不是"各自为政",而是"随时准备通过协同运作使关于物体的知觉成为可能"。① 在此,感官之间的协同运作如何可能? 它具体又是如何开展的呢?

在梅洛-庞蒂看来,感官之间的有机关联本质上就是意向关联,感官之间的协同运作之所以可能,是因为身体作为意向性的存在,总是"朝向它的任务存在着"。为了完成任务,身体总是能够对当下的处境进行筹划,使当下展开为一个自身得以开展知觉和运动的原初空间,从而身体的各部分机能也就原初地被定位在此身体空间(espace corporel)之中,并且时刻根据自身之于达成目标的价值被组织和关联起来,最终实现身体各部分机能之间的协同运作。② 例如,当我要拿起放在书桌上的杯子时,我不需要知道杯子与我的身体之间的客观距离,也不需要思考我的手指、手臂还有躯干之间的位置关系,就能让身体的各部分机能协同运作起来,完成拿杯子的行为;而当我拿起杯子准备起身时,身体的各部分机能又以瞬间以一种不同的方式被组织起来以实现我的意图。

基于梅洛-庞蒂对身体的现象学阐释,我们可以看到,在知觉体验中,看似离散的各种感官已经先行统一于由身体意向性规定的身体空间之中,感官间的协同运作正是建基于身体空间的原初统一性。在此,需要澄清以下两点:

第一,身体对自身的综合统一,不是引入某种纯形式对各种感官进行规整。梅洛-庞蒂强调,"质料是从它的形式中'孕育(prégnante)'出来的……所有知觉都发生在一个特定的视域并最终发生在'世界'之中"。③ 因而,各种感官必须作为整体的部分才能起效,如果没有身体空间的先行开展,那么感官所产生的只是离散的感觉束,而不能真正地形成关于对象的知觉。

第二,感官间的协作关系不能被还原为一种并置关系(juxtaposition)。在知觉体验中,各种感觉既不是简单的叠加,也不是无差别的融合,而是"在

---

① Ibid, p. 269.

② Ibid, pp. 116 - 117.

③ M. Merleau-Ponty. *Le primat de la perception et ses conséquences philosophiques*. Verdier, 1996, p. 42.

相互对立的同时联结在一起",并且由于朝向共同目标而"处在竞争之中"(en rivalité)。① 梅洛-庞蒂用背景(fond)与形象(figure)的关系来刻画身体的整体运作与具体感觉的成形之间的动态关联。在他看来,尽管日常生活中我们关于对象的知觉往往体现为某种具体的知觉样态,但是,之所以特定的感觉能够被突出出来,之所以该样态能在下一刻转换为其他的感觉样态,是因为诸感官在身体空间中构成了一个具有纵深(profondeur)和侧边性(latéralité)的背景性存在,它们始终潜在地协同运作着,同时也为了争夺知觉的主导权而竞争着。② 就此而言,感官间的统一性本质上是一种差异的统一。

到此,身体之于感觉场的构成性作用得到充分的阐明。身体被梅洛-庞蒂揭示为"一个感觉间的对等与换位的系统"(un système d'équivalences et de transpositions intersensorielles)。③ 为了朝向世界,身体的各个感官能够摆脱离散状态被集中起来;并且,为了更好地朝向世界,各种感官每时每刻都处在一种彼此竞争的动态关联之中,特定的感官将在特定视角下从背景中脱颖而出,形成关于对象的具体感觉。

2. 位置的多样性与运动统一性

在讨论身体的统一性时,梅洛-庞蒂遭遇的另一个难题就是身体的位置多样性与运动统一性的张力问题。运动知觉的两难在于,如何在体验到位置变化的同时又能保持运动的统一性。不过,就如同梅洛-庞蒂对感觉问题的改造,运动问题也必须在身体现象学的论域中得到重新界说。

在《知觉现象学》中,身体的运动性被赋予了一个极其重要甚至是首要的地位。梅洛-庞蒂将身体意向性也称作"运动意向性"(intentionnalité motrice),

---

① M. Merleau-Ponty. *Phénoménologie de la perception*. Gallimard,1945,p. 260.

② 这种竞争关系在通感体验中表现得尤为明显。以望梅生津为例,对梅子的知觉通过身体空间被组织起来,尤其通过味觉区域对梅子的形象产生共鸣。此外,在视野被给予的广度方面,视觉较触觉更具竞争性,因为前者具有"更丰富的结构并向我呈现对触觉来说是不容置疑的存在之诸样式"。参见 M. Merleau-Ponty. *Phénoménologie de la perception*. Gallimard,1945,p. 270,note (1).

③ M. Merleau-Ponty. *Phénoménologie de la perception*. Gallimard,1945,p. 271.

并指出原初的身体运动即是身体的"生存运动"(le mouvement d'existence)，它揭示了身体之"我能"的领域，并"向我们提供一种进入世界和对象的方式"。① 对运动的重视，不仅是由于传统的知觉理论忽视和掩盖了身体运动的现象学意涵，而更重要的是，作为"以更显著的方式表达空间和时间的蕴含(l'implication spatiale et temporelle)"的现象，运动能够直观地刻画身体在世的结构。② 在梅洛-庞蒂看来，主体以具身化的方式寓于世界之中，也就意味着身体不是如同意识那样俯视(survoler)世界，而总是在"此时此地"(ici et maintenant)以特定的身体姿态向世界敞开。这种身体寓于世界的动态关联整体只有通过身体的运动现象才能得到充分的展现。就此而言，身体现象学所要讨论的运动问题，不是如何对不同运动时刻的运动表象进行联结或回忆，而是处在变换中的身体姿态如何能够共存，也即"此时此地"如何能够包含其他的时空位置。

在上一小节中，关于感觉问题的讨论已经为我们提供了基本的考察线索。客观空间中不同的时空位置之所以能够统一于运动中，是因为它们都"被包含在我们的身体对世界的唯一把握之中"，原初地被定位于身体空间之中。③ 也正是因为身体的诸时空位置始终朝向它的意向目标被集中起来，从而"运动的每一时刻拥有了运动的整个长度"④。

根据《知觉现象学》的论述，空间意义上的位置共存应该被设想为一种位置间的包含关系(enveloppement)。这一关系在身体对深度的体验中得到阐明。梅洛-庞蒂将深度看作所有空间维度中"最具有生存意义"的维度，因为深度无法被还原为其他任何可被度量的客观长度，但是却能在体验中被身体知觉到。⑤ 在这个意义上，深度向我们直观地揭示了身体与事物之间的意向关

---

① Ibid, p. 160, 164.

② Ibid, p. 319.

③ M. Merleau-Ponty. *Phénoménologie de la perception*. Gallimard, 1945, p. 318.

④ Ibid, p. 164.

⑤ Ibid, p. 296.

联。梅洛-庞蒂指出,深度本质上是使"事物或事物之诸要素得以相互包含的维度"。[①] 在知觉体验中,各种事物不是以并置的方式排列在身体面前,而是以相互掩映的方式被纳入身体空间的纵深之中。[②] 这些在深度中共存的事物构成了使明确的知觉行为(acte)得以发生的晦暗背景,使被知觉对象在深度敞开的空间中向我们显现。[③]

需要注意的是,尽管梅洛-庞蒂表明诸事物通过深度在空间中共存,但是他同时强调,"事物在空间里共存是因为事物在同一个时间波浪中呈现给同一个知觉着的主体"。[④] 这意味着,空间的共存最终只有通过时间的同时才能得到彻底的理解,空间深度根本上建基于一种时间深度。在《知觉现象学》中,时间深度被理解为时间视域的嵌套结构(emboîtement),当下将互相嵌套的过去位置序列与将来位置序列以滞留与前摄的方式把握在自身之中,笔者将在下一章中对此展开具体的说明。

至此,我们可以理解,运动的统一性不是将运动所经历的所有时空位置关系叠加起来,而是通过身体意向性将其他时空位置纳入知觉场的深度之中,成为当下(也即"此时此刻")的背景与视域。不过,考察仍待澄清以下三点:

第一,对运动统一性的说明并没有取消运动中诸时空位置的个别性。梅洛-庞蒂强调,"当下的知觉在于依据现时的位置(position actuelle)重新把握彼此包容的此前的位置序列……即将到来的位置也被包容进现在"。[⑤] 因此,每个"此时此地"都以一种独特的方式重新组织和把握整个时空位置的关联。

第二,基于第一点的澄清,应该意识到运动中的位置变化不能被设想为

---

① Ibid, p. 306.

② 在《眼与心》中,梅洛-庞蒂曾这样描述道,"……我看见这些事物,每一个都处在自己的位置上,这正是由于它们彼此掩映"。参见 M. Merleau-Ponty. *L'œil et l'esprit*. Gallimard, 1964, p. 64。

③ 需要注意到,梅洛-庞蒂在知觉体验中区分了两种不同的意向性层次:明确的知觉行为中的意向性以及使得明确的知觉行为得以开展的知觉场之中的意向性。我们将在对身体的时间性的讨论中对此加以澄清。

④ M. Merleau-Ponty. *Phénoménologie de la perception*. Gallimard, 1945, p. 318.

⑤ Ibid, p. 164.

点与点之间的线性变化,它涉及身体姿态的整体变更与身体空间的结构性变化。

第三,运动不能被局限为现实空间中的位置变化。在有关具体运动和抽象运动的分析中,梅洛-庞蒂明确指出,运动不仅能够发生在现实空间(espace actuel)之中,同样也能够发生在虚拟空间(espace virtuel)之中,"意向弧在我们周围投射我们的过去,我们的将来,我们的人文处境,我们的自然环境,我们的思想境况,我们的道德情境,或者也可以说(意向弧)使我们置身于所有这些关联之中"。① 就此而言,当我们谈论身体空间时,它不仅关涉现实层面,而且还蕴含着其他诸如历史、文化、观念以及审美等多重的意义维度。梅洛-庞蒂对身体空间的揭示,彻底突破了传统分析中运动空间的界限,使得知觉的多重可能性维度向我们敞开。

基于上述说明与澄清,身体得以被把握为"一个不仅是现时位置的系统,而且也由此是向着在其他朝向中无限的对等位置开放的系统"。② 最终,通过本章的考察,作为感觉和运动的对等和换位系统的身体,正是通过实现自身的感觉间统一性与运动统一性,来确保被知觉对象的统一性。

二、身体与时间性

上文提及,在《知觉现象学》中,梅洛-庞蒂最终将空间的共存建基于时间的同时。③ 因而,本章将进一步展开对身体的时间性的考察。

对于梅洛-庞蒂而言,理解身体的时间性,首先要克服一种客观主义的时间观。这种时间观认为时间是独立于主体的客观存在,谈论时间也就意味着

---

① Ibid, p. 158.

② M. Merleau-Ponty. *Phénoménologie de la perception*. Gallimard, 1945, p. 165.

③ 在《知觉现象学》的"时间性"一章中,梅洛-庞蒂确实提到"时间属于空间",但是是在"时间的时刻在思维前共存"意义上做出的判断,他指出,"揭示时间的空间化既不是必要的,也不是充分的",空间将在对真正的时间的探讨中被自觉地理解。参见 M. Merleau-Ponty. *Phénoménologie de la per-ception*. Gallimard, 1945, pp. 474 - 475, note (1).

要去说明纯粹的时间之流的变化与运动。梅洛-庞蒂指出,客观主义的分析视角最终只会导向两种结果:第一,如果我们相信主体拥有一种卓越的能力,他能够同时把握过去、现在和将来,也即把握时间的整个流逝过程,那么随之而来的问题是,我们无法理解在当下被把握到的,为何还能被称作过去(本质上已经流逝)或是将来(本质上还未到来),在这个意义上,过去与将来实际上都已经被还原为了现在,时间的多样性被取消了。第二,如果我们承认有限的主体并不能在当下同时把握过去与将来,他所能把握的只是诸现在,那么这就使得时间最终被还原为离散的点的集合,时间的统一性被彻底消解了。

面对客观主义时间观遭遇的困境,梅洛-庞蒂强调,时间不能被看作一个外在于我们的客观的流逝过程,相反地,它"以我所处的和我从那里看到事情发生的某个位置为前提",产生于"我与事物的关系",本质上是"处于运动中的观察者看来的景象的展开"。① 因而,关于时间的讨论必须被安置在身体现象学的论域中,只有通过考察原初的知觉体验,也即通过考察身体与事物之间的意向关联,我们才能够克服时间的多样性与时间的统一性之间的二元困境,阐明身体时间的真正意涵。②

1. 知觉场的时间视域

在身体的空间性的考察中,诸感觉与运动位置摆脱了离散状态而原初地被包含在身体空间之中。同样地,诸时刻也不应该被理解为点状的现在,它们原初地嵌入身体的时间视域中。那么,如何理解诸时刻在当下的共存?

---

① M. Merleau-Ponty. *Phénoménologie de la perception*. Gallimard,1945,p. 471.

② 梅洛-庞蒂关于身体的时间性说明承继了胡塞尔与海德格尔的理论资源。本章的论述会涉及梅洛-庞蒂对二者理论的阐释,但是考察将侧重于厘清梅洛-庞蒂构建其身体现象学的整体思路,而不会对梅洛-庞蒂、胡塞尔和海德格尔三者的时间理论之异同进行比较和分析。关于胡塞尔与梅洛-庞蒂的时间理论的比较研究,可参阅:R.Barbaras, *De l'être du phénomène : sur l'ontologie de M. Merleau-Ponty*. Jérôme Millon,1991. Troisième partie, chapitre 3;马迎辉:《梅洛-庞蒂论"沉默的我思"》,《社会科学》,2016 年第 9 期,第 118—127 页;关于三者之间的时间理论异同的讨论,可参阅:刘胜利:《时间现象学的中庸之道——〈知觉现象学〉的时间观初探》,《北京大学学报(哲学社会科学版)》,2015 年第 4 期,第 141—149 页。

在《知觉现象学》中,梅洛-庞蒂继承了胡塞尔对于时间视域的界说,指出知觉场本质上是由"滞留—原印象—前摄"构成的。根据胡塞尔的时间图式(见下图),体验的流逝应该被描述为如下进程:当时刻 B 到来时,原先的时刻 A 并未消失,而是转变为滞留 A′;当时刻 C 到来时,原先的时刻 B 转变为滞留 B′,原先已经转变为滞留的时刻 A′ 则继续转变为滞留的滞留 A″。因而,每一个当下都嵌连着诸现存的滞留相位(B—A′,C—B′—A″),每一个现存的滞留又源于滞留自身的滞留(A—A′—A″,B—B′)。就此而言,诸过去的时刻并没有消失,它们在新时刻到来之际,沉入自身的滞留链之中,以"在远处"(à distance)的方式为当下所持留。

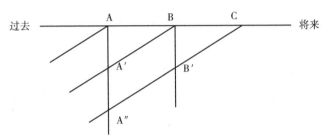

图 2.1 梅洛-庞蒂在《知觉现象学》第 477 页中所引用的胡塞尔的时间图式

显然,理解诸时刻之共存的关键就在于理解知觉场的滞留结构。[1] 考察有必要对此进行更细致的说明。当时刻 C 到来时,时刻 A 的滞留及其诸滞留相位之间的统一并不是通过一种理智的认同综合实现的,滞留链(A—A′—A″)本质上刻画了时刻 A 基于当下(时刻 C)的转变综合(synthèse de transition)的过程。[2] 梅洛-庞蒂将同一滞留链中的诸滞留相位之间的映射关系形象地描述为通过卵石上流动的水流看卵石,也即是说,A 是通过 A′ 被透明地看到,A′ 则是通过 A″ 被透明地看到。这种映射关系意味着,一方面由于 A′,

---

[1]　在《知觉现象学》中,梅洛-庞蒂更多谈论现在与过去的关联。这是因为,梅洛-庞蒂认为,未来的先行展开必须通过当下的决断,而当下的决断产生的动机则寓于过去之中。因此,对于梅洛-庞蒂而言,将来原初地蕴含在过去之中,阐明过去与现在的嵌连关系,那么当下也就向作为视域的将来敞开了。

[2]　M. Merleau-Ponty. *Phénoménologie de la perception*. Gallimard, 1945, pp. 479 - 480.

A″标明的都是 A 点基于当下的时间深度，因而"通过它们（指 A′，A″……），我在 A 点无可置疑的个性（individualité）中获得了 A 点自身"；另一方面，正是由于 A 点始终保持着自身的个性，从而 A′，A″……能够被把握为 A 点的映射（Abschattungen），并在转变过程中保持各自的差异。①

　　梅洛-庞蒂指出，之所以理智的认同综合能够在明确的知觉行为中构成过去，是因为我们首先已经在一种"亲在"（ecceité）中到达了过去，是因为一种更原初的知觉综合已经将我和我的整个实际过去联系在一起。② 应该意识到，理智的认同综合必须建基于知觉的转变综合，"行为意向性"（intentionnalité d'acte）必须建基于知觉场自身构成的"运作意向性"（intentionnalité opérante）。③

　　知觉场的滞留结构向我们揭示了当下的时间深度。当下不仅是现在，也是过去和将来。为当下持留的诸流逝的以及尚未到来的时刻，并不是通过一个明确的当下化行为（诸如，回忆行为与期待行为）被直接地把握到的，而是作为当下的视域潜在地共同运作着。因此，知觉场本质上是"带着其原初的过去和将来的双重视域的广义的呈现场"，是"向着诸过去的或可能的呈现场开放的无限性"。④

2. 知觉场的时间化

　　论及过去和将来在当下共存的具体样式时，梅洛-庞蒂则是承继了海德格尔的观点，指出当下是一种"绽出"（ek-stase），时间应该被时间化为"走向过去

---

　　① Ibid，p. 478.

　　② M. Merleau-Ponty. *Phénoménologie de la perception*. Gallimard，1945，p. 478. 此处梅洛-庞蒂的原文是"［…］parce que de proche en proche la synthèse de l'appréhension me relie à tout mon passé effectif"。可以看到，梅洛-庞蒂在这里使用了康德的概念术语，而非他在《知觉现象学》中常用的"知觉综合"一词。这是因为梅洛-庞蒂在反思理智的认同综合时，主要是将康德作为论战对象。他对康德术语的沿用，意在反对在直观中引入对感性杂多的外在的综合行为，进而在身体现象学的立场上强调感性杂多本身就具有一种原初的统一性。在这个意义上，此处的把握的综合（synthèse de l'appréhension）与知觉综合本质上是同义的。因此，笔者在文中直接使用了知觉综合一词避免读者在阅读上产生术语上的混淆，而在注释中附上原文以便呈现梅洛-庞蒂与康德之间的理论关联。

　　③ M. Merleau-Ponty. *Phénoménologie de la perception*. Gallimard，1945，p. 478.

　　④ Ibid，p. 484.

而来到现在的将来"这一整体结构。① 换言之,时间本质上是一个超越运动,当下始终超出自身而朝向一个过去和一个将来,并借此超越拥有整个过去和整个将来。

在此,理解时间的整体流逝不需要求助于任何外在于时间的综合。上文已经提到,从一个当下向另一个当下的流逝关涉的不是认同综合而是转变综合,后者应该进一步被领会为时间"自身通过自身的感发"(affection de soi par soi)。在时间之中,"感发者是作为向着将来推移和转变的时间;被感发者是作为一系列被展开为诸现在的时间"。② 从而,时间既是构成性的主体,同时也是被构成的现象;既是时间化运动本身,又是绽出的时间,即具体当下。

不过,现有的说明并不充分,在梅洛-庞蒂看来,"应该把时间理解为主体,把主体理解为时间",也就是说,应该意识到时间本质上是身体性的,时间的自身构成只有通过身体的"此"性才能得到彻底阐明。③ 在《知觉现象学》中,梅洛-庞蒂在空间的讨论中将身体描述为"绝对在此"(ici absolu);④而在谈论时间性时再次写道:"对我来说,重要的不仅是有一个身体,而且也是有此身体(ce corps-ci)。"⑤身体的"此"性意味着身体必须从"此时此地"出发,以特定的身体姿态才能朝向世界。对于梅洛-庞蒂而言,身体的这种本质特性与其说是身体的局限,毋宁说它揭示了身体在世的真理,即"我通过我的视角寓于整个世界"。⑥

实际上,"有此身体"的重要性已经在关于感觉与运动的分析中被提示出来。概括地说,在知觉体验中,身体在"此"规定了知觉的方向。在"此"朝向中,彼此异质的感觉间关系以协作与竞争的方式被集中起来;在"此"朝向与其它对等朝向之间,诸时空位置以包容和嵌套的方式被关联起来。二者共同

---

① Ibid, pp. 480 - 481.

② Ibid, p. 487.

③ Ibid, p. 483.

④ Ibid, p. 286.

⑤ Ibid, p. 493.

⑥ Ibid, p. 380.

被纳入"此时此地"的时空深度之中,成为知觉体验的背景与视域。世界的景象在"此时此地"所蕴含的一系列感觉间与时空位置间的开放关系中被整体把握。

及至时间性的讨论,"有此身体"的现象学意涵在根本上得到揭示。具体而言,为了向着将来绽出,我们首先要有将来的方向,而时间最初的方向恰恰是由寓于世界之中的身体确立的。不同于海德格尔对此在筹划之将来性的强调,梅洛-庞蒂指出,因为我们"有此身体",因为身体"绝对在此",所以身体对将来的先行拥有必定源于身体在当下的决断;并且,由于"我们始终是在当下被集中起来,我们的决断来自当下,因而我们的决断始终能够同我们的过去建立关联,我们的决断从来不是无动机的"。[①] 最终,身体的时间化就表现为:我的将来源于我在当下的决断,而当下的决断在我的过去之中有其动机。

通过上述考察,我们可以看到,梅洛-庞蒂将身体在世的筹划与时间的超越运动内在地关联起来,进而表明构成性的身体与无动机涌现的世界之间存在着在一种"主动的超越性关系"。[②] 最终,《知觉现象学》试图论证的正是身体筹划与世界涌现之间的平行性:一方面,身体只有寓于世界之中才能筹划自身;另一方面,"世界的结构及其链接通过主体的超越性的运动刻画出来"。[③] 唯有基于此,身体的知觉场才能成为承载世界之涌现的先验场。

三、疑难:虚弱的身体与时间解体

然而,上述主体与世界之间的平行性并非如同梅洛-庞蒂所设想的那般理所应当。在《知觉现象学》中,身体筹划与其被知觉的世界之间已经隐隐显露出了一丝不协调与断裂。这在梅洛-庞蒂对失音症等精神病例的时间性分析中表现得尤为明显。我们发现,"我能"的身体并不能使自身与其真实的历史

[①] Ibid, p. 489.

[②] M. Merleau-Ponty. *Phénoménologie de la perception*. Gallimard, 1945, p. 491.

[③] Ibid, p. 492.

汇合,甚至于,在某些极端的情况下,被委以重任的身体似乎被彻底压垮了。在本章中,我们将通过对失音症的时间性分析,指出梅洛-庞蒂在《知觉现象学》中试图建构的身体现象学可能存在的内在困境。最终,当主体遭遇自身的决断对当下处境的无能为力时,时间化的进程被迫中止,时间最终解体。

1.《知觉现象学》中梅洛-庞蒂对失音症的时间性分析

在《知觉现象学》中,为了充分揭示身体的现象性与生存论意涵,梅洛-庞蒂对失音症展开了细致的分析。梅洛-庞蒂指出,失音症的病因既不是单纯的发声器官的麻痹,也不是病人故意装病。尽管弗洛伊德的精神分析理论指出失音症可能是性欲在口腔的表达,但是这一观点并未穷尽身体"表达"的本真含义。在梅洛-庞蒂看来,病人在话语表达中出现的障碍与病人生存之整体境遇有着密切关联。失音症所要表达的,是"对共存的拒绝"。① 在具体案例中,女孩的失音症出现在她的母亲阻止她与心仪的男孩约会之后,此时,症状的出现表达了女孩对于母亲将心仪的男孩排除出她的生活的禁令的拒绝,并且,对此禁令的拒绝同时还关涉对经转义后试图进入当下的创伤性过去的拒斥。② 最终,通过失音,女孩拒绝让自身处在向他人与创伤性的过去开放的共存关联之中。在此,之所以拒绝被表达为身体的言说能力的丧失,是因为在身体的所有感官能力中,话语(parole)与"共存"的关系最为紧密,它象征着"以话语为媒介的与他人的各种关联"。③

需要注意的是,女孩对共存的拒绝,不应该被降格为意识或意志层面的个人选择,它"来自比意志更深层的决断"。④ 具体而言,身体拒绝将某些记忆或过去纳入自身在当下所筹划的意义关联之中。遗忘意味着"我与这种记忆

---

① Ibid, p. 187.

② 根据梅洛-庞蒂对案例的叙述,这里所说的创伤性过去是指女孩在童年时出现失音症状的两次遭遇:一次是在地震之后;另一次是在经历过极度恐惧之后,因而母亲的禁令本质上是"通过转义使同样的情景重复出现"。参见 M. Merleau-Ponty. *Phénoménologie de la perception*. Gallimard, 1945, p. 187.

③ M. Merleau-Ponty. *Phénoménologie de la perception*. Gallimard, 1945, p. 187.

④ Ibid, p. 190.

保持距离",我拒绝它们进入我在当下能直接支配的心理场,也拒绝它们进入身体运动的可能性场域。丈夫之所以会在与妻子吵架后就遗忘了妻子送给他的书,是因为他将所有关于妻子的爱的记忆与过去都拒斥在自身的生活关联之外,以至于这本书从此不再为他存在,从而也无法在其生活中得到定位并获得意义。在真正意义上,遗忘不是主体有意为之的行为,它悖谬地表现为"我在知道某物的同时,也能不知道它"。① 根据身体的时间性结构,这种悖谬性意味着:一方面,被拒绝的记忆无法通过时间性绽出被构成具体当下;另一方面,它们以滞留链的方式被保留在远处。最终,也正是由于被拒绝的记忆并没有真正消失,所以失音症病人才能够通过心理治疗重新获得言说能力。

2. "我能"还是"我不能"?

在上述分析中,主体被认为有能力拒绝处在向他人与创伤性的过去开放的共存关联之中,"正是因为我的身体能够拒绝让世界进入,所以它也能使我向世界开放,将我置于处境之中"。② 因此,失音症的出现是为了逃离当下的处境,为了与我的生存断绝关系。不过,梅洛-庞蒂澄清,身体退出世界并不意味着身体完全沉湎于自身,我们的身体在每时每刻仍然涌现着某种相关于世界的意向,这种意向建基于"最小程度"的时间性绽出,即它"只是朝向围绕着我和落入我的视野之内的诸对象,或者朝向突然出现并将刚刚体验到的东西推入过去的诸时刻"。③ 在《知觉现象学》中,主体与世界无法断绝的最基本的意向关联被认为是身体与世界在感觉层面的联系,即便主体拒绝进入世界,身体始终能够在没有"我的共谋"的情况下向我提供纯粹的感性质素流。梅洛-庞蒂将此关联称为我们与世界缔结的"最初的条约"(premier pacte),它建立起现象身体真正的在世呈现的可能性。④

然而,梅洛-庞蒂对身体权能的肯定,并不能掩盖身体在拒绝世界进入时

① M. Merleau-Ponty. *Phénoménologie de la perception*. Gallimard, 1945, pp. 189-190.
② Ibid, p. 192.
③ Ibid, p. 192.
④ Ibid, p. 193.

的无能为力。尽管身体能够拒绝世界,但这一拒绝总是以自我阉割的方式、以症状的方式被给出,甚至于在极端的情况下,它以知觉崩溃为代价来达成自身。当神经病发作到顶点时,试图逃避处境的身体最终沦为在床上挣扎和痉挛的一个物,一切尝试拒绝世界的努力在此时走向了自身的反面,作为现象身体的荣耀最终成为身体无法摆脱的重担。知觉崩溃在时间结构中体现为"时间解体"(la dissolution du temps)。在病人那里,"朝向未来、朝向活的当下或是朝向过去的运动,学习、成熟、与他人建立联系的能力,已被阻塞在身体的症状之中,生存已形成纽结,身体成了'生活的避难所'。对于病人而言,一切都不再发生,在他的生活中没有任何东西具有意义和形式——或者更确切地说,只有始终相似的诸'现在'在发生,生活倒退回自身之中,历史在自然时间中解体"。①

事实上,病人拒绝过去的同时,也正在遭遇着过去。一方面,身体拒绝将过去归入身体筹划的意向关联之中,因为这是一种不受欢迎的、创伤性的过去,是身体不愿将其纳入自身同一性之中的历史;另一方面,即使没有被身体所筹划,过去又的确"已经在那儿"(déjà là)了,它作为一种"匿名的力量",持续地挑战和动摇着我的实存,以至于我的拒绝本质上是对它的回应,是向着我不愿面对却又无法不面对的过去的被迫应答。这种"已经在那儿了"的过去,既不是被当下化了的回忆,也不是身体的呈现场的过去视域。它是不需要我的共谋就自身涌现着的过去,是身体就算拒斥也无法摆脱的重量。②

失音症暴露了"我能"身体的内在危机。如果世界必须通过身体筹划涌现自身,那么在失音症中,被身体拒绝的过去如何能够具有动摇身体实存的"意义"? 在这个意义上,梅洛-庞蒂在《知觉现象学》中试图论证的身体筹划与

---

① Ibid, p. 192.
② 本文在此仅基于《知觉现象学》的相关文本,提示身体的构成性能力无法说明一种创伤性的、甚至是非同一的过去对自身实存的进入与参与。有关过去与自身同一性构成的关系问题的具体讨论,可参阅 K. Jacobson, "The Gift of Memory: Sheltering the I", in *Time, memory, institution: M. Merleau-Ponty's new ontology of self*, D. Morris and K. Maclaren, eds., Ohio University Press, 2015, pp. 29-42.

其被知觉的世界之间的平行性是成为问题的。

四、反思与线索

困境的出现,与其说宣告了《知觉现象学》的论证思路的失败,毋宁说它揭示了身体现象学的界限。我们知道,梅洛-庞蒂中后期试图从身体现象学过渡到肉身哲学。这一过渡的内在逻辑可以在上述疑难中找到线索。

一方面,创伤性体验以显著的方式向我们展现了一个虚弱的身体。在厄运来临之际,在苦难记忆袭来之时,身体知觉,或是以症状的方式,或是以遗忘的方式,维持着摇摇欲坠的现象世界的统一性,但不可否认的是,症状和遗忘的出现业已表明主体的构成性能力的有限性。

另一方面,身体的无能为力同时也向我们提示了这样一个事实,即在精神病发作导致时间解体的极端情况下,现象世界的瓦解也并不意味着身体坠入虚无的深渊,创伤与苦难回忆恰恰因其有着主体无法回避的"意义",才使得身体筹划必须以积极或者消极的方式对其作出回应,倘若现象之外即乌有(rien),那么我们无法理解为何病人始终感到自身的生存遭受着挑战与威胁。① 就此而言,身体知觉本质上是对于他人、过去、历史等存在的应答,意义的起源不只是来自主体的构成性能力,而更是来自主体与世界的相遇。

笔者认为,《知觉现象学》的工作阐明了身体的知觉场作为呈现场与先验场的构成性作用。在这个意义上,梅洛-庞蒂建构身体现象学的努力是有益的。但与此同时,也应该意识到,仅仅从先验场的角度出发理解身体的知觉场的意涵是远远不够的。在中后期,梅洛-庞蒂将主体看作诸场域的场域(un

---

① 可能存在的质疑是,有关创伤性体验的分析结果如何能够扩展为对于身体知觉的普遍理解?的确,在《知觉现象学》中,精神病人的意向性结构被梅洛-庞蒂认为是病态的,也即"意向弧松弛"的状态,此时相应于身体松弛的意向性投射能力,世界处于一种消极的未分化状态。但是这一看法在1954年关于被动性问题的课程笔记中被明确放弃了。梅洛-庞蒂意识到,身体的机能失调(诸如运动不能症,失语症和失音症等)以显著地方式揭示出了身体在世的诸实存场,这些场域参与并支撑身体对呈现场的构成。M. Merleau-Ponty, *L'institution*, *la passivité* : *Notes de cours au Collège de France* (*1954 –1955*), Belin, 2015.

champ de champs)。① 在为《可见的与不可见的》准备的工作笔记中,他更是明确地指出:"没有单数的体验之绝对流;有的是诸场域以及诸场域的场域,伴随着一种风格(style)与一种类型(typique)——对诸实存之物(les existentiaux)进行描述,它们构建了先验场的骨架。"②就此而言,被知觉世界与身体筹划之间的非平行性是必然的,因为身体的先验场本身就寓于更原初的世界视域之中,后者作为先验场的深度与视域,支撑着先验场的开展。最终,唯有在此深度与视域之中,我们才有可能真正理解自身与他人、现在与过去的原初共在。

实际上,梅洛-庞蒂在《知觉现象学》中的工作并非没有触及这一点。在关于身体空间性的讨论中,诸感觉与运动位置被认为是以协作与竞争的方式彼此共存,与之对应地,被知觉的对象就在各要素相互掩映所敞开的空间纵深中被突出出来。梅洛-庞蒂此时已经向我们揭示出了一种差异化之统一的可能性,对象的意义本质上源于诸要素之间的差异,源于由差异自身形成的深度结构。遗憾的是,在《知觉现象学》中,空间的共存最终建基于时间的同时,空间深度最终也被还原为了时间深度。在时间性的讨论中,尽管梅洛-庞蒂意识到了作为时间深度的滞留的嵌套结构的重要性,但是对胡塞尔时间图式的直接引入反而使得真正的深度在内时间意识的目光中被压平。最终,当深度从晦暗走向透明时,真正的深度也就消失了;当时间深度成为内时间意识的深度时,讨论差异化的复数时间的可能性也就消解了。

诚如法国学者伊莎贝尔·托马-福吉尔(Isabelle Thomas-Fogiel)所说,对于整个 19 世纪以及 20 世纪的绝大部分时期而言,时间被认为是在它之中所有的矛盾都会得到解决的一种图式,而对此图式的再思以及由此再思开启的"空间转向"的第一位创立者则是梅洛-庞蒂。③ 通过对《知觉现象学》的整体

---

① M. Merleau-Ponty, *L'institution, la passivité : Notes de cours au Collège de France* (1954 – 1955), Belin, 2015, p. 45.

② M. Merleau-Ponty, *Le visible et l'invisible*, Gallimard, 1964, p. 223.

③ 伊莎贝尔·托马-福吉尔:《空间作为存在之数——梅洛-庞蒂和投射的空间》,载于杜小真、刘哲主编:《理解梅洛-庞蒂——梅洛-庞蒂在当代》,北京:北京大学出版社,2011 年,第 180 页。

考察，我们清晰地看到了身体的时空性问题在梅洛-庞蒂思想中的统一与张力，这或将成为我们理解和把握梅洛-庞蒂中后期的思想发展的关键线索之一。

　　作者简介：李林蜜，南京大学哲学系 2012 级哲学专业本科生、2016 级外国哲学专业硕士研究生（导师马迎辉），于 2017 年 9 月至 2018 年 6 月通过学校法语精英班项目赴法国巴黎第一大学进行访学交流，现于法国巴黎高等师范学院哲学专业攻读博士学位。

天命、性理与心仁的开展与流行

——对胡宏思想中几个关键问题的澄清

张程业

摘　要：本文从天命、性理、心仁的开展与流行，来讨论胡宏哲学研究中一直聚讼不已的几个问题。胡宏是性本论还是心本论？心宗性宗是一是二？心体缺乏规定性吗？胡宏综摄和张大了《论》《庸》《孟》《易》的框架，从天命发生的角度坚持命＝诚、性＝理、心＝仁这一一分为三的思想格局，坚持存在自身与其伦理性、方向性相即的平行结构。胡宏将天道作为第一序的存在原则，性理为直接性的存在原则，要求学者识仁体，即识此天命不息、於穆不已的天道的直接呈现，其功夫论也配合其存在论有着三方面要求：以仁尽心、以心著性、以天体仁。仁之尽心义，心之形著义，天之呈现义，是胡宏思想的三个纽结。最后，以流行作为考察心性关系的出发点，胡宏指出性不能不动，心不能不发，因而性与心除了其本有的存在性和主宰性，也兼具流行义和形著义。这体现了胡宏思想在原创性和综合性上都达到了一个高峰，为儒家思想的现代性转化提供了一个全新的思想空间。

关键词：胡宏；天命；性理；心仁；流行

　　胡宏（1106—1161）是公认的湖湘学派的代表人物，然而在逝世后不久，他的思想就受到朱熹、吕祖谦和来自本派的学者张栻等人的多方质疑、挑战、误读与消解，从而导致了胡宏这位伟大思想家在宋明理学中的暂时隐匿，直到20世纪中旬牟宗三先生在其皇皇巨著《心体与性体》中将胡宏标出以为一系，一时间激起学界对这一人物的兴趣。实际上，孕育于山河沦荡的两宋之交的湖湘学派,其思想和实践建立在北宋诸子消化佛老、建体立极、重构经典、恢张王道的基础上,其统之有宗,故而其义理架构宏大而辟面面俱道,可视之为对北宋思想诸多成果的一次创造性综合;其历史意识、道德意识、华夏意识深闳峻洁,严申《春秋》"尊君父、讨乱贼、辟邪说、正人心、用夏变夷"之要旨,"动以《春秋》从事"①;其成德之教活泼渊深,于书教、于答问、于信札、于破辟、于著述、于日间寻常事,皆有"生意流行,初非死质,成己成物,始终有序"②之为中轴,其学说也精深,忧患之情也厚重,立身行事以挽狂澜为务,皆与当代新儒家熊、牟、唐、徐诸子历历辉映,堪称绝对,可谓是危难时局中伟大的中国思想家"仁智合一"③之典范。本文则主要讨论胡宏"智"的一面,即哲学方面的创设。

经典的胡宏哲学研究主要关注胡宏思想以心著性的哲学架构,其在宋明理学分系问题中的地位,以及胡宏哲学到底以何为本这几个问题。其中争论最激烈的就是胡宏哲学到底以何为本这个问题。尽管传统上一直以"性本论"这一术语表达胡宏的思想义理之特色,④但是近年来逐渐有对这一问题的再反思,而有学者提出心本论,⑤或者"道性本体论"⑥。造成这一聚讼的关键之一就在于胡宏思想综合了传统儒学中的天、性、心、仁、气、理等多种概念,对于每一概念所处哲学地位的理解不同,就有可能出现性本论、心本论和道本论等不同结论的可能性。

同样的,对于"以心著性"这一形著义的不同理解,也增加了关于心性何为第一位的争执。如果认为心不过是对性的体现,或者说性是第一位的规定

---

① 胡安国:《春秋胡氏传》,杭州:浙江户籍出版社,2010 年,第 2、5 页。

② 胡寅:《斐然集 崇正辩》,长沙:岳麓书社,2009 年,第 367 页。

③ 胡宏:《胡宏集》,北京:中华书局,2012,第 1 页。

④ 如朱汉民:《论胡宏的理学思想》,《孔子研究》,1990 年第 1 期;朱汉民:《论胡宏的性本论哲学》,《湖南大学学报》,1990 年第 5 期;向世陵:《胡宏性本体论的意义及其本体论与生成论的关系》,《孔子研究》,1993 年第 1 期。

⑤ 沈顺福:《性本还是心本?——论胡宏哲学的主题》,《湖南大学学报(社会科学版)》,2014 年第 1 期。

⑥ 张立文:《湖湘学的奠基者——胡寅和胡宏》,《船山学刊》,2012 年第 1 期。

性,在存在论上具有优先性,则我们就容易得出性本论的结论;①而坚持性无形著则不能自已,即心对性的形著本身具有成就"性"的能力,则我们就会坚持以心为本,重视经验和实践才是胡宏哲学的主调②。当然,性必须通过心来形著,在学者看来,实际上隐藏着一个心学的核心疑难:心的不稳定性会威胁性体的规定性,即心体自身在伦理上会缺乏足够的规定性。这样就出现了胡宏哲学的两个基本面向:"以心体之用来拓展出观念性的价值本体"以及"实现开物成务"。这两个基本面向在后来分别被朱熹和浙学推向了两个相反的方向。③

但是,如何围绕"形著义"来破解心性关系的疑难? 我们可能有必要来重新研讨"形著义"这一问题,"形著关系"是否遮蔽了或者说过度单一化了心性关系中更加核心与关键的内容呢? 向世陵已经突破了这种单一形著说,而认为心性之间"形成一个未发与已发、静与动、体与用等范畴构成的多层次、多侧面的心性关系综合体"。④

本文将会主要讨论以上胡宏哲学研究中的几个疑难,首先需要清理胡宏的哲学讨论框架,即作为开展和流行整体的"天命、性理、心仁"。胡宏的哲学语言中总是将三者并列的做法,或者说对《中庸》《孟子》哲学框架的继承,暗含了对"X 本论"这样说法的否定。胡宏的天道说不局限于宇宙论而具有自行呈现的可能,性理不止于存在论而有"性不能不动"这样的事相说明,心仁则收摄着"致知"的可能性与"以心尽仁"的功夫论向度。此外,胡宏坚持"体之用""体之流行""未发之已发"的思想,这一"之"字可能意味着"流行与开展"是比"形著"更为重要思想前设。

---

① 方国根:《试论胡宏心性哲学的历史地位》,《孔子研究》,1997 年第 1 期。

② 沈顺福:《性本还是心本? ——论胡宏哲学的主题》,《湖南大学学报(社会科学版)》,2014 年第 1 期。

③ 何俊、范立舟:《南宋思想史》,上海:上海古籍出版社,2008 年,第 81、87 页。

④ 向世陵:《理气性心之间——宋明理学的分系与四系》,北京:人民出版社,2008 年,第 269 页。

一、命＝诚、性＝理、心＝仁：
胡宏对《论》《庸》《孟》《易》的综摄与张大

最早整体性地重建了胡宏思想体系的是牟宗三先生，他立足于哲学传统的承递和理想范式的归纳，将胡宏的哲学体系总结如下：

> 五峰之思路，除逆觉体征之功夫入路外，其重点大体是在心性对扬、以心著性，盛言尽心以成性，而最终归于心性是一……此盖承北宋濂溪、横渠、明道之会通《中庸》《易传》而言道体，即本于天命於穆不已之体而言性体，而复本明道之"识仁"，以会通孔子之仁与孟子所言之本心，而以心著性也。①

在此，牟先生已经指出了胡宏思想的基本面：以"以心著性"为哲学圆教模式，以"逆觉体证"为功夫入路，本《庸》《易》而言道体，本孔孟而打通心性，是以"形著"为转折而心宗＝性宗一体成一。但是，除了义理会通之外，牟先生并未讲清胡宏会通儒家经典的整体性概念框架；处处彰显"形著"义，如此则虽然心性成一，但是销"道体"与"性体"为一，过度消弭了两者之间的间距与距离；胡宏哲学在概念框架上被呈现为一以形著义贯通的二分式，与《知言》处处强调的"三分式"不合（当然，三分式也以形著为贯通，这里并没有什么不同）。本节即围绕这几个问题而展开讨论。

我们首先来厘清胡宏哲学的基本概念间架。《知言》首篇便是《知命》，其首言曰："胡子曰：诚者，命之道乎！中者，性之道乎！仁者，心之道乎！惟仁者为能尽性至命。"②这一段开宗明义，是在对《中庸》和《孟子》的融贯和再造。《中庸》谓"天命之谓性，率性之谓道，修道之谓教"，乃是由天道实体之流行而

---

① 牟宗三：《心体与性体（中）》，长春：吉林出版集团有限责任公司，2013，第 353 页。
② 胡宏：《胡宏集》，北京：中华书局，2012 年，第 1 页。

言人的存在,从此存在所遵循之道路而言"道",更由秉此"道"之进修而言人道化成之教,由上至下,从天到人,而一贯不渝。在继承《中庸》的"天命发生"的观点的基础上,胡宏乃以一平行关系补充《中庸》的发生关系,将存在的次序与其存在方向,即伦理的向度一一对应起来,形成了如下的基本框架:"命=诚""性=中""心=仁"。胡宏还更加明确地说:"诚,天命。中,天性。仁,天心。"①"天"强调的就是此存在与其方向性的平行结构未遭到破坏的本然状态,而不是存在受到人欲中介、侵扰之后失却方向性的状态。"诚、中、仁"都是对存在的道路方向的本有的规定性,是一切存在当下本具规范性、伦理性和方向性。

在《事物》篇中,他说:

> 探视听言动无息之本,可以知性;察视听言动不息之际,可以会情。视听言动,道义明著,孰知其为此心? 视听言动,物欲引取,孰知其为人欲? 是故诚成天下之性,性立天下之有,情效天下之动,心妙性情之德。性情之德,庸人与圣人同,圣人妙而庸人所以不妙者,拘滞于有形而不能通尔。今欲通之,非致知,何适哉?②

胡宏的"致知"学说不是泛泛地谈对事物存在的普遍道理的格致,而是通达此性情之德之妙的道路,其客观向度的基础是"诚=性""性=有""心=性情"的基本关系,但是其具体化、真实化的落实路向却在"心"。"性立天下之有"是存在论上的规定,性乃是存在的给予者,性与有可以说是一个分析关系。但是"性自身"却是透过作为天命的伦理规定的诚而真实其存在;同时,作为未发的性和作为已发的情,其真正的妙理都是由心所呈现,所以这是一个呈现关系。"诚者,天之道也。心涵造化之妙,则万物毕应。"③造化之妙与

---

① 同上,第 41 页。
② 同上,第 21 页。
③ 同上,第 44 页。

性情之德,皆由一心所呈现。以上所言都是客观层面的存在论发生。但是何以致其知呢? 所谓"有是心则有是知,无是心则无是知"①,关键在于人的"尽心"。胡宏说:"人尽其心,则可与言仁矣;心穷其理,则可与言性矣;性存其诚,则可与言命矣。"②人之尽心,其本身自然就是对仁道的透出,但同时尽心也是尽理,心对性的方向性就有其真实的形著与具体义,而不是客观地讲心在存在论上如何具有形著性的功能。性理的安立又意味着诚的突出,则又可见天命之不虚,如此一层一层向上翻去,其功夫论看似床上叠床,屋上架屋,实际上是与存在论相协调的。

胡宏哲学因此具有两个方面的特殊性。从存在论的客观向度来说,命—性—心是基本的发生次序,在这种发生中诚—中—仁也是与之相伴的客观意义上的方向性,心的形著义包含在这一存在论的客观向度中。胡宏讲求"致知",但与"理学"以"格物致知"为寻察明理之路,确立一个基本的心=物、理=气的二歧式不同,胡宏的哲学架构是基本的三分法,这一结构扎根于胡宏对天命发生性的强调。从存在论的具体化立场来说,尽此心之知,即尽此心本有的方向性,尽心成仁就是心的形著义之落实和具体化,以向上更见此性理与命诚,这与心学之独此一心,混融存在与方向、性理与天命"唯心论"是相当不同的。

二、天道与仁体:以天体仁

如果说"心由天造方成性",无误地表达了胡宏哲学架构中"心"与其他二者的关系,那么"命=诚、性=理"之间的关系又是什么呢? 这一对范畴的关系无疑更加有迷惑性。有论者认为"性成为天、道之体,实际上就用性范畴取代了天、道",故而"胡宏用性范畴取代了天之后,也就无须再使用那种宇宙生

---

① 同上,第11页。
② 同上,第26页。

成论来说明性的来源,从而建立了一种不依赖于宇宙论的本体论"①。然而胡宏果真是将"天""道"与"性"等同起来,取消了"天命实体"之存在否?下面我们来一一分析,首先是《修身》:

> 万物生于天,万事宰于心。性,天命也。命,人心也。②
>
> 天命不已,故人生无穷。其耳目、口鼻、手足而成身,合父子、君臣、夫妇、长幼、朋友而成世,非有假于外而强成之也,是性然矣。③

"万物生于天"的"生"不是宇宙论的"创生"或者"降生",在这里我们要注意到"天"并不是直接予吾人以存在的,因为胡宏说得很清楚:"性也者,天地之所以立也。"④毫无疑问,物与人之所以成为其自己,能够立于霄壤间,是因为其"性"之所在。牟宗三先生认为:"故性是客观性原则,亦是自性原则。言一切行用,一切存在,皆因此而得其客观性,亦因此得其自性也。"⑤这种存在是直接性的存在,因其自己而自有,"性"只是其自己存在本身。然而我们同时要承认当下直接性的存在不一定是第一序的存在,第一序的存在可谓给直接性存在以其根据的。"性,天命也"正是承认这种第一序的存在原则,是来源于"天"。所以一定要区别两个原则:1. 作为直接性的自性原则⑥;2. 作为第一序的存在原则。

将"直接性的自性原则"与"第一序的存在原则"区分开来,是因为它可以有效地解释"性一本论"为何是不成立的。性本身是天之所命在我者,独立地言之则为"天下之大本也"⑦,自然可以从"天命实体"中独立而成为一本体。但

---

① 朱汉民:《论胡宏的性本论哲学》,《湖南大学学报》,1990 年第 5 期。

② 胡宏:《胡宏集》,北京:中华书局,2012 年,第 6 页。

③ 同上,第 6 页。

④ 同上,第 333 页。

⑤ 牟宗三:《心体与性体(中)》,长春:吉林出版集团有限责任公司,2013,第 359—360 页。

⑥ 同上,第 366—367 页。

⑦ 胡宏:《胡宏集》,北京:中华书局,2012 年,第 328 页。

《修身》篇云:"生生不穷,无断无灭,此道之固然,又岂人之所能为哉?"①故可知"道"生生无穷,其自己必有流行发用,绝不能抹灭。《阴阳》篇:"道者,体用之总名。"②又《释疑孟·辨》:"性有大体,人尽之矣。"③是性之为体,乃相对于心而言之"自性原则"之为主。然而,胡宏亦明言道之为总名,故"性有大体"当是"天道性命"之为其大体。这是道之绝不可以与性相漫灊之明证,且其超越于性而主宰之。坚持天道,不等于坚持宇宙论;言性为存在之原则,也绝没有否定道的意思。

和性之必须由心形著不同,"天道"当下呈现其自己,不须借助心的功能。"天命不已,人生无穷"正是天道的当下呈现,"皇皇天命,其无息乎!体之而不息者,圣人也"④。在《阴阳》篇中,胡宏申论曰:"'维天之命,於穆不已',圣人知天命存于身者,渊源无穷,故施于民者溥博无尽,而事功不同也。"⑤这里也是把"溥博无尽"作为圣人肖似此"渊源无穷"的天道的结果。所以"第一序原则"是"存在原则"之"在概念上为曲折地、在真实世界的流行中为真实地呈现"之一种方式。

在此必须要强调,胡宏所言之天道只有在此呈现中言及才有意义,离开了这一呈现空论一个"第一序原则",既无意义,又为悖谬。因为没有其发用流行,我们自然不能指认出此一存在;而执着于这一"第一序的原则"而忘记这一原则的"形而上学界限",则其自己只是个纯粹暗夜里的虚空大全。所以天道的呈现是天道之存在论上自身的事情,而不是先有一个天道,我们再从其呈现中发现它,这正好与我们说性之流行只能由心而形著相反。因此在用词上,胡宏总是说"天命无穷"或者"天命不已",这里的"无穷"与"不已"绝非对天命之描述和赞叹,而是天道在存在论上本即其"呈现原则"不得不有的在用词上的表现。由此也可见胡宏思想与用词之谨严和高度配合。

---

① 同上,第4页。
② 同上,第10页。
③ 同上,第319页。
④ 同上,第30页。
⑤ 同上,第9页。

胡宏有大量与佛教僧人唱和的诗歌,在这些诗歌中,胡宏触物随感,以处身于天道不已、大用流行中的心境创作出一批富有生机、活泼跃动的诗歌,如《和僧碧泉三首》言:"山根泉发澜生凝,亭上风微浪自平。汩汩长年流不住,无言千古意分明。"①其《苍天》一诗言之尤妙:"苍天映清水,下见白云飞。天水从何来,飞云更何依。人生亦如此,融结中有机。此机即天命,吾心端不违。"②"融结中有机"就是说我们的心直接能够体会到天道的流行。"天—水—云"正是其"命—性—心"的直接写照,我们更可以仿照此诗,而言:"天性从何来,心妙更何依。"此中需要注意的是,不论是"从何来"还是"更何依",都是对某种探寻事物背后的形而上学根据的做法的排斥,胡宏的哲学骨架尽管错综,尽管交织,尽管繁杂,但自始都是一种真实的存在体验。

人的存在与天命之不已,本身就是一个互见的过程。维天之命,於穆不已,所以人生无穷。人之生也不停歇,又可反见此天道实体於穆不已——"人事之不息,天命之无息也"③。

但是,针对相当多的人将不息自身等同于天命的做法,将天命与不息的关系变成实体与属性这样的倾向,胡宏又在功夫论中对天命和不息做出了一种别异。朱熹在绍兴年间曾经写过两首诗,其一末句为"浮云一任闲书卷,万古青山只么青"。"万古青山只么青",强调青山之万古长青,则长青为用,青山为体,如此似乎体用该备。胡宏见此诗却对张栻说道其"有体而无用"④,故作《绝句三首》以和之。其一末句作:"欲识青山最青处,云物万古生无休";其二首句作"幽人偏爱青山好,唯是青山青不老"⑤。胡宏并不以"长青"为"用",因为长青与无息,都只是强调了一种作用自身的持续性,或者说纯粹的动。青山成为一种实体,青成了实体的属性,如此的体用观正是胡宏要破斥的。真正的用乃"云物万古生无休"之天命流行在事事物物上的显现。用不仅仅

---

① 胡宏:《胡宏集》,北京:中华书局,2012 年,第 76 页。
② 同上,第 54 页。
③ 同上,第 30 页。
④ 同上,第 344 页。
⑤ 同上,第 77 页。

是作用,用的根本在于它是"体"之用。

在《不息斋记》中,胡宏有进一步的说明。其友人以"不息"名其斋,胡宏却忧心忡忡。盖因"子试察夫天地之见,有一物息者乎",倘若将星辰周流运转、工农商贾不息于财物这种自然的不息视以为天命之不息,那么"今予兄以不息教子,无乃使子泯然与万物同波,沦胥以亡乎!将何以收子之放志,丧万物而正之邪?唯子知其有道也"。如果仅着眼于"不息",那么自然万物的运行和利往利来的人世攘攘,都可能成为这种"不息"的典范,而这样将会为"自然主义"的伦理学大开方便之门,它从根本上与儒学具有人文特色成德之教背道而驰。

然而假若相反的话,"夫有所息,则滞于物"。因此我们可以看到"不息"与"息"可能同样将使儒学失去道德教育之可能性,因而在功夫论上可能同样是不可取的。如何摆脱这种两难境地,而使儒学乾道刚健的精神贯彻到人伦日用中,是胡宏急迫要加以解决的问题。作为一种解决方案,他提出"是故学为圣人者,必务识心之体焉。识其体矣,不息所以为人也。此圣人与天地为一之道"①的"识心体"的观点。

在《仲尼》篇中,胡宏写道:

> 孔子曰:"不忮不求,何用不臧?"进之以仁也。季路终身诵之,力行乎仁矣。孔子曰:"是道也,何足以臧?"至哉斯言!非天下之至诚,其孰能与于此?颜回欲罢不能,未至文王纯一不已之地。孔子所以惜之,曰:未见其止也。止则与天为一,无以加矣。②

胡宏将"不忮不求,何用不臧"作为求仁之功夫,但是仍然将之与"何足以臧"区分开来。居彪正问:"心无穷者也,孟子何以言尽其心?"胡宏说:"唯仁者能尽其心。"居彪正此问实则颇失其问,心本无所谓无穷,若以心为不间歇

---

① 胡宏:《胡宏集》,北京:中华书局,2012 年,第 155 页。
② 同上,第 16 页。

地形著而以无穷一词赞叹之,则是于最亲切处失去把手,徒见其高不可及,所以胡宏回答"唯仁者能尽其心",正是从"心=仁"的"存在=方向"入手,告知居彪正入手此心之正路。所以当居彪正再问为仁时,胡宏既不是从为仁的具体德行实践角度理解,也不是从仁的本体论根据去回答他,而是说:"欲为仁,必先识仁之体。"此正如孔子先以"不忮不求,何用不臧"启发子路,然而发见其仅仅是拘守字词时又说"是道也,何足以臧",是有足以臧之美道,当凭借"不忮不求,何用不臧"以上致。居彪正听后连发两问"万物与我为一,可以仁之体乎""身不能与万物为一,心则能矣",被胡宏全部驳回。① 从居彪正的发问中我们也可以知其对胡宏思想根本不了解,而只是从儒家传统凭空揣摩,如言"万物与我为一","心备万物",朱熹、张栻更是连居彪正所问都不知,判胡五峰的"识仁体"为非法之僭越、无处下手之空谈,张栻更是在《知言序》劝诫读此书的学者:"若乃不得其意而徒诵其言,不知求仁而坐谈性命,则几何其不流于异端之归乎!"②张栻可谓其师之异端也乎哉!

　　仁体就是此天命之不息的流行。胡宏说:"皇皇天命,其无息乎! 体之而不息者,圣人也,是故孔子学不厌,教不倦。颜子睎夫子,欲罢而不能;孟子承先圣,周旋而不息。我知其久于仁矣。"③从"存在=方向"的平行关系的向下发用来说,不已之天道作为第一序的存在原则直接呈现自己之流行,此命即命在不息不已之物物中,即"云物万古生无休",张栻已经不能了解这一点;但是从功夫论的向上用功来说,先是"以仁尽心",但"心由天造方成性",所以胡宏之"识本体""识仁体",无非是勉励学者由心而性而天。张栻对此更是懵然似盲,其赞五峰师"使学者验端倪之不远,而造高深之无穷",则全然没有亲切的体验,只是空谈。

　　黄祖舜④《论语讲义》曾经评论子路一事为:"'不忮不求',亦人之所难而

---

① 同上,第334—335页。

② 同上,第339页。

③ 同上,第30页。

④ 黄祖舜,字继道,福清人。其所著之《论语讲义》,词义明粹,下国子监梓行,朱子亦多引用之。(黄宗羲、全祖望,《宋元学案》,北京:中华书局,2013,第1195页)。

子路躬行之矣。犹终身诵之,故曰'何足以臧',所以进之也。""所以进之也"
这样笼统的讲法胡宏是全然不能接受的。所以进到哪里呢?所以胡宏才在
《论语指南》中批评说:"不忮不求,夫子进之,欲其何所进?向上,义理如
何?"①问一句"向上,义理如何"是胡宏为学的一贯宗旨,其平生自述"学业应
须见本根"②,可见其教人与为几,都以此向上一路,即以此天命之不息不已为
宗旨,从而使心的仁道、性的道理都能够真实呈现出来。因此,当胡宏在功夫
论上汲汲于呼唤学者去"识仁体"的时候,恰恰不是为了突出天道自身某种独
立性、实体性、唯一性,而是只有如此心—性—命才能呈现为、落实为一体
通贯。

胡宏哲学的向上一路我们可以将之归纳为:以仁尽心、以心著性、以天体
仁。仁的尽心义,心的形著义,天的呈现义(虽言以天体仁,实则是天之呈现
使仁有其本体,体仁即体天)分别使三者成为可能,其中,最容易引发争议的
就是"识仁体"的说法,由于不了解天道流行在存在论上直接具有的呈现和真
实义,以及胡宏哲学背后体大思精的概念框架,以朱熹和张栻为代表的学者
完全误读了胡五峰。胡五峰所有的哲学构思都贯彻了其"命=诚、性=中、心
=仁"的基本架构,在这样的差异和流行中求其一贯与分节,恰恰是五峰哲学
之思真实开展的思想地平,胡宏从来不会将自己的思想总结为"故仁、心、性、
天其实一也"③的圆教模型,而通常是三者并举,这是有其深意的。

三、性体与心体:
流行中"存在=流行"与"主宰=形著"

天命与性体是绝对不能混淆的两个实体,其中蕴含着功夫论的入路之不
同,已如上所述。本节将梳理"心—性"这一对概念的关系,笔者认为既不能

---

① 胡宏:《胡宏集》,北京:中华书局,2012年,第310页。
② 同上,第66页。
③ 牟宗三:《心体与性体(中)》,长春:吉林出版集团有限责任公司,2013,第362页。

将之划归为一,也不能将之歧离为二,心与性的流行与形著关系才是其成立的核心。

《事物》篇:"气之流行,性为之主。性之流行,心为之主。"①在这里胡宏强调的是"流行"所包含的事物真实活动和开展的维度,性为气主与心为性主都是在气与性之流行中成立的,而不是单纯的确立统属关系。

胡宏对"心—性"的处理借鉴了《孟子·尽心下》中关于"性—命"的论述而言曰:"事物属于性,君子不谓之性也,必有心焉,而后能治;裁制属诸心,君子不谓之心也,必有性焉,然后能存。"②君子的不谓就是发现实体化论述中的关系性存在。如"事物属于性",或"性立天下之有",似乎表面看起来只是从存在论上给性一个定义,但君子却不谓之性就是因为只有通过心,事物才能树立存在的秩序,事物的性理才能真正成立。这里强调的是心与性,事物的存在和事物的秩序之关系。"裁制属诸心",或"万事宰于心",孤立地看只是在论述心的属性和功能,但是心的主宰或功能只能在性的规定下得到自己的存在与方向,故君子不谓之心。性之立万有,心之宰诸物,只有将两者放在一个整体的关系中才能得到理解,但是,即使我们知道胡宏的哲学框架是"命＝诚、性＝中、心＝仁",我们也很容易将之视为相互分离的三个实体,在这里"君子不谓之"成立的关键是什么呢?

依照笔者的看法,"流行"就是这样一个整体关系开展的关键,其发用活动的涵义是胡宏"性—心"这一下行路向开展的一个源始前提。下面笔者将以《知言疑义》为例,做进一步的阐发:

> 天地,圣人之父母,圣人,天地之子也。有父母则有子矣,有子则有父母矣,此万物之所以著见、道之所以名也。非圣人能名道也,有是道则有是名也。圣人指明其体曰性,指明其用曰心。性不能不动,动则心矣。

---

① 胡宏:《胡宏集》,北京:中华书局,2012年,第22页。
② 同上,第25页。

圣人传心，教天下以仁也。①

朱熹对他批评道："心性体用之云，恐自上蔡谢子失之。此云'性不能不动，动则心矣'，语尤未安。"在这里我们看到按照朱熹的理解，胡宏将"心性"做了体用之别，甚至张栻也是如此理解的："心性分体用，诚为有病。"②尤其是朱熹以"动则心"一语为"未安"，可见朱熹将"动则心"中"则"一字理解为"等同"，将"心"判断为与"动"相同的含义。为什么朱熹会反对被加以如此理解的"胡宏"呢？《朱子语类》清楚写明："心，主宰之谓也。动静皆主宰，非是静时无所用，及至动时方有主宰也。言主宰，则浑然体统自在其中。"③

朱熹的解读无疑基于自己的思想主张，然而通过朱熹对胡宏的误读，我们反而能更加清楚地看出胡宏哲学的独特之处。

首先，胡宏不是笼统地"性分体用"。胡宏说的是"指明其体曰性，指明其用曰心"，关键在于一个"其"字。在本文的第二节里，笔者曾经征引过胡宏的话"道者，体用之总名"④以证明"天"与"性"不为一。结合这句话与上下文我们可以判断"其体""其用"中的"其"皆是指"道"亦即"天"而为言者。因此论体与用，不能舍离这一"第一序的存在原则"而徒说"性为体""心为用"。以"天命"作为根本之统摄，言此体之用，而非用自身，体自身，这正是胡宏哲学的一个特色。⑤

其次，胡宏不是单说一个"动则心矣"，而是有一个基本的论断："性不能

① 同上，第336页。

② 胡宏：《胡宏集》，北京：中华书局，2012年，第337页。

③ 黎靖德：《朱子语类》，北京：中华书局，1994年，第92页。

④ 胡宏：《胡宏集》，北京：中华书局，2012年，第10页。

⑤ 在功夫论上，朱熹尤其反对这种先识本体的方式。其依据在于："观孔子答门人问为仁者多矣，不过以求仁之方告之，使之从事于此而自得焉尔，初不必使先识仁体也。"（《胡宏集》，第335页）又对其有一总评价："……先志于大然后从事于小，此类极多。又其辞意多急迫，少宽裕，良由务知识以智力探取，全无涵养之功，所以至此。然其思索精到处，何可极也。"（《宋元学案》，第1338页）事实上，陈来先生已经指出："乾道初年朱张吕的讨论，都肯定了仁体，但都反对先识仁体，强调下学功夫是识得仁体的基础。"（陈来：《宋明儒学的仁体观念》，《北京大学学报（哲学社会科学版）》，2014年第3期。）

不动。"也就是说性必然有其发动流行,这不是一个形而上学的预设,而是一个不容置疑的事实判断。性的流行就是人作为一个存在物基本的根据,或者说人能够成为人,正是因为有性的流行,否则人就成了死物。这里的动,不与静对,不与未发对,而诸如涵养与静坐这样的未发或静态,已经是次一级的存在规定了。并且,性的发动流行本身就已经不是性之自己,而是到了心的领域,因此需要心为此中的主宰。所以胡宏反对伊川"喜怒哀乐为未发"的论断:"既已未发,恐难指为心。"①"性不能不动"与"心不能不发",即是说性必然在流行中开展,性的流行是与性的存在性同一层级的东西;而心必然是形著的存在,心的形著与主宰也是同一个层级的东西。存在性与主宰性是性心的属性,而流行与形著则是在两者关系的开展中性心的另一面向。这就是心之"主宰=形著",性之"存在=流行"的平行结构。

第三,正如"有父母则有子矣,有子则有父母矣,此万物之所以著见、道之所以名也",有天地与圣人,道才有其形著之可见性与称名之指谓性:正是因为有天地,天命之不息才得以呈现;而因为有圣人,此心之主宰才能够得到著明。所以当胡宏言形著的时候,不仅拘束于心而言,圣人与天地也兼有此形著的可见性与称名的指谓性。

第四,如果从心之主宰=形著和性的存在=流行这一前提出发,那么最后一句话"圣人传心,教天下以仁也"也就能够有一个确定的解释:正是在圣人的实际的存在活动中所显现出的"成德之教"的活动,才是后世学人的根本依据。正因为如此,在《论语指南》中他批评黄祖舜将"垂世立教"与"道"析离为二,"其支离者一也";又"圣人所传者心也,所悟者心也,相契者心也,今曰传以言,悟以心,相契以心,是人与心为二,心与道为二矣。其支离者二也"②。所谓"支离"正是依靠著书、讲谈、静坐、心斋而妄图能够成己之德,将自己之行为与圣人之言论剖瓜而分。

胡宏正是坚持认为依靠现实的活动,心与性才能真实地在生活世界中得

---

① 胡宏:《胡宏集》,北京:中华书局,2012年,第116页。
② 同上,第305页。

到落实。如果舍弃流行这一根本的显发活动，那么无论是心还是性，都只能具有理论的、抽象的、思辨的，因而也往往是贫弱的功能。是故和仅仅是概念地设定自己的理论为实践的、经验的学者不同，胡宏对流行的这一重视可以说是在"性—心"关系中真正打开了儒学实践的门路，为遏止已经转向探讨"喜怒哀乐未发前作何气象"的理学向内发展的趋势①提供了一条路径。

综上，胡宏思想到底是实用还是不实用，或者性到底是否为一空洞的概念而心为一实际的能力，判断的衡准就只能是是否以在流行中展开的心之"主宰＝形著"和性之"存在＝流行"的平行结构作为胡宏哲学的一个基本前提。这样，《知言疑义》中那段屡经朱熹改议的话就可以得到准确的理解：

> 天命之谓性。性，天下之大本也。尧、舜、禹、汤、文王、仲尼六君子先后相诏，必曰心而不曰性，何也？曰心也者，知天地，宰万物，以成性者也。六君子，尽心者也，故能立天下之大本。②

首先，不能将"性，天下之大本也"这句话单独地拿出来，将其作为性之自己可以脱离事物而具有某种本体论的优越性或其之为理念存在的超越性的证明。即使是"天"也要于万物之不息不已中见其呈现。认为"性"是"天道"那样的超越实体，又孤立地舍离"天"的"不息"而言其为本体，必然会得出认为"性"具有本体论上的优越性和理念的超越性。这才有"'性'作为形而上的宇宙本体，是天地人及万物产生的根源，宇宙间的天地万物都是'分有'了'性体'的产物或表现"③的观点。但是既然"性"本来就是在人物之存在上而呈现之自性原则，现在又将二者强行区分，将"性"作为根本性的，视作可以离开事物之自己而像"理念"那样可以超越具体存在的概念，是把"天道"和"性"混为一谈，割离"性"与具体人伦活动的紧密联系之理论后果。

---

① 何俊：《南宋儒学建构》，上海：上海人民出版社，2004年，第87页。
② 胡宏：《胡宏集》，北京：中华书局，2012年，第328页。
③ 方国根：《胡宏心性哲学的逻辑结构》，《齐鲁学刊》，1995年第5期。

　　然后，"六君子先后相诏，必曰心而不曰性"中"相诏"本身就是一种圣人成德之教的体示活动。在这里，胡宏不是在论述六君子相诏的内容或者可能依据，而是就这种活动本身而言，只能从心入手。因此，胡宏紧接着对心的功能加以阐发，言曰"知天地，宰万物，以成性"。"知天地，宰万物"是心之具体的功能，"以成性"是心对性而言所具有的功能。由于性本身是不能等同于人的现世活动的，为了进一步开展自己的性论，胡宏便给出了以"心"来昭彰"性"之存在这样的思考路向。牟宗三先生简单了当地说："天道之实由性见，性之实由仁与心见。"①

　　最后，胡宏说"六君子，尽心者也，故能立天下之大本"，这就展现了孕育于一个忧患之世的思想所具有的实践性品格。胡安国、胡寅和胡宏，父子三人生当乱世，无不以救世匡时为本，父子皆有上皇帝之万言书以图改革朝政，胡宏对于时局之弊则痛言："忘仇而曰爱民，降敌而曰和戎，方衰而曰中兴。"②所以问题的关键在于如何从这种对"天下之大本"的概念性规定发展出"立天下之大本"的实质性的结果。因此，需要以"尽心"起点而企向德行之路、王道之纲，这就回到了上节所言以仁尽心以及识天命之不息以为仁体。如此，从性到心的下行开展不仅仅是心对性有一形著，于形著中见此心之主宰，更重要的是这在一过程中尽此心之仁，发挥儒学在伸张个体德性生命、砭治人心上的功效，使王道大业能够真正地成为现实社会历史的可见结果。

　　通过详尽地分析《知言疑义》中的两段话，我们可以清楚地得知胡宏以"流行"而言"性—心"关系之下行开展的缘由，在于从性之为"天下之大本"的概念性规定，合乎情理与传统地达及"立天下之本"的儒学对个体和社会历史改造的实践性诉求。在这个过程中，必须要以真实的个体活动作为言说性之"存在＝流行"与心之"主宰＝形著"的前提，这也是胡宏必须坚守的塑造个体之德性生命与推动社会之良性发展的理论前提。

　　对于此"性—心"的概念关系，牟宗三总结道：

---

① 牟宗三：《心体与性体（中）》，长春：吉林出版集团有限责任公司，2013，第362页。
② 胡宏：《胡宏集》，北京：中华书局，2012年，第132页。

心性之关系(诠表上须有此关系之表示)实即抽象地说(性)与具体地说(心)之关系,形式地说(性)与真实化地说(心)之关系,主观地说(心)与客观地说(性)之关系,性之"在其自己"(性)与"对其自己"(心)之关系,而最终必归于一也。①

牟宗三这一归纳的不足之处,在于归心体与性理为一,实际上,从胡宏的哲学来看,这一"归一"不仅不可能发生,还会必然地一分为三:"命＝诚、性＝中、心＝仁"的平行结构;从功夫论的角度来说,除了逆觉体证和以心著性,以仁尽心而致知,以天体仁而识本体是胡宏哲学更加强调的部分;胡宏思想的关键不在于哲学体系的架构,而在于从"流行"的真实开展中使得天命、性理和心体互相交织、互相缠绕的关系成为一真实可见的境寓,因此性理必然具有"存在性＝流行性",心体也必然具有"主宰义＝形著义"。牟宗三过度强调了以心著性,却忽视了这一形著只能在流行中发生,只有在流行中才有"性不能不动","心不能不发"这一存在的必然性。

四、结语:胡宏与儒学的现代性

牟宗三先生在《心体与性体》中把胡宏的哲学作为其圆教之典范、儒学三系之正传而大力表彰,如惊涛骇浪,打破了传统哲学史中宋代学术心学＝理学二分的经典格局,创造性地提出了儒学的哲学原型,使得我们即便不同意其对胡宏哲学的解释,不满其儒学三系说的划分,但也不可能不去关注、反思甚至再度审视胡宏的哲学间架、儒学的分系以及儒学的义理形态等一系列事关儒学的现代性转化等问题。牟宗三以对胡宏的重新发现为契机,因势利导,促使学界将一系列儒学重大课题摆上了日程。可以说,牟宗三是 20 世纪中国哲学家中的"鲶鱼",其"两层存有论""圆教说""圆善论"等一系列思考拓展了 20 世纪中国哲学反思的疆界和核心问题的视域;同样,胡宏的思想,就是

① 牟宗三:《心体与性体(中)》,长春:吉林出版集团有限责任公司,2013,第 365 页。

20 世纪中国哲学问题中的"鲶鱼",胡宏对天道、性理与心仁的思考,对天道之呈现义、性理之流行义、仁之尽心义的体贴和表现,突破了以心学和理学为篱笆所划定的中国哲学的源始疆域,开创了一种以哲学的大综合为基础的原创性思想的发生空间。

胡宏思想的重新流行不是仅仅意味着发现一个湮没于历史的伟大思想家这么简单的事情,通过新儒家与胡宏两者的相互折射,儒学文化中一个特有的创造性维度被凸显了出来,即综合性的创造。在新儒家那里,综合不与分析相对或与先天相连,综合与创造组成搭配。牟宗三先生在《中国文化发展中的大综合与中西传统的融会》这篇雄文里谈到,未来中国的文化是一个大综合时期。因此,新儒家的兴起有其历史运会的必然性,它的历史使命就是肩负起这个文化大综合的历史运会中之责任。以中国文化命脉为本创造的综合,"外在地讲,就是中西两个文化系统的综合;内在地讲,内在于这个义理系统的内部看,就是沈有鼎的那句话——'彻底的唯心论'"①。

当代新儒家,可谓是从文化生命中孕育出综合性与创造性的典范。从综合性的一面来说,新儒家的存在论所诉诸的不是先天的综合,而是创造性的综合。突出"综合"的动词属性,而非一个必然的或可能与否的事态,也就是在一个新的流行发生的事相中动态地处理传统文化积淀与现代文明创造之间的关系。这种态度不是将儒学作为已经对象化了的所知物,历史化了的文明结晶的产品,而是将儒学视之为一条正在奔流的滚滚长河。我们要做的,是发现这条大河所融会的条条支脉,这条大河能够继续向前,源源不断,端赖于我们能够继续发现新的支脉的汇入的可能性。

如果我们从胡宏自己的哲学实践来观察其对儒家传统的态度,那么我们会发现他是以"综合性"而非"正统性""合理性"或者"道统性"为基本前提的。在胡宏的思想中,充满着对世界复杂性的切身认知,为天下树立正道的强烈担当感,以及对儒典自觉地综合,尽管胡宏也有很强的道统谱系感,但是回到

---

① 牟宗三:《牟宗三先生全集 27·牟宗三先生晚期文集》,台北:联经出版社,2003 年,第 445、446、454 页。

其自己的哲学创造中,这样具有排斥意味的道统感总是被强调会通和融合的综合感所压倒,就其结果来看这就客观地形成了一千七百多年以来儒家思想在哲学上第一次彻底的大综合。胡宏不仅融贯了《论》《孟》《庸》《易》《大学》[①],也吸纳了周敦颐、张载、二程、胡安国这一系代表北宋儒家哲学发展的最高峰的思想精华。以著述为例,胡宏专门编纂了《程子雅言》,同时他写有《周子通书序》《横渠正蒙序》等文章,推行北宋诸子之学说可谓不遗余力:推尊二程则曰"其为人也,可谓大而化矣。吾将以之为天";论周子则曰"志伊尹之所志","学颜回之所学";论张子则曰"极天地阴阳之本,穷神化,一天人"[②]。我们惊叹于胡宏思想的复杂与博大,但仍更须体贴这一复杂与博大发源于胡宏创造性的包覆,综合性的架构这一思想运作的内在动机。

因此我们可以说,胡宏不仅在思想内容上具有现代性的要素,在思想方法和思想运作的内在动机上也具有特殊的可以纳入现代视野中的文化理念,对于儒学的价值转化与文明创造具有积极的借鉴意义。胡宏使得儒学的思想维度、历史维度、理想维度都达到了一个新的高峰,与当代新儒家一样,的确是家国飘摇时代思想家的杰出典范。最后,以胡宏的《文定书堂上梁文》中的两句作为结尾:

> 抛梁上,道与天通自奋扬。当仁不让孟轲身,禅心事业遥相望。
> 抛梁下,明窗几净宜凭籍。道义相传本一经,儿孙会见扶宗社。

作者简介:张程业,南京大学哲学系 2012 级哲学专业本科生、2016 级中国哲学专业硕士研究生(导师白欲晓),于 2017 年 9 月至 2018 年 9 月受留基委资助赴比利时根特大学进行为期 1 年的交流,现于澳门大学哲学与宗教学系攻读博士学位。

---

① 牟宗三判《大学》为歧出,为与《庸》《孟》不同的另一儒学系统,以伊川朱熹为别出。但是胡宏却很看重《大学》,以之教其甥:"《大学》一书,孔氏之门指学道之正路也。余今授尔以伊川所正之文,往熟读之朝夕勿忘。"(《胡宏集》,第 194 页)。
② 胡宏:《胡宏集》,北京:中华书局,2012 年,第 156—162 页。

Non-Monetary Transactions in Russia During the 1990s: A Brief Description of Cause and Mechanism

焦一达

To find out the essences of money, we'd better have a detailed investigation of the situation where the money order ruins. The large scale finical disorder after the collapse of the Soviet Union becomes a good example to do such research. However, the more I read about this weird phenomenon, the more I am confused. There is plethora of information and different opinions about how to explicate the information. What I could make sure is that the extensive non-monetary transactions in Russia are a result of a game between many players, which includes the economic reformers, the old interest groups, central and commercial banks, federal, provincial, and regional governments, local enterprises, and ordinary people. Reform could not only be seen as a fight between the reformers and the old schools. In each reform, the situation is much more complex than this good versus evil caricature.

My goal in this article is not to show a panoramic map of non-monetary transactions in Russia. It's really out of my ability. Even though there are already some anthropologists, respectable Caroline Humphrey especially, studied this issue, economic literatures still occupy the dominant amount. Interdisciplinary horizons are imperative for comprehending this extremely complicated issue. Inspired by Andrei Shleifer and David Woodruff's books, I would first show how the relationship between the central government and the local governments affect the tax collection and transaction way, and then make the radical reform go to a dead end. In the second part, I would give more details about how the non-monetary transactions were implemented. Then, I would give some judgments on the drawbacks of this transaction way.

Discrepancy Between Two Rationalities

Giovanni Arrighi has a famous distinction between "the capitalistic logic of power" and "the territorial logic of power".[1] David Harvey uses these terms in a different sense from Arrighi.[2] Harvey wants to show that the logic of capital is purely accumulation of capital, regardless of the welfare of the people living on a specific territory. A good example is the Rust Belt of USA. Accepted the call of the Neoliberalism movement, a large number of American factories moved to Asia or subcontracted their business to Asian enterprises during the 1980s. The low cost of production, especially the cheap labor made the labor of US uncompetitive to their Asian rivals. Even there was continuous industrial upgrading on the territory of US, no one could make the former blue-collar workers of the Great Lakes become programmers of the Silicon Valley immediately. They lost the job in the severe competition of globalization period. The mighty return of ring-wing to the center of the American political center is a response to this situation.

The territorial logic of power, however, is different from the purely profit-oriented logic of capital power. Politicians may think something differ-

---

[1] Giovanni Arrighi, *The Long Twentieth Century: Money, Power and the Origin of Our Times*, Verso, 1994, p. 33.

[2] David Harvey, *The New Imperialism*, Oxford University Press, 2003, p. 31.

ent from the purely profit-oriented capital logic. They have the responsibility to take more factors into consideration, such as unrest as a result of unemployment, pollution, and large scale unsatisfaction. Not only because they are kind and responsible politicians, but also for the reason that as officials, their rationality is to hold their position, which heavily relies on the synthetical performance of this place. The political regime sometimes hinders the mechanism of free market, then results in efficience; other times, it prevents some essential domains from the brutal logic of market alone, these domains usually concerning the welfare of the mass population, such as public transportation, railway, and college education.

There is a theoretical pioneer of this analytical scheme, which has been popular among economic anthropology for more than half century. It is Karl Polanyi and his *The Great Transformation*. By using the theory from this marvelous book, David Woodruff comprehends the non-money transactions of Russia in a framework of how the provincial societies protected themselves from the radical and dilemmatic reform carried by Moscow. To understand why Moscow and the local governments shared different action logic, we need to probe into the structural change the reform desired and the structural obstruction.

In 1992, Yeltsin appointed Yegor Gaidar as the executive of the Russian economic reform. Even out of the assumption of the western advisers, who treated economic stability as the first aim, Gaidar carried out very radical measures[1]. To become a market economy, Gaidar needed to "Privatizing Russia", let the market mechanism function, which relies on the price mechanism. To make an "equal" competition environment, the state had to cut down the subsidies offered to the state-owned companies, though the privatization process had not been accomplished. Another reason for carrying

---

[1] M. Boycko, A. Shleifer & R. Vishny, *Privatizing Russia*, The MIT Press, 1995, p. 3.

out tight financing policy was "repressed inflation". In the 1980s – 1990s, the Soviet Center issued a bulk of roubles, whose increase speed surpassed the speed of the increase of products. If this happened in a market economy, the inflation will be obvious. But Moscow controlled the price of some crucial commodities such as food and energy, then the plethora of money could not enter certain market, so the inflation was repressed before the reform. The reform was not the cause of inflation, rather it made the inflation into the open[1].

Gaidar's radical reform made the problem formed in the Soviet period obvious, and because of the low production capacity, money became devalued in the initial stage. Sturdy free-market economist Åslund suggests that the transition countries could take five measures to achieve price stability[2]. Reducing government budget deficits and controlling the growth of the money supply are the commonsense of Economists[3], which means Yeltsin could not issue money as random as Gorbachev to pay for the budgetary deficit. This seemed a rational measure to cope with the inflation. And when the company could not get subsidy from the government, the price mechanism comes into effect, low-quality products will be neglected and then disappeared, consumer's love would be satisfied[4]. Accompany with the tightening policies, Åslund also noticed that a new tax system should be established[5]. Tax problem, however, is quite the core discrepancy between

---

① Jim Leitzel, *Russian Economic Reform*, Taylor & Francis e-Library, 2005, p. 46.

② Anders Åslund, *How Capitalism Was Built: The Transformation of Central and Eastern Europe, Russia, and Central Asia*, The Cambridge University Press, 2007, p. 104.

③ A. Shleifer & D. Treisman, *Without a Map: Political Tactics and Economic Reform in Russia*, The MIT Press, 2000, p. 39.

④ Milan Nikolic, *Monetary Policy in Transition: Inflation Nexus Money Supply in Postcommunist Russia*, Palgrave Macmillan, 2006, p. 3.

⑤ Anders Åslund, *How Capitalism Was Built: The Transformation of Central and Eastern Europe, Russia, and Central Asia*, The Cambridge University Press, 2007, p. 104.

Moscow and the local governments and it's a crucial reason for the widespread of barter. To make this clear, we should know the relationship between money and tax in the modern state.

It seems there is a widespread misunderstanding of money, I call it "Material Fetishism". Not only ordinary people but also professional economists when thinking about money, gold, coin, or paper money appear in their mind. If they have more cross-cultural perspectives, shell, ox, salt, tobacco or the stone money of Yap island could be referred. However, I suggest that we'd better listen to Felix Martin's idea to treat "money as a special type of credit, of monetary exchange as the clearing of credit accounts, and of currency as merely tokens of an underlying credit relationship"[1]. In my another ongoing research I will give more explanation to this theory, here I would use Randall Wray and Songcheng Sheng's books to prove the relationship between the money supply and tax.

According to Randall Wray, the reason we would accept paper money or digital money which only appears on our bank account is that its purchasing power is guaranteed by the sovereign government, who implements a specific currency token by admitting it as the only official form to pay the tax. This currency token, in nowadays is issued by the government, or specifically the central bank first, and then the central bank loans the token to the commercial banks, which then loan to the enterprises[2]. Some currency tokens enter the circulation in the society in the form of salaries of officers, teachers or public expenditures. If the government doesn't issue money, then there will be some problems for the economic actors to pay the tax in the monetary form. Modern money in its essence is credit money, so it's the

---

[1] Felix Martin, *Money: The Unauthorized Biography*, China CITIC Press, 2015, p. 14.

[2] Randall Wray, *Modern Money Theory: A Primer on Macroeconomics for Sovereign Monetary Systems*, Palgrave Macmillan, 2015, p. 49.

debt of the issuer to its people.[1]

The authority took the tightening policy, on the one hand, insufficient money flowed to the society, companies could hardly get loans from the banks. Public expenditures and salaries of government employees like teachers shrank. On the other hand, the newly founded State Tax Service (STS) was required to collect tax in the rouble form rather than in kind. You can't expect the horse to run fast when you don't let it graze. This dilemma was not so evident in the initial days, because there was still a lot of money issued by Gorbachev circulated in the society.

What annoyed the reformers was the revenge of the old school. The managers' duty in Soviet Union time was to fulfill the production assignment, so they didn't have the incentive to cut down costs.[2] This tradition still existed after the reform. The significant cut down of subsidies made them uncomfortable. Gaidar was fired in December 1992. Chernomyrdin, the former minister of oil and gas replaced him and encouraged credits and subsidies to industry and agriculture in early 1993. In fact, in July 1992, the Parliament had already appointed a new central bank governor, Viktor Gerashchenko, who immediately issued vast amounts of cheap credits to firms.[3] The dominant propotion of these subsidies flowed to agriculture and industry, which means they were oriented not by profit-making, but by sustainability of society[4]. In the reformers' eyes, this must be a stupid action, for it impeded the marketization reform. In the eyes of provincial officials and company managers, this action was necessary to make the local economic re-

---

① Songcheng Sheng, *Central Bank and Money Supply*, China Finance Press, 2016, p. 38.

② Claudio Morrison, *A Russian Factory Enters the Market Economy*, Routledge, 2008, p. 50.

③ M. Boycko, A. Shleifer & R. Vishny, *Privatizing Russia*, The MIT Press, 1995, pp. 5 - 6.

④ A. Shleifer & D. Treisman, *Without a Map: Political Tactics and Economic Reform in Russia*, The MIT Press, 2000, p. 58.

gimes work. (see Figure 3.1[①])

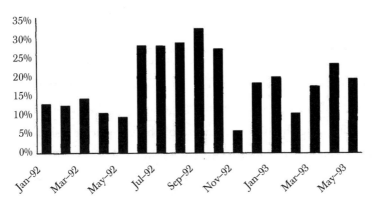

Figure 3.1　Percentage Growth in Nominal Money Supply,
January 1992 – May 1993, by Month

There was a discrepancy between Moscow's reformers and local interest groups. Without subsidies, many companies might go bankrupt, which meant mass unemployment and social unrest. Compared the uncompetitive products they produced with the subsidies which were ultimately from the central government, the local leaders put more importance on the stability and sustainability of their territory. The territorial logic of the local leaders was opposite to the capitalistic logic of Moscow's reformers. For the managers of the provincial enterprises, allied with the local leaders was a good choice. Their relationship had already been very intimate during the Soviet time, under the new situation, refusing the policy of money tax also brought other benefits.

Between 1992—1997, there was a decrease in the share of Federal tax revenue to the total tax revenue. (see Figure 3.2[②]) The tax share of the Re-

---

　　① David Woodruff, *Money Unmade: Barter and the Fate of Russian Capitalism*, Cornell University Press, 1999, p. 85.

　　② A. Shleifer & D. Treisman, *Without a Map: Political Tactics and Economic Reform in Russia*, The MIT Press, 2000, p. 91.

gional tax revenue was more stable. This phenomenon rooted in the tax system of Russia during the 1990s. Federal, regional, and local governments all entitled to adopt independent budgets, regional and local governments had some discretion within their jurisdiction to introduce new taxes and set rates[①]. Even the tax collection of The State Tax Service had to depend materially on the support of the regional governments. The chaotic disorder of tax collection made the different layers of the bureaucracy shared the same tax base, which meant they became competitors.

	1992	1993	1994	1995	1996	1997
1. Consol. budget tax revenue	29.7	25.5	27.5	23.3	22.3	22.7
2. Federal tax revenue	17.8	11.5	13.0	11.7	10.7	10.1
3. Regional tax revenue	11.9	14.0	14.5	11.6	11.6	12.6
Memo: GDP(*tr Rs*)	19.0	171.5	610.7	1630.1	2200.2	2602.3

Sources: calculated from World Bank operational data, April 1997.

Figure 3.2   Tax Revenue in Russia, 1992—1997(% GDP)

No matter the provincial or the regional governments, of course, wanted more interest stay at their level rather than extracted by the federal government. Kathrine Verdery also found this kind of regionalism, and proposed that it might share some similarities with feudalism, "each local lord could determine for himself what would go on in his suzerainty; he could even choose either wholehearted acceptance or flat rejection of perestroika's market reforms, for there was no longer an effective central discipline to enforce the reforms."[②] Though the communist party lost the seat of president, the local party elites still occupied the crucial political-economic positions.

In the market economists' story, the consevatives used the lobbyists to

---

① Ibid, p. 119.

② Katherine Verdery, *What Was Socialism, and What Comes Next*? Princeton University Press, 1996, p. 207.

persuade the duma veto the reform proposals; In the local level, they left more tax revenue by encouraging the enterprises to pay tax in kind rather than in cash, because for the federal government, accepting goods tax costed too much. Tax in kind meant that local government did not need to share tax with the federal government[1]. As for the enterprises, barter also had benefits compared with money transaction. First, they had more bargain scope with the government, because the price of the product was uncertain, they could claim a much higher price for their low-quality commodities. Second, sometimes the local government asked the company directly to supply some products to the public sectors, such as the hospital or the school, to offset their tax duty. By doing so, the company improved its public reputation and then increased the bargaining power with the government[2].

According to David Woodruff's research, the distribution function of the party leader already appeared in the Soviet time. He proposes that there were three economies which were the basis of Soviet economic unification: the monetary system, the vertical bargaining economy, and the horizontal exchange economy[3]. The party leaders, by virtue of their political-economic preponderant positions, took the role of information exchangers and goods dispatchers before the perestroika. Moscow's decline fortified their role in material exchange and they became the "barter clearinghouse."[4] That's why barter or other non-monetary transaction manners were welcomed by the local political leaders. They could get interest as their crucial positions could hardly be weakened by purely economic forces. Although the cost of barter

---

[1] David Woodruff, *Money Unmade: Barter and the Fate of Russian Capitalism*, Cornell University Press, 1999, p. 136.

[2] A. Shleifer & D. Treisman, *Without a Map: Political Tactics and Economic Reform in Russia*, The MIT Press, 2000, p. 128.

[3] David Woodruff, *Money Unmade: Barter and the Fate of Russian Capitalism*, Cornell University Press, 1999, p. 76.

[4] Ibid, p. 63.

was far higher than transaction in cash[①].

There was also another important player in this game, the bank system. It was the central bank and the local commercial banks which hold the financial power. The subsidy revenge was welcomed by them because they could get the interest by financial manipulation which could not happen in strict budget policy. First, the subsidy to enterprises must be issued through the commercial banks, and they asked high interest rate to the enterprises who wanted to borrow money. Given the discretion of distribution of money held by them, they used this right to become rent seekers. Second, they insisted a low deposit interest rate and used the money of their depositors to buy foreign exchange. When the Russian rouble devalued, they could get profit by this manipulation. So the bank system got benefit from the inflation.[②]

However, in theory, the bank system could get profit by doing so, but another factor generated the opposite effect. Many enterprises refused to deposit their money in the bank, they were afraid not able to take out the money when the devaluation of roule was so fast[③]. Another reason was the tax policy. The law gave the tax authority the power to take out the tax money if there was money on the enterprise's bank[④]. To escape from this tragedy, the enterprises preferred to hold the money by themselves rather than let them lay on the bank account. To escape the plundering hand of the government, one tactful way was to escape the money system which was scrutinized by the authority. This has already been acknowledged in the So-

---

① Paul Seabright, *The Vanishing Rouble: Barter Networks and Non-Monetary Transactions in Post-Soviet Societies*, Cambridge University Press, 2002, p. 137.

② A. Shleifer & D. Treisman, *Without a Map: Political Tactics and Economic Reform in Russia*, The MIT Press, 2000, p. 57.

③ David Woodruff, *Money Unmade: Barter and the Fate of Russian Capitalism*, Cornell University Press, 1999, p. 95.

④ A. Shleifer & D. Treisman, *Without a Map: Political Tactics and Economic Reform in Russia*, The MIT Press, 2000, p. 97.

viet time. According to Douglas Rogers's study, barter was preferred by the Soviet companies who did international business, because if they transacted in cash, they could only hold 27% of the profit and other went to Moscow; if they transacted in kind, they could hold all the profit[1].

"Monetary Consolidation", then, was not only implement of the unification of currency, but also other social functions concerned the economic control power of the state, such as the form of tax and the means of transaction. The state would attack the effort by the civil society whose goal is to substitute the official currency, for it will erode the base of the economic power of the government. This, of course, happened in Russia in the 1990s,[2] and in different time the federal government took such strategies to respond to different situations (see Figure 3.3[3]). However, the result was not quite satisfied. One symbol was that barter still last to the end of the 1990s.

Micro strategies (Addressed to costs)	Macro strategies (Addressed to confidence)
1. Complicate the use of alternate monies	3. Intimidate
2. Simplify the use of official monies	4. Ratify and regulate

Figure 3.3 Strategies for Monopolizing Credit-Money Issue

There are a lot of factors enumerated try to illustrate the causes of the widespread barter phenomenon, such as a flight of money owing to hyperinflation, a response to the high cost of working capital, a response to inter-

---

① Cf. Douglas Rogers. "Petrobarter: Oil, Inequality, and the Political Imagination in and after the Cold War", *Current Anthropology*, 2014(2).

② David Woodruff, *Money Unmade: Barter and the Fate of Russian Capitalism*, Cornell University Press, 1999, p. 90.

③ Ibid, p. 92.

enterprise debt arrears and so on[1]. But there are also other evidences try to prove that no one factor could solely engender this phenomenon. I give an explanation above which mainly stresses the discrepancy between Moscow's motivation of reform and local governments' motivation of society preserving. Nonetheless, I feel more and more confused about this topic, because too many different even opposite explanations are offered based on different statistics and fieldwork interviews. It's just like a Rashomon. I gave up offering a coherent narrative to the cause of this complex, given it has passed away for 20 years and no chance to do first-hand fieldwork. What I want to show here is the complicated motivation and measures used by the actors who occupied different spatial and social conditions. Using a simple moral judgment is unfair to them, to such a great and unstable reform period, sympathy may be a better attitude to understand the situation.

The Mechanism and Drawbacks of Non-Monetary Transactions

Barter is different from both commodity exchange based on money and gift exchange. In anthropology, Caroline Humphrey contributes a lot to this topic[2]. Different from classic form of barter such as what happened in Nepal mountain area, Russia had already been a highly industrialized country. It was not the goods for goods exchange which took the dominant transaction means. There were mainly four kinds of non-monetary transaction in Russia during that special time. First, goods for goods barter; Second, money sur-

---

① Paul Seabright, *The Vanishing Rouble: Barter Networks and Non-Monetary Transactions in Post-Soviet Societies*, Cambridge University Press, 2002, pp. 104 – 109.

② Cf. C. Humphrey, & S. Hugh-Jones, *Barter, Exchange and Value: An Anthropological Approach*, Cambridge University Press, 1992.

rogates which were issued by enterprises or governments as promissory notes, usually commodity or financial veksels; Third, offsets or zachety. Firms, tax authorities, other parts of governments might all involved into multilateral offset net; Forth, debt swaps, sales and roll-overs[1]. According to statistics of 1998, different industrial sectors appeared to have different degrees of dependence on these means[2].

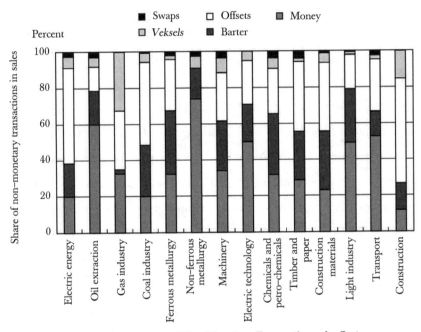

Figure 3.4   Incidence of Non-Monetary Transactions, by Sector

We shall not imagine a scene that all the businessmen come to a market and exchange the products they owned. That's a fantasy. In such a complex economy, the cost to find a partner what he owns is quite what you need and vice versa is very high. Adam Smith suggests this conundrum and says that

① Paul Seabright, *The Vanishing Rouble*: *Barter Networks and Non-Monetary Transactions in Post-Soviet Societies*, Cambridge University Press, 2002, p. 115.

② Ibid, p. 133.

the answer to "the double coincidence of wants" is there should be one commodity desired by everyone, so it will undertake the function of universal equivalent, which means it becomes money[1]. In Russia, the lack of money didn't engender a universal money surrogate which was used all over the federation, that was an apparent challenge to the power regime. There were other ways for them to surpass that problem and find business partners, such as employ fixer who made a living by matching supplier and demander, or went into an exchange market, or as mentioned above, ask the local political leader for help, especially in concern of basic materials like electricity or gasoline[2].

In most cases, the firm hired a "barter broker" to enter the barter network[3]. In fact, only very few people had the information to participate in the new circulation chain[4]. Also, you have to pay the intermediary to find an appropriate business partner. That was also a cost. So, compared with barter, manipulation of credit was more widespread in the money-scarce environment. When bank credit was dwindling, most firms had more resources to trade with each other and the accounting rule had little relationship with the barter. When firms sell their output in a barter deal, it took time for them to sell what they received and then buy what they need as input. Credit transaction, nonetheless, could solve this problem. When some institutions who had authority, for example, the local government, bank or big suppliers, issued veksel, there would generate a secondary market for this veksel.

---

① Cf. Adam Smith, *An Inquiry into the Nature and Causes of the Wealth of Nations*, Oxford University Press, 1976, Chapter 4.

② David Woodruff, *Money Unmade: Barter and the Fate of Russian Capitalism*, Cornell University Press, 1999, p. 62.

③ Paul Seabright, *The Vanishing Rouble: Barter Networks and Non-Monetary Transactions in Post-Soviet Societies*, Cambridge University Press, 2002, p. 153.

④ Ibid, p. 293.

Multi-party chains of non-monetary forms of payment would be formed[1]. People believed the credit of these institutions, so did their veksel. When business was done by exchange between veksel and goods, or purely offset, we could find the transaction of credit is the core of commodity exchange. The evolution direction of transaction is towards reducing the transaction cost at the same time keep the security of transaction. Guaranteed by credit abundant institutions, transactions could be done by exchange of credit notes. The veksel market made the circulation of goods more convenient and itself appeared like money surrogate. Like money, it also engaged a specific circulation domain, usually at a city level. When business required crossing the boundary, then barter became more reliable.

We could see the continuous growth of barter's share in sales between 1994—1998 (see Figure 3.5[2]). The similar growth of tax in non-monetary payments also indicated the failure of the Moscow's reformers, they used to want to ask the firms pay in money but later they had to accept the reality and connived the local government issued tax offset notes which of course became "hard currency" in local market. When the local government accepted goods in lieu of monetary payments, it had to give them to other firms which could offer public services needed by the state. Then the state became the central cornerstone of the barter-offset chain[3].

As mentioned above, the local governments had discrepant interest with the federal reformers. They actively involved in the non-monetary transactions and took a crucial role. There were several considerations for them to do so. First, in the radical marketization process, there was no social safety

---

① Ibid, p. 125.

② Ibid, p. 127.

③ Ibid, p. 128.

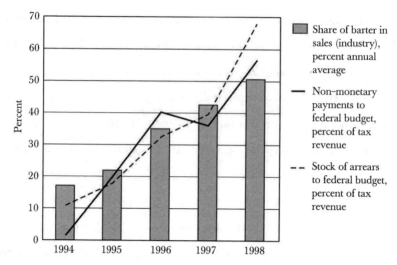

Figure 3.5   Late and In-Kind Tax Payments and Industrial Barter, 1994 – 1998

net outside the firm. Mass lay-offs or bankruptcy could result in serious social instability. Then "indirect state support in the form of late or in kind tax or utility payments is implicitly 'traded' against maintaining employment, social services and production." Second, barter was a good way to hide corruption. Company manager could proclaim a higher price of the goods which received by the government as in kind tax. To do so, the manager might should bribe the official in charge. Third, the pressure to raise tax revenues might be another reason for them to receive tax in kind. Fourth, the over-valuation of barter goods might be the symbol that the locals did not want to face the reality that their important enterprises had already declined. This, of course, was an artificial way to bolster the confidence towards these firms[1]. As for the motivation of contending tax with the federal government, we have already discussed in detail.

Barter deemed by Åslund as a way colluding by local governments and

---

① Paul Seabright, *The Vanishing Rouble: Barter Networks and Non-Monetary Transactions in Post-Soviet Societies*, Cambridge University Press, 2002, p. 129.

firms to loot tax and thwart reform[1]. But there was also other evidence suggested that barter in fact increased the cost of business, and more than half of the participants deemed that barter was unprofitable[2]. Tax evasion might be another misjudgment, for most firms believed that inter-firm barter in fact increased the tax bill with margin up to 50%[3].

In a highly industrialized and complicated economy, without a universal currency was quite inconvenient. There were some characters of barter which in fact hinder the development of Russian economy. The most obvious drawback was the high cost of price distortion and time (see Figure 3.6[4]). Barter, especially, required transportation and store fees not only for the products they produced but also for the goods they exchanged. The multiforms of one transaction made the situation more complex, the firms might employ barter, money, and offsets in one single deal[5].

Per cent of respondents using respective deals	As compared to cash prices, non-monetary prices are:				
	Much higher	A bit higher	Same	A bit lower	Much lower
Barter	25	28	38	7	2
Offsets	24	26	43	5	2
Veksels	16	25	50	6	2
Debt sales, swaps, roll-overs	22	26	44	6	2

Figure 3.6 Costs of Non-Monetary Transactions

(a) Price Distortions

---

① Anders Åslund, *How Capitalism Was Built: The Transformation of Central and Eastern Europe, Russia, and Central Asia*, The Cambridge University Press, 2007, p. 136.

② Paul Seabright, *The Vanishing Rouble: Barter Networks and Non-Monetary Transactions in Post-Soviet Societies*, Cambridge University Press, 2002, p. 137.

③ Ibid, p. 121.

④ Paul Seabright, *The Vanishing Rouble: Barter Networks and Non-Monetary Transactions in Post-Soviet Societies*, Cambridge University Press, 2002, p. 140.

⑤ Ibid, p. 95.

Per cent of respondents using respective deals	As compared to money, non-monetary deals take:				
	Much more time	A bit more time	Same time	A bit less time	Much less time
Barter	69	17	10	2	2
Offsets	73	16	8	2	1
Veksels	56	23	17	1	3
Debt sales, swaps, roll-overs	71	17	7	2	2

(b) Time Costs

Another aspect was that barter and other credit net seemed like a closed domain. About half of the barter was arranged through intermediaries, so for the companies with liquid cash, they might not able to find what they want in the cash market because that kind of good might only be sold in the barter market. As for their own products, barter market might be large and organized, at the same time a cash market might be remote, small and unstable. So, entering a barter market was costly, so did quit it[①].

The most serious damage barter did to the economy, was it harmed competition and innovation, so harmed economic development. The small inchoate companies found it hard to squeeze into the barter chain for almost all the links had already been occupied by the old firms. The order was firm. For the companies in this chain, their own performance was not quite important compared with the cash market situation. Because they were all bounded within a chain, so the holistic rather than the individual performance was more important. This mechanism weakened the incentive for each firm to improve its own productivity. Goods tax payments were usually high valued, this action delayed the bankruptcy of the unprofitable firms. Many companies gave their employees products rather than money salary. Workers could not

---

① Ibid, p. 139.

consume all their products by themselves so they took the role as salesman. This "artificial demand" to some extent slowed down product innovation and led to persistence of inefficient production lines. In short, the barter economy weakened product market competition, slowed down enterprise restructuring and inhibited innovation in products and processes[1].

作者简介:焦一达,南京大学哲学系 2013 级哲学专业本科生、2017 级马克思主义哲学专业硕士研究生(导师唐正东),于 2018 年 9 月至 2019 年 9 月受留基委资助赴比利时根特大学进行为期 1 年的交流,现于美国约翰斯·霍普金斯大学人类学专业攻读博士学位。

---

① Paul Seabright, *The Vanishing Rouble: Barter Networks and Non-Monetary Transactions in Post-Soviet Societies*, Cambridge University Press, 2002, p. 139.

胡塞尔与在场形而上学

——评德里达与马里翁对"第一研究"的解读

王知飞

一、引论

自现象学诞生以来,现象学与形而上学就处于一种对峙之中,甚至可以说现象学是一种"反形而上学"的严格哲学。形而上学(Metaphysik)按照其本义就意味着对于专门科学的超越(meta),在胡塞尔看来,"形而上学就将它的功能看成是维护哲学的普遍理念,向未被分裂的,被看作完整宇宙的现实性提出所谓的最高和最后的问题,它们正如亚里士多德的普遍存在学说中的问题一样,不是束缚于个别领域的特殊问题,而且在神学问题中达到顶点"①尽管传统形而上学中包含了普遍理念的动机,但这种"超越"在超越论的认识论上的朴素性或自然态度恰恰使其退化为一门独断的和世间的学问,以至于其基本概念与命题从未回溯最终的根源。因此,胡塞尔不仅主张现象学作为第一哲学为未来的形而上学奠基,同时指明形而上学的任务在于成为一门关于一般存在者的普遍科学,或者说超越论的基础科学,详尽地考察"关联于超越论主体性之普遍联系的全部客观性区域"。②

---

① 胡塞尔:《第一哲学》,王炳文译,北京:商务印书馆,2012年,第243页。

② 胡塞尔:《第一哲学》,同上书,第248页。当然,形而上学在胡塞尔的中后期思想中还有正面的建构意义,正如《观念1》的标题"纯粹现象学与现象学哲学的观念"所展示的,纯粹现象学必须承担起真正的理性-认识论批判的任务,之后方可建构现象学哲学的体系,而现象学的形而上学将是现象学

但在海德格尔眼中，传统形而上学由更深层的规定所奠基，而胡塞尔现象学本身仍然整体性地陷入其中。在 1925/1926 年的《逻辑学：关于真理的问题》的马堡讲座中，海德格尔如此总括以往哲学对存在与真理的理解："存在意味着在场（Anwesenheit）；真理意味着'当下'（Gegenwart）；在场出自当下被理解；当下是时间的一种模态。"（GA 23，199）。换言之，如果说形而上学对于存在问题有所错失的话，是由于它未经批判地接纳了对时间"在场"化的预设，从而遮蔽了存在与时间的本真关联（GA 23，§ 37；海德格尔，《现象学的基本问题》，19—21 节）。不同于《时间概念史导论》中对胡塞尔的"主体形而上学"或"内在形而上学"的批判，海德格尔在这里暗示了胡塞尔与"在场形而上学"的亲缘性："实际上，我们将看到在内在的与超越的、主观的与客观的时间的区分中，对时间的理解仍然是现在-时间（Jetzt-Zeit）"（GA 23，246）[1]。也正因如此，只有通过对已在形而上学传统中被规定为持续在场性的存在实施解构（Destruktion），才能重新获得生存论-存在论上的本真领会。

在各自的文本中，德里达与马里翁继续深化了由海德格尔开启的"胡塞尔与在场形而上学"这一论题。在《声音与现象》中，德里达认为胡塞尔将含义还原为对象在直观中的呈现（presence），从而符号派生自后者并始终作为后者的再现和变式，这种呈现的根本地位源于内时间中当下在场（presence）的优先性，进而德里达将胡塞尔的"活的当下"（lebendige Gegenwart）视为在场形而上学的最终完成；在《还原与给予》中，马里翁反对德里达对"第一研究"的诠释，他指出胡塞尔已经将在场深化为被给予性，尽管含义无法被还原

体系的必要组成，参见倪梁康：《胡塞尔弗莱堡时期的现象学哲学体系巨著计划》，《哲学分析》，2016 年第 7 期。实际上，它与出生、死亡、睡眠等现象学的边界问题相关，"一种不能再进一步解释的难题：即在事实的世界和事实的精神生活的构成中显露出来的超越论的实事之非合理性难题，因此是一种新的意义上的形而上学。"（《第一哲学》，第 248 页）

　　① Burt Hopkins 将此视为海德格尔对胡塞尔"存在论上的批判"的两个步骤，"主体/内在形而上学"意味着胡塞尔追随笛卡尔传统，将"存在"（Being）等同于对于意识的"可知"（being know），进而作为"对象性"成为意识的相关项；而"在场形而上学"则进一步胡塞尔的思路追溯到将存在意义规定为在场的传统的希腊存在论，参见 Burt C. Hopkins. *The Philosophy of Husserl*，Montreal：McGill-Queen's University Press，2010，pp. 216 - 217，pp. 222 - 223.

为直观,却仍然处于在场之中。更关键的是,这种深化同时使得被给予性从现实在场的方面被理解,当下具有(Gegenwärtigung, présentification)保证了在场的完美显现。尽管思路不同,二者却达到了一致的结论:胡塞尔现象学是一种最终形态的"在场的形而上学"(métaphysique de la présenc)。

随着胡塞尔中后期手稿与讲座稿的陆续出版,使得再思胡塞尔与在场形而上学的关系成为可能。例如 Anthony Steinbock 通过对胡塞尔晚期构想,尤其是手稿中对家乡世界(Heimwelt)与异乡世界(Fremdwelt)现象的探索,认为胡塞尔的最终立场趋向于异于静态与发生现象学的第三种现象学——世代生成现象学(generative phenomenology),这一立场可以使胡塞尔告别在场的形而上学[①];Nicolas de Warren 则指出滞留双重功能意味着它不仅是一种对原印象的持留,同时是一种对原印象的内在超越(transcendence within immanence),在后期的时间研究中胡塞尔使用"去-当下化"(Entgegenwärtigung, de-presentification)来标明这种"在场化"与"空场化"的双重运作[②]。这些新的解读方向都显示出胡塞尔现象学本身所有的"非-在场"的思想意蕴。由于时间所限,笔者在本文中仅仅展开第一部分的讨论,即在回顾胡塞尔"第一研究"及其思想发展的基础上重审德里达与马里翁对"含义与直观"的解读,至于二者对于胡塞尔时间意识的分析以及现象学如何回应"在场形而上学"的指责,则是另文讨论的问题。

二、符号现象学的基本问题:三组区分

在引入德里达与马里翁的指责之前,我们有必要首先回顾一下胡塞尔在"第一研究"中澄清语言符号现象的努力。实际上,在《逻辑研究》第二卷伊始,胡塞尔就已经指出:"对语言的探讨当然是纯粹逻辑学的必要准备,因为

---

① Steinbock. *Home and Beyond*: *Generative Phenomenology after Husserl*, Evanston: Northwestern University Press, 1995.

② De Warren. *Husserl and the Promise of Time*: *Subjectivity in Transcendental Phenomenology*, Cambridge University Press, 2009.

只有通过它的协助,逻辑研究的真正对象、进而这些对象的本质类型和区别才能突显出明确的清晰性"(LU,A3-4),这种探讨本身就是一种"认识的对象理论",或者说是"一种纯粹描述的思维与认识体验的现象学"(LU,A4)。在胡塞尔看来,逻辑对象的"突显"必须依靠"第一研究"中的系列区分:

首先是在"指号"(Anzeichen)与"符号"(Zeichen)之间的本质性区分:"每个符号都是某物的符号,但是并非每个符号都具有一个'含义',一个通过符号被'表达'的'意义'"(LU,A24)。实际上,符号与某物之间的指示(Anzeige)关系是一种对事态的指明,它基于联想或动机关联(LU,A25),这里的符号仅仅是一种"指号";而符号内在的含义才确定了符号与对象之间的表达关系,或者说,表达意味着有含义的符号(LU,A30)。这里有三个重要的理由支撑着指号与符号、表达与指示的区分:1. 指示是对象与对象之间的外在指引关系(月球上的旗子指示着登月),而表达是含义与对象的内在关联,或者说,指号本质上被理解为对象,而符号则是含义/意义被直接经验,对于胡塞尔而言,前者是心理学联系,而后者才是构成逻辑学的基础;2. 指示总是以某物代表不在场之物而言,而表达始终是在场的,它通过含义与对象相关,正是这一点使得表达相比起指示更具有优先性;3. 结合后面的区分,只有表达才能被直观行为所充实,而指示则没有充实的可能,例如在交流中他人的心智活动是无法被直观的。总之,只有在表达中才能获得确定的含义和自身同一的对象①,而这构成逻辑学中观念化的基础。

由第一组区分出发,胡塞尔很快获得了第二组现象学上的区分:"独语"与"交流"。在交流中,表达与指示总是交织(verflochten)在一起,或者说"表达作为指示而起作用"(LU,A35),因为"它对听者而言是说者'思想'的符号"(LU,A33),即尽管它具有内在的含义,但始终是代表着他人"不在场"的思想对象。只有在独孤的心灵生活中,才有着纯粹的自听/自说,换言之,这里没有任何不在场之物可供替代:"在独语中,词语对我们而言无法发挥对此在的

---

① 胡塞尔同时也考虑"本质的机遇性表达"会构成含义偏离(LU,A81),但他认为此时含义本身仍然是确定的,只是关联到了另一个自身同一的对象。

心理行为的指示作用……发问行为就在同一时刻被我们自身所体验。"(LU，A36－37)这同时也是"想象的语言"与"真实的语言""虚构的符号"与"实在的符号"的差别。

如果从独语中可以还原出纯粹的表达的话，第三组基础性的区分也随即出现：首先是表达的显现形式与表达的赋义行为的区分(LU，A37)，对这一点的强调是必要的，因为由它确立了语言现象的本质——一种符号行为。不同于对象在直观行为中具有本己的体现性内容(可以不相即或不相即)，在符号行为中对象没有本己的体现性内容，或者说，不同于感知是对于感觉材料的直接立义，语言符号行为是在表达的显现形式之上的"理解性立义"。尽管其显现形式是非本质的，这却是符号行为的前提和起点，它必须通过直观或感知行为获得。其次，含义可以被直观的充实——含义充实行为，"一种与对象性的关联被实现(realisirt)"(LU，A37)，含义也可以作为空乏的意向——含义赋予行为，其对象并不直观地呈现。但即使这种对象性关联并未实现(unrealisiart)，表达也不会是纯粹的声音，因为它激活了含义从而敞开了充实的可能性。对胡塞尔而言，空乏的含义意向反而是表达的本质，因为只要激活了含义，就已然建立起与被表达的对象性之间的关联，区别在于这种关联是否被现实化(aktualisieren)。胡塞尔认为："声响首先是具有含义意向的统一，进而它通过相应的含义充实统一自身"(LU，A38)，即相对于直观，含义在符号行为中具有更为本质的地位，尤其考虑到直观行为和符号行为是客体化行为的两种独立的基本形式。

按照胡塞尔的思路，在表达行为中至少有三个相互独立的内容：意向意义(含义)、充实意义(含义充实)，以及对象(LU，A52)。如果我们坚持符号行为的本质在于意向意义(含义)，通过后者对象已经被关联，那么在符号行为的层次上感知行为只有后发的充实功能，即可以通向马里翁式的"含义先于直观"的立场；而如果我们坚持意向对象只有在直观的充实中才能实现其客观性，成为"知识"或"存在"，那么可以通向德里达式的"直观先于含义"的立场。从胡塞尔现象学的角度，这一分岔点将成为德里达与马里翁争辩的起点。

三、直观与含义之争

接下来笔者将从两个方面来重审德里达与马里翁的胡塞尔解读。首先，如果我们把德里达的理解标明为"直观先于含义"①，而马里翁则为"含义先于直观"②，那么何者的解读更贴近胡塞尔的本意？其次，尽管德里达与马里翁在对第一研究的解读中以各自的方式都得出了"在场形而上学"的结论，但是这一思考预设了《逻辑研究》在现象学突破的"起点"就标识了胡塞尔的"最终"立场(VaP,3;《还原与给予》,第2页)，哪怕仅仅停留在我们已经列举出的三组区分的问题上，这一预设能够成立吗？

德里达从上述的第一组区分开始，就已经开始了他独特的解构之旅，他在《声音与现象》第一章"符号与诸种符号"开篇就置换了两处通行的法语翻译，将"bedeuten"(意指)与"verflochten"(交错)分别翻译为"vouloir-dire"(要—说)而非利科的"signifier"(意指)，"entrelacé"(交织)而非"combine"(联结)③。之所以指出这一点，是因为在马里翁看来，两个预设支撑了德里达对"第一研究"的解读，即："将对含义的规定引回到对符号或'话语'的规定"

---

① Derrida, *Voice and Phenomenon* (VaP), Evanston: Northwestern University Press, 2010, pp.64-65.

② 马里翁：《还原与给予》，方向红译，上海：上海译文出版社，2009年，第43页。

③ 前者他认为"un sign est privé de signification"(一个符号没有-含义)，而"vouloir"实际上是基于胡塞尔对表达中意向(Intention)和意愿(Willkür)地位的强调(LU, A31)，德里达认为"我们可以不违背胡塞尔意图地立刻用'vouloir-dire'来定义'bedeuten'，如果不是在翻译的话"，因为"一方面一个说话的主体要说……另一方面一个表达具有意味"(VaP, 16)，但德里达翻译的偏离在于bedeuten无法承担主体或某人"要说"(sagen)的功能，恰恰相反它在德语中常常是解释某物的含义："Das bedeutet"(这意味着……)，只有在一种用法中bedeuten能和人联用，即表"暗示/示意"，例如Er bedeutet ihm zu gehen. 但是胡塞尔把这种"非语言"表达排除在了bedeuten之外(LU, A31)；而后一个翻译则更为巧妙，在语义上，verflechten与entrelacer都意味着"编织"的含义，同时都可以作为反身动词sich verflechten和s'entrelacer表示"交织"，这一点上确实比起"combine"是更好的翻译，但实际上"编织"既可能是一种内在的交织(weben)，也可能是一种外在的插入和交错(verflechten)，例如交流中，符号的表达作用始终受到指示作用的侵扰(LU, A23-24)，胡塞尔正是在这一意义上称其为一种"交错"(Verflechtung)，而非如德里达所暗示的，表达与指示是一种内在纠缠的关联。

（《还原与给予》，第 30 页），与"单独直观就完成了在场化"（同上）。而马里翁本人对前者并未展开讨论。实际上，这与其说是德里达对胡塞尔的"理解"，毋宁说是德里达基于"独语"的意象对胡塞尔的故意"曲解"，声音（voix）与话语（Rede）由此通过 le vouloir-dire（Bedeutung）被变相地引进来，这在《逻辑研究》中未曾被胡塞尔当作主题。而德里达对符号与含义的模糊化处理首先是因为他试图将含义的观念性本质定位为"重复"，而这也是符号的根本特征，同时声音的维度也体现了其将语言具身化的尝试，旨在运用符号学中的差异性原则与能指的任意性来制造含义的漂移与延异。

回到直观与含义的关系。不论是德里达（VaP，5）还是马里翁（《还原与给予》，第 14—15 页）都承认，"对象性"（Gegenständlichkeit）的扩展本身超越了自然主义的实在之物的概念，它本身是"观念性的"或"超越的"，而对象性的被给予问题——在直观中被给予，抑或在符号意识/"思维"活动中被给予，以及二者的关系问题——便成了争论的核心，正如德里达在导论中指出的，这里存在的是"两种主要动机的紧张状态：形式主义的纯粹性和直观主义的彻底性"（VaP，14）。实际上，对胡塞尔而言观念对象的被给予方式无非作为感知行为的普遍直观的（种类化的）、范畴直观的（形式的）或者符号意识的（象征的），前两种可以被标明为含义充实行为，而后一种则为含义给予行为，它们最基本的区分在于，含义给予行为可以是思想的陈述，但只有含义充实行为可以赋予陈述以真值，特别是感知（Wahrnehmung）本身就有"认之为真"的含义，二者之间存在着一种指引、期待的目的论关系，这构成讨论直观与含义关系的第一个层次；其次，在符号意识中，对象可以是空乏的呈现，但符号意识本身必须是一种当下化行为，这样一来，如果符号意识和感知行为本身是在直观中被给予的，或者说符号行为必须建基在直观之上，那么这里便出现了讨论直观与含义关系的第二个层次。德里达与马里翁的争论也可以在这两个层次中得到重新的理解。

在马里翁的理解中，与德里达式的朝向直观的"还原的在场"不同，胡塞尔现象学是一种朝向含义的"扩张的在场"。即便是"第六研究"的范畴直观，也"并没有将含义重新置于直观主义的窠臼之下，它反而在伸展到最遥远的含义之中时强调,只有赋予含义以对被在场所饱和的空间进行规定的先天权利,直观才'充实'了含义并与之'相符'"(《还原与给予》,第33页)。显然,马里翁坚持含义赋予行为的本质地位,并进一步强调"含义先于直观,这意味着,即使受到直观被给予性的充实,含义首先所接受的是来自它自身的证明"(同上)。因此,即使直观可以被扩展到范畴形式,含义仍然保留着其自主性和不可还原性。就含义赋予与含义充实的关系而言,这一点是毋庸置疑的,但是,如果感知行为中不存在符号行为的基本结构呢?如果含义赋予行为本身是直观性的呢?这两种情况如果成立其一,都将使"第一研究"中对符号意识的分析无法直接扩展到意识本身。需要注意的是,对胡塞尔而言,在符号意识中准确地说不是"直观"充实了"含义",而是充当含义充实的直观行为现实化了含义赋予行为,或者说充实不是一般意义上"直观"与"含义"的关联,而是对象性与含义的关系,这本质上是时间上相异的两束行为,甚至是三束之间的关联,不仅涉及 1. 有待被充实的行为,与 2. 去充实的行为,还涉及 3. 综合联结两束行为的行为。之所以综合联结能够使前两束行为相一致,在于它们指向同一个对象。这种综合结构可以如马里翁所设想的(《还原与给予》,第34—35页)扩展到感知行为中吗?马里翁断言,无论是在表述中,还是在感知中,含义都先于直观,甚至"意向无须直观"(《还原与给予》,第34—35页)。但事实上,无论是直观行为还是符号行为,它们之所以属于客体化行为的两种基本类型,是因为它们以不同的方式呈现了对象——通过对感觉材料的立义直观的呈现或通过对含义的理解性立义意指的呈现,严格地说,含义是符号行为呈现对象性的特有方式,而感知中只有意向意义——质料,而没有狭义的"含义"。那么,行为质料可以先于直观吗?这一说法显然是悖谬的,感知行为的质料不可能"先于"感觉材料的出场,否则将是奠基在感知之上想象行为(但准确地说,想象行为也有想象材料),质料也不能先于直观的对象,因为质料本身就是一种对象性关系,质料和质性都只是直观行为的立义方式。换言之,含义之所以"总已经完成"(《还原与给予》,第35页)、规定了充实的方向,是因为就含义充实行为的功能而言,它总是以一个时间上在先的、独立的含义赋予行为基础,但其本身是一个完整的感知或想象行为,在其中我们可以讨论对象性与感觉材料结构性的代现关系，却无法指明何者在先、后者又充实了前者，在符号意识或称谓行为、表达行为中的可以讨论"充实"恰恰是因为含义赋予和含义充实作为两束行为确实存在着先后关系。①

即便是在符号意识中，也必须把含义的自主性限定在其观念性特征之上，它没有任何认识上的客观性和真值。以《还原与给予》中引用的"Ⅱ是一个超越数"的例子为例，胡塞尔试图指明这一陈述的含义不依赖于陈述者的心理活动，而马里翁却得出了如下结论"数学的含义不仅可以得到思考，或者说，在没有相应的直观的情况下得到更好的思考""至少在这里，现象学的明见性是在既没有充实直观也没有直观体验的情况下实现的"（《还原与给予》，第36页），这显然是违背胡塞尔本意的，因为"Ⅱ是一个超越数"的含义可以是客观的，正如"Ⅱ不是一个超越数"的含义一样，但是缺乏范畴直观，对于数学对象的认识和思考是不可能的。在这个例子中，判断"Ⅱ是一个超越数"这一命题为真当然不需要任何图像意义上的直观（这种意义上的直观化实际上是图像化，与胡塞尔的直观概念背道而驰，而马里翁希望以此证明"这种不相即性，因而也就是意向对直观的越界以及含义对直观的超出，远非一个特例"（《还原与给予》，第35页），在这一"由意识所现实地实现的直观体验中绝不会遇到相即的充实"（同上）问题上，迪特·洛玛恰恰认为数学认识可能是最为相即的直观，即绝然明见性的直观，但缺少了形式化与观念化的本质直观，连"超越数"的含义都无法被把握②，更无所谓思考Ⅱ是否是一个超越数。

这里我们已经涉及了讨论直观与含义关系的第二个层次，即含义赋予行

---

① 事实上，与其利用《逻辑研究》中的"含义"概念强调含义对直观的在先性，不如利用《观念1》中的 Noema 作为"对象意义"或先验"X"的含义强调 Noema 对于 Noesis 的协调与引导作用，它是直观行为内在的建构要素。胡塞尔也经常在 Noesis-Noema 以及内时间结构中讨论充实问题，这意味着 Noema 总是作为前摄意向指引着意义的充实，预先敞开感知的"未规定的可规定性"，视角性的显现实际上是对 Noema 的意向充实。但这种解读的问题在于，胡塞尔明确表示 Noema 是直观的"意义内核"（Sinneskern），以及它在体验流中被构造（现象学的"功能问题"），这个意义上它无法"先于"直观。相反，它如德里达所言成了直观的"目的论"（Teleology），在直观中发现观念性的"在场"。

② 如果将含义不诉诸本质直观，而诉诸概念链的定义关系或辞典式索引的话，恰恰回到了指示与指号，这种理解也是违背胡塞尔原意的。

为本身是否是一种直观？尽管马里翁已经认为《逻辑研究》中胡塞尔确实将直观普遍化到对世界的总体直观，从而直观几乎覆盖了所有的领域，"没有任何东西对直观而言构成例外，没有任何东西因此逃避了向其在场之光的全面回溯"（《还原与给予》，第 21 页），"世界通过直观而世界化，因此我们必须把直观看作十足的普遍行为。直观把世界注入在场之中，没有退隐，没有保留，没有克制。"（《还原与给予》，第 24 页），但是他仍然认为含义尤其独特的存在方式，这一点在《逻辑研究》中有着充足的文本证据，否则直观行为与符号行为无法作为两种基本的意识行为样式而并置。而在《观念Ⅰ》中，胡塞尔对这一事态给出了相对明确的新的澄清，赋义行为本身是内在直观的对象，或者说是体验流的内在组成部分（§38），无论是感知意识还是符号意识都需要通过内时间意识被建构，而含义本身又是本质直观的产物（§3）①。换言之，任何含义最初的产生必须建立在本质直观之上，之后才能通过符号被代表，与此同时符号本身也是直观的对象；而在次生的符号意识中，含义赋予行为本身作为体验流的块片也具有可直观性。（同样的分析出现在想象意识中，想象意识是当下化行为，但是对于"我在想象"、对于想象行为的直观却是当下具有，胡塞尔称为意识的双重化）。这样一来，无论是含义赋予行为，还是含义赋予行为中的含义，都以一种超越了《逻辑研究》中的"直观"的直观概念为基础。

　　这样的话，明见性可以如马里翁所说的摆脱直观而仅仅依附于含义吗？（《还原与给予》，第 45 页）。在马里翁的引文中确实有"明见性"的概念出现，但是它并非直接与含义相关，而是以 mit Evidenz 的形式作定语，这意味并非含义自身给出明见性，而是"含义是统一的与自身的"这一命题是明见的。相反在"第一研究"21 节胡塞尔直接说明："所有判断的明见性（所有在特定意义上的现实认识）以直观充实了的含义为前提"（LU, A72）。因此，对胡塞尔而言，无直观的明见性是不可想象的，明见性也不能拥有两个源泉（《还原与给予》，第 48 页）。

---

① 亦参见陈志远：《现象学和形而上学：胡塞尔和德里达》，《哲学研究》，2003 年第 1 期。

　　事实上,以《几何学的起源》为起点,德里达看到了含义赋予行为本身的直观性,并用"在场"来标明这种观念在直观中的被给予,以此来颠覆胡塞尔的第三组区分。而在《声音与现象》的前半部分,德里达已经通过对语言学和符号学的引入试图抹去第一、二组区分。德里达"解构"策略的通常步骤寻找由区分所奠基的等级体系,首先揭示处于从属的地位的概念在同一等级结构中具有优先性,进而再通过新概念超过这种对立。在德里达看来,指示就不可避免地保留在表达的本质中,或者说指示使得表达成为可能。如果说表达的核心是观念性的含义,而观念性的本质又是重复,那么实际上表达仍然无法摆脱指示,因为符号的一般特征恰恰重复和再现,指示的本质就是指向"不在场",只有通过替代为中介才能得到思考。即使是在独语中,含义也无法直接显现,没有感觉材料出现的符号意识是根本不可想象的,而在独语中,这种特殊的能指就是声音,无论是独语还是交流,无论是真实的符号还是想象的符号,都没有改变符号作为重现之物传递无限重复的观念性这一点。换言之,重复性是表达与指示的"共同根",也即"延异"(différance)、踪迹、书写与增补性。一方面,德里达确实用"在场"概念击中了胡塞尔"在直观中发现'观念性'"的核心构想;但另一方面,即便如此,胡塞尔仍然可以宣称,这种观念性的根源在于时间的统一化与综合作用。除非内时间的意向机制受到挑战,否则无法将观念性的起源归诸符号乃至延异,更何况,正如马里翁的批判,德里达的解读在文本细节上存在着诸多误读和错置(《还原与给予》,第 37—44页)。不过,这一部分已然超出本文的工作了。

四、《逻辑研究》及其发展

　　在上一节中,笔者就已预告了重审的第二个方向:《逻辑研究》可以被当作胡塞尔的最终立场吗? 德里达的处理是将"交流向独语的还原"视为一种现象学还原,甚至"在任何一页上都能读到本质还原与现象学还原的必要性"(VaP,3),从而关联起《逻辑研究》与《观念》;而马里翁则通过协调"回到事实本身"(逻辑研究)和"一切原则的原则"(观念)的两项现象学原则来证明《逻辑研究》与《观念》的一致性(《还原与给予》,第8—9页)。即便如此,这一立场在以下两方面仍然是可以争辩的:首先,超越论转向的确切含义未曾在德里达与马里翁的解读中被指出,虽然《逻辑研究》本身有许多文字预告了'原则的原则'"(《还原与给予》,第8页),但是同样的预告也在《算术哲学》等前现象学的作品中普遍出现。我们还需要考虑一种相反的可能,即《逻辑研究》并不能代表超越论现象学的基本思路。这里我们只满足于考虑胡塞尔本人用词上的转变,即在《逻辑研究》第二卷引论中,胡塞尔表示"现象学是描述心理学。认识论批判应该建立在本质心理学中、至少建立在心理学的地基上"(LU,A18),而在1903年左右的手稿中,胡塞尔就已经明确反对这一提法"在严格的与真正的意义上它不再是描述心理学"(Hua ⅩⅧ,206)。换言之,过快地指认《逻辑研究》与《观念Ⅰ》的一致性有着将描述心理学的还原等同于现象学还原的危险,毕竟胡塞尔对非对象化行为与体验的前谓词的意义层的思考基本源于超越论转向后,这些论题很难在《逻辑研究》中找到合适的位置。事实上,在非对象化为对象化行为奠基的意义上,无论是《逻辑研究》中的含义概念还是直观概念,都需要在前谓词经验中重新获得说明。

其次,即便《逻辑研究》可以代表胡塞尔静态现象学的思路,它的若干结论仍会在发生现象学层面上被颠覆。仅就"第一研究"的三组区分而言,一方面,胡塞尔颠覆了"第一研究"中对表达与指示、独语与交流的区分,将指示与交流分别视为"发生现象学的萌芽"(EU,S.78)与交互主体性的根本机制:"共同世界只是以这种方式作为一个持续的家乡,即交流之惯习(Mitteilungssitte)作为一种共同构造属于它,一种习性的交流风格(Mittelungsstil),每个人在其中成长——在最广义上的语言(Ms.A Ⅶ 23,9a f 转引自 Steinbock,1995,p.211),而独语则被视为了一种反常模态(anomal Modi)(Hua ⅩⅤ,220)。"在《逻辑研究》中,语言/符号确实只是一种中介性、派生性的存在,而独语则显示了真实的符号对于含义而言的外在性;但在发生现象学中,自我在发生史中不可能直接获得含义与观念之物,这恰恰隐含了一种超越的柏拉图主义,自我必须经由交互主体性与本质直观与想象变更作用才能获得对对象的概念性把握,指示反而奠基于联想现象学最核心的动机引发机制;另一方面,含义与感知意义上的直观的二元对立在内时间的视域下被解构,无论是当下行为(感知)还是当下化行为(符号),都必须在体验的河流中被构造,而河流本身则可以被一种新的纵向的本质直观所概览,含义的自主性来自想象变更的观念化操作,即将时间对象的时间性模式变更为非-时间性,或更准确地说是全-时间性,这也是德里达试图进一步解构胡塞尔时间性模式的根本原因所在。

作者简介:王知飞,南京大学哲学系 2013 级哲学专业本科生,2017 级外国哲学专业硕士研究生(导师马迎辉),于 2018 年 8 月至 2019 年 4 月赴美国宾州州立大学进行访学交流,现于浙江大学哲学学院攻读博士学位。

内在理由和理由唯我论

——对威廉斯理由内在主义的批评

王东华

摘　要：威廉斯的内在理由论是一种理由内在主义，他认为一切理由都是内在理由，而欲望是行动理由的唯一根据。威廉斯得到这一结论的前提是动机内在主义，即认为当行动者相信其有理由做某事的时候，他必然也有一个相应的行动动机；而具体的论证策略则是将规范的理由还原为解释的理由。本文的分析将指出，威廉斯的论证策略或许可以解释人们的行动机制，但却会取消理由的规范性维度，甚至会取消规范性本身。因为理由内在主义是一种理由唯我论，无法保证理由之规范性的普遍性要求。

关键词：理由；理由内在主义；规范性；普遍性；理由唯我论

伦理学史上有一个基本的信条，即"应当"蕴含着"能够"。此信条的当代版本是"理由必须给予行动者以行动的动机"，其中"理由"代表着"应当"，而"能够"则表现为现实的动机性力量。因此，以上信条又被表述为，理由和动机之间是一种概念的、必然的联系，即内在的联系。据此，它也被称为动机内在主义（motivational internalism），或者被直接称为内在主义①，它所说的是，当行动者相信其有理由做某事的时候，他也必然有一个相应的行动动机。

---

　　① 动机内在主义也被简称为内在主义，内在主义本身也有多个版本，可参见埃里克森（John Eriksson）等对动机内在主义的一个综述：Björklund, Fredrik, et al., "Recent Work on Motivational Internalism", *Analysis*, 2012(1), pp.124-137. 与内在主义相对的则是外在主义，它认为理由并非必须为行动者提供动机性力量。外在主义主要是道德实在论立场，认为存在独立的道德事实，对规范

对内在主义的解释有两个通常的版本：休谟主义和康德主义。前者将欲望作为理由的根据，后者认为人们行动的理由由理性提供。两者互相对立，休谟坚决否认理性具有动机性力量①，他的经典表述是："理性是，且应该是激情的奴隶，而且从来不能在服务和遵从激情之外假装任何其他的职能。"②

休谟主义在当代的杰出代表是伯纳德·威廉斯（Bernard Williams），他的"内在理由和外在理由"一文几乎奠定了讨论理由概念的当代问题框架③。他

性事实的正确认识即是规范性的来源，无涉于行动者的动机和情感。比如，德里克·帕菲特（Derek Parfit）认为存在独立的规范性事实，"规范性在于关于理由的真理，或者在于关于什么道德地或理性地被要求之事的真理"，"规范性既不包括也不要求动机性力量。"见 Derek Parfit, "Normativity", in Russ Shafer-Landau ed., *Oxford Studies in Metaethics*, Vol. 1, Oxford: Oxford University Press, 2006, pp.363 - 71. 大卫·布林克（David O. Brink）同样坚持道德实在论，他对内主义的反驳主要体现于他的非道德者怀疑主义（the amoralist skepticism），这些非道德者"能认识到道德考量的存在，却不为所动"，在布林克看来，在生活中，非道德者虽然很少，但确实存在，他们的存在即构成内在主义的反例，见 David O. Brink, *Moral Realism and the Foundation of Ethics*, Cambridge: Cambridge University Press, 1989, pp.37 - 80。

① 科斯嘉（Christine Korsgaard）区分了对实践理性的怀疑主义的两种形式，一种是内容怀疑主义（content skepticism），一种是动机怀疑主义（motivational skepticism）。前者否认形式化的原则能为选择和行动提供具体的指导，后者则否认理性能为行动提供动机性力量。在科斯嘉看来，威廉斯试图由后者走向前者，但她的论证则指出，后者能否成功恰恰依赖于前者。参见 Christine Korsgaard, "Skepticism about Practical Reason", *The Journal of Philosophy*, 1986(1), p.5.

② David Hume, *Treatise of Human Nature*, L. A. Selby-Bigge ed., London: Oxford, 1960, p.415.

③ 佩蒂特（Philip Pettit）和斯密斯（Michael Smith）的说法是，"内在理由和外在理由"一文开启了关于理由本性的争论，而易莱哲·密尔格拉姆（Elijah Millgram）则直接将其称之为"议题设定者"（an agenda-setting paper），分别见 Philip Pettit & Miachel Smith, "External Reasons", in Cynthia Macdonald & Graham Macdonald eds., *McDowell and His Critics*, Oxford: Blackwell Publishing, 2006, p.142 - 170 和 Elijah Millgram, "Williams' Argument Against External Reasons", *Nous*, 1996 (2), p.197. 概括学术界的讨论，首先，威廉斯是"内在理由"和"外在理由"这两个术语的缔造者。之后，很多的讨论集中于反思和批评威廉斯对外在理由的否定，如 Christine Korsgaard, "Skepticism about Practical Reason", *The Journal of Philosophy*, 1986(1), pp.5 - 25; Brad Hooker, "Williams' Argument against External Reasons", *Analysis*, 1987(1), pp.42 - 44; David Velleman, "Possibility of Practical Reason", *Ethics*, 1996(4), pp. 694 - 726; John McDowell, "Might There Be External Reasons", in *Mind*, *Value*, *and Reality*, Massachusetts: Harvard University Press, 1998, pp.95 - 111 和 John McDowell, "Response to Philip Pettit & Michael Smith", in Cynthia Macdonald & Graham Macdonald eds., *McDowell and His Critics*, Oxford: Blackwell Publishing, 2006, pp.170 - 179;

对休谟式模型的概括是："A 有理由去做 ψ，当且仅当 A 有某一欲望，而他的 ψ 行为将满足此欲望。"[①]因此，一切理由都必须以欲望为根据，或者更直接地说，人们行动的理由即在于对欲望的满足。据此，威廉斯得出的结论是，只有内在理由，而没有外在理由。我们可将其称之为内在理由论，或者也可借用帕菲特的区分，称之为理由内在主义（Internalism about Reasons）[②]。

当然，威廉斯的内在理由论不是对休谟式论述的简单重复。他的目标是"通过增补和修正，以使其更充分"[③]。事实上，威廉斯的内在理由论确实将传统的休谟式模型发展为一个更精细的版本，也因此将此争论推向了一个新的层次。但本文仍将对此内在理由论提出一个严肃的批评，论证指出它是一种理由唯我论，将取消规范性本身。而且该批评是一个内在的批评，并不立足于外在主义或康德主义的立场。

其中，文章的第一部分将介绍威廉斯对内在理由和外在理由的区分，并分析他为其内在理由论所做的辩护，也即为传统休谟式模型的辩护。接着文章将引入一种对威廉斯的批评，认为他混淆了解释的理由和规范性的理由，但文章将指出此种批评并不适用于威廉斯。事实上，他认识到了此两种理由的区分，他的更深层和核心的企图是将规范的理由还原为解释的理由。这是威廉斯对此争论所做的推进。但本文恰恰要指出，此推进并不成功，而策略

Rachel Cohon，"Are External Reasons Impossible?"，*Ethics*，1986(3)，pp.545 - 556。此外，还有为威廉斯辩护，Philip Pettit & Michael Smith，"External Reasons"，in Cynthia Macdonald & Graham Macdonald eds.，*McDowell and His Critics*，Oxford：Blackwell Publishing，2006，pp.142 - 70。有趣的是，威廉斯本人也直接参与到争论中，回应批评，作进一步澄清和辩护，见 Bernard Williams，"Internal Reasons and the Obscurity of Blame"，in *Making Sense of Humanity and Other Philosophical Papers：1982 -1993*，Cambridge：Cambridge University Press，1995，pp.35 - 44 和 Bernard Williams，"Replies"，in J.E.J. Altham & Ross Harrison eds.，*World，Mind，Ethics：Essays on the Ethical Philosophy of Bernard Williams*，Cambridge：Cambridge University Press，1995，pp. 186 - 194，pp.214 - 216。

① Bernard Williams，"Internal and External Reasons"，in *Moral Luck*，Cambridge：Cambridge University Press，1981，p.101.

② Derek Parfit，"Reasons and Motivation"，*Proceedings of the Aristotelian Society*，Supplementary Volumes，1997，Vol. 71，p.100.

③ Bernard Williams，"Internal and External Reasons"，in *Moral Luck*，Cambridge：Cambridge University Press，1981，p.102.

是引入对惩罚的讨论,指出威廉斯的内在理由论在此问题上的矛盾性。接着文章更进一步,分析指出威廉斯的内在理由论是一种理由唯我论,得出其取消规范性本身的结论。因此,威廉斯所做的将规范的理由还原为解释的理由的尝试是失败的,其对外在理由的拒斥也是不成功的。

一、解释的理由和规范的理由

威廉斯对内在理由和外在理由的区分开始于他对理由的内在解释和外在解释的区分,前者所说的是,如果理由式表述,比如"行动者 A 有理由去 ψ"为真,即 A 真的有理由去做 ψ,那么 A 必须具有某一动机,且 ψ 行为能够满足此动机;后者所说的是,即便不存在此动机,理由式表述也可以为真。对应此两种解释的分别是内在理由和外在理由。在此区分下,威廉斯否认存在外在理由,一切理由都是内在的。其论证如下:

(1)理由必须能够解释具体行动者的行动。

(2)"除了其能激发行动者如此行动,否则没有任何事物能够解释行动者的(意向的)行动。"[1]

(3)外在理由不具有动机性力量,无法激发行动者以特定的方式行动,因此无法解释人们的行动。

(4)因此,外在理由不是理由,而内在理由是唯一的理由。

该论证给人一种自说自话的感觉。它首先严格限制了对"理由"的理解,然后以此为根据得出内在理由是唯一理由的结论,正如首先要求天鹅只能是白色的,然后否认黑天鹅是天鹅。因此,该论证的合理性在很大程度上依赖于威廉斯对理由的限定条件是否是可接受的,即理由是否一定要具有激发行动者行动的力量。我们可以回到日常的生活实践来回答这个问题。

---

[1] Bernard Williams, "Internal and External Reasons", in *Moral Luck*, Cambridge: Cambridge University Press, 1981, p.107.

威廉斯要求理由必须是某人的理由,必须能够解释此人的行动,"如果某一事能成为行动的理由,那么它能成为人们在特定情形下行动的理由,且它能解释人们的行动"[①]。这一要求似乎并不违反我们的直觉。比如,我并不喜欢学习,只是迫于父母的压力才好好学习。因此,求知欲就不是我行动的理由,对父母的惧怕才构成我行动的理由。反面言之,就现实的行动来说,如果某一考量无法给予行动者以动机性力量,那么它就无法成为人们如此行动的理由,事实上,也确实不是人们如此行动的理由。

但另一方面,威廉斯说的外在理由也为日常实践所支持。生活中,很多事情我们并不想做,用威廉斯的话说,没有去做的欲望,但仍被认为有理由去做。这些理由往往表现为道德理由,比如我虽然很不情愿,但仍被认为有理由去做拔一毛利天下的事。威廉斯所举的一个例子是,有人认为,家族荣耀构成参军的一个理由。

以上两方面的实践似乎指向一个威廉斯未说明的事实,即内在理由和外在理由都有具体的适用,但此二者并非指向同一对象。在外在理由的事例中,理由体现为一种规范性要求,它所说的是"应该去做某事";与之相对,内在理由则指向理由对行动的解释力量,即对"做了某事"的解释。前者被称之为"规范的理由"(normative reasons)或证成的理由(justificatory reasons),后者则被称为解释的理由(explanatory reasons)或动机的理由(motivating reasons)。虽然,此二者皆被称之为理由,但显然具有不同的内容。这两者并不等同,而且不以对方为条件。解释的理由可以不符合规范的要求;即便无法给予行动者以相应的动机,规范的要求也构成行动的理由。

因此,我们有理由指责威廉斯的内在理由论犯了范畴错误[②],混淆了两种

---

① Ibid, p.106.

② 此种混淆可被称之为自然主义谬误,甚至于在帕菲特看来,规范性的概念不能通过非规范的词汇得到说明,而是,"规范的概念构成一个基本范畴——类似于,时间的或逻辑的概念。我们不能期待以非实际的或非逻辑的语词解释时间的或逻辑的概念。相似地,规范的真理也自成一体,我们不能期待它是普通的、经验的真理。"见 Derek Parfit, "Reasons and Motivation", *Proceedings of the Aristotelian Society*, *Supplementary Volumes*, Vol. 71, 1997, p.121 和 Derek Parfit, *On What Matters* (*Vol. Ⅱ*), Oxford: Oxford University Press, 2011, pp.236–377.

理由,或者说,他忽视了规范的理由。此指责的一个经典表述是,欲望本身是心理事实,是自然状态,是免于理性和道德评价的,无法体现规范性要求。比如迈克尔·斯密斯(Michael Smith)将以上两种理由之间的不一致称之为"道德问题"(the moral problem),规范的理由体现道德判断的客观性,而解释的理由则体现道德判断的实践性;如何协调这两者被他认为是当代元伦理学的中心问题①。

另一方面,在实践中,人们却常常要求对欲望或动机进行规范性的评价,"应当/不应当具有某一欲望"的表述十分常见,但威廉斯对规范的理由的忽视将使此类表述成为不合法的。沃伦·奎恩(Warren Quinn)就指责威廉斯"缺乏理性的方案以将现存的倾向中的当下动机转换为更好的动机"②,即指责威廉斯的理由内在主义无法提供判断动机善恶的标准和提供实现动机转变的方法。

二、从动机内在主义到理由内在主义

威廉斯犯了范畴错误的指责虽然听起来严重,但用威廉斯所用的一个词来说,则有恐吓之嫌了。就威廉斯自己的表述来看,他明确地认识到了解释的理由和规范的理由之间的区分,只是在他看来,"仅仅将解释的和规范的理由予以分离必然是错误的"③,而他要做的是要建立这两者之间的联系,即他所要求的,理由必须是某人的理由。④ 威廉斯的策略是将规范的理由还原为

---

① Michael Smith. *The Moral Problem*. Oxford: Basil Blackwell, 1994, pp.4 - 13.

② Warren Quinn. "Putting Rationality in its Place", in Rosalind Hursthouse, Gavin Lawrence & Warren Quinn eds., *Virtues and Reasons: Philippa Foot and Moral Theory*, Oxford: Oxford University Press, 1995, p.185.

③ Bernard Williams. "Internal Reasons and the Obscurity of Blame", in *Making Sense of Humanity and Other Philosophical Papers: 1982 - 1993*. Cambridge: Cambridge University Press, pp.38 - 39.

④ 威廉斯也将这一点视为其理由内在主义的优势之一,见"Internal Reasons and the Obscurity of Blame", in *Making Sense of Humanity and Other Philosophical Papers: 1982 -1993*, Cambridge: Cambridge University Press, 1995, pp.38 - 39.

解释的理由。这一部分将从正反两方面说明，威廉斯是如何实现此种还原的。

首先，在否定的意义上，威廉斯否定了外在理由的存在价值。他区分内在理由和外在理由的根据即能否为行动者提供现实的动机，而且他要求理由必须是某人的理由，即能够转化为现实行动的力量。其潜台词是，即便存在外在的理由，存在某些独立于行动者欲望的规范理由，它们也是无意义的。

威廉斯自己的说法是，即便存在外在理由，它们对伦理学的目标也毫无作用。"难道我们应该假定，如果有真正的外在理由，道德就可能对一个神经质的吉姆或死板的乔治，甚至一个狂热的纳粹有任何影响吗？"[①]在他看来，当然是毫无影响，因为这些人根本对外在理由毫无关心。他甚至采纳了尼采的解释："哲学试图发现某一方法，它可以保证道德超越于仅仅指示卑鄙之人和顽抗之人，而能够震撼他们或者从内往外地改变他们，但哲学的这一欲求只是一种仇富的幻想，只是在表达希望和使其文字具有强制力量的魔术。"[②]总之，在威廉斯看来，即便存在外在理由，它们的作用也仅限于指示善恶。

其次，在肯定的意义上，威廉斯坚持其理由内在主义符合人们的实践过程。威廉斯要求理由必须具有动机性力量，他也认识到了，外在理由论者的可能反驳，即认为为行动提供动机的不是理由本身，而是人们的理由式信念。

威廉斯恰恰否定了此种可能性。当然他并不否认实践中理由要转化为现实的行动是以行动者相信行为作为中介的，但他否认此相信过程可以独立于在先的欲望而完成，在他看来："如果不是相信以下命题，即如果他理性地筹划，他将会被激发着恰当地行动，或相信可导出此命题之物，那么当他去相信他有理由去做 φ 的时候，他是在相信什么呢？"[③]此反问句表达的是，相信有理由去做某事就是认识到他有一个行动的动机。

---

① Bernard Williams, "Replies" in J. E. J. Altham & Ross Harrison eds., *World*, *Mind*, *and Ethics*: *Essays on the Ethical Philosophy of Bernard Williams*, Cambridge: Cambridge University Press, 1995, p.216.

② Ibid.

③ Bernard Williams, "Internal and External Reasons", in *Moral Luck*, Cambridge: Cambridge University Press, 1981, p.109.

综合上述正反两方面论证。威廉斯首先坚持理由必须具有动机性力量，按照达沃尔的区分①，这是存在内在主义（existence internalism）。而外在理由论者的反驳策略认为，理由式信念而非理由本身为行动者提供了现实的行动动机，这则是判断内在主义（judgment internalism），也是前文所说的，动机内在主义。而威廉斯的进一步回应是，理由式信念必须以欲望作为内容，因为只有欲望才具有动机性力量②，而理由式信念之所以具有动机性力量在于其信念内容具有动机性力量。如此，威廉斯将判断内在主义奠基于存在内在主义。这也是本节标题所说的，"从动机内在主义到理由内在主义"。

其实，在威廉斯的理由内在主义中，理由、理由式信念、动机和欲望乃是四位一体，最终都被还原为主体的欲望。以此为基础，他得出了一切理由都是内在理由的结论，并完成了对规范的理由或者说外在理由的彻底否定。

因此，对威廉斯理由内在主义的批评也将转移为对他上述还原方案的批评。对应于为此还原所做的正反两方面的论证，对威廉斯的批评也可以从两个方向展开，即回应外在理由无用论的指责和反驳规范性信念以欲望为对象的观点。本文将沿着前一思路进行，后一策略则交由另一篇文章完成。本文的结论将是，威廉斯的上述还原方案将带来无法接受的后果，它将导向理由唯我论，从而取消规范性本身；与之相对，外在理由并非一无是处，承认恰当的外在理由恰恰是对实践规范性的保证，而且可以辩护解释的理由的正当性。

---

① 达沃尔区分了判断内在主义和存在内在主义，在理由问题上，前者所说的是，人们的理由式判断和判断者具有如此行事的倾向之间具有必然的联系，而后者则认为，理由本身具有激发行动者的能力。见 Stephen Darwall, *Impartial Reason*, Ithaca & London: Cornell University Press, 1983, p. 54.

② 严格来讲，威廉斯的论证继承了另一个休谟式模型作为预设，即信念和欲望的截然二分，认为信念不足以独立地提供行动的动机，唯有欲望才具有动机性力量。因此道德信念之所以具有动机性力量仍在于其以欲望为对象。因此，对威廉斯来说，动机内在主义和理由内在主义乃是一致的。因此，对威廉斯理由内在主义的另一个可能的批评是反对此休谟式模型，认为人们的道德信念可以独立地提供行动的理由，比如 Thomas Nagel, *The Possibility of Altruism*, Oxford: Oxford University Press, 1970, pp. 27 - 32 和 Russ Shafer-Landau, *Moral Realism: A Defence*, Oxford: Clarendon Press, 2003, pp.119 - 141。当然，内格尔坚持动机内在主义，而谢夫-朗道则是一个动机外在主义者。

三、内在理由和惩罚机制

在威廉斯看来,其理由内在主义有两大优势,一个是建立解释的理由和规范的理由之间的联系,即它解释了为何行动者接受了他有理由去做某事这一点能够导致他如此地去行动;二是相比于外在理由论,它能更好地解释忘恩负义、不体贴、自私等概念,即浊概念(the thick concepts)①。这一部分将通过对惩罚机制的讨论指出,如果理由内在主义正确的话,第一点确实构成了它的优势,它能够解释惩罚的运行机制,但第二点恰恰是内在理由论的缺陷所在,它无法解释惩罚本身的必要性。因为它无法解释浊概念所具有的规范性特征。

假定你和朋友在街上遇到一个摔倒在地的老人,不考虑是否会被讹诈或有紧急事务等情形。这时你朋友问你:"我是否有理由去帮助他?"如果你认为朋友有理由去帮助他,为了说服朋友,通常有两种方案:一是告诉朋友这是道德的要求;二是向朋友指出,如果去帮助他,那么将获得表扬,甚至奖励,反之,则可能受到指责。

后一种方案是威廉斯的内在理由论的典型体现,即将行动者的欲望或利益作为其行动的理由。前一种方案在不同的情形中可以承诺不同的解释,当你想成为一个有道德的人时,那么它就是内在理由,反之,当你对道德无动于衷时,它则是外在理由。

实践中,后者常为人们所使用;而前一方案则显得苍白,甚至常常沦为道德说教,尤其是对于非道德主义者,甚至反道德主义者,后者几乎毫无作用。这也是威廉斯对外在理由论的批评之一,即使承认存在真正的外在理由,它们对不关心道德的人也是毫无影响的;外在理由论者唯一能做的就是指责那

---

① Bernard Williams, "Internal Reasons and the Obscurity of Blame", in *Making Sense of Humanity and Other Philosophical Papers: 1982 – 1993*, Cambridge: Cambridge University Press, pp.38 – 40.

些不为所动的人是非理性的（irrational），在威廉斯看来，这只是一种恐吓（bluff）①。

不可否认，实践中，面对道德感弱的人，甚至是反道德的人，外在理由论的论述几乎毫无作用。即便是有效果，那也是通过内在理由起作用。对于这些人，最有效的方式是惩罚，即告诫他们，其不道德的行为或者违法的行为将受到制裁或者至少会受到指责，以使其放弃作恶的欲望。这是威廉斯内在理由论在实践上的应用，可以称之为外在理由通过内在理由起作用。②

因此，我们可以说，内在理由模型更符合人们的日常实践，尤其是它能够解释惩罚机制的运行过程。这也是威廉斯所自诩的内在理由的优点之一。但问题也随之而来，有什么理由对这些不道德的人进行惩罚呢？这些罪大恶极的人心中并无任何道德的种子，在威廉斯将规范的理由还原为解释的理由之后，他们并没有任何理由去行道德之事。既然如此，又有什么理由去惩罚、指责他们呢？

威廉斯对责备（blame）的分析③可被重构出一个对上述问题的回答。在威廉斯看来，之所以责备某人，其原因是，他没有完成他本应去做（ought to have）的事，而"'本应去做'的含义是此行动者有一个以可欲方式行动的理由但他没有如此行事"④。类比于惩罚，结论就是，一切惩罚的理由都在于被惩

---

① Bernard Williams, "Internal and External Reasons", in *Moral Luck*, Cambridge: Cambridge University Press, 1981, p.111.

② 这一过程只要求让行动者获得一个动机，而本文只想指出内在理由的方案是实践上常用的也是有效的方法，但并不否认存在其他能获得行动动机的方式。比如内格尔就认为道德信念就可以提供行动的动机，见 Thomas Nagel, *The Possibility of Altruism*, Oxford: Oxford University Press, 1970, pp.27 – 32;麦克道威尔（John McDowell）则认为还存在其他"非-理性的转变方式"（the non-rational alteration），如皈依（conversion），见 John McDowell, "Might There Be External Reasons" in *Mind, Value, and Reality*, Massachusetts: Harvard University Press, 1998, p.107.

③ Bernard Williams, "Internal Reasons and the Obscurity of Blame", in *Making Sense of Humanity and Other Philosophical Papers: 1982 – 1993*, Cambridge: Cambridge University Press, pp.40 – 44.

④ Ibid, p.41.

罚者有做某事的理由,但却并未如此行事。

但这一回答显然不符合日常实践。比如,外在理由论者会认为,一个人,即便他内心深处对其妻子毫无感情,他也有理由善待其妻子。因此,如果他没有善待其妻子,那么他就是没有完成其本应去做的事,因此应受到责备。为了应对此挑战,威廉斯所给出的解释是,此人或许没有善待妻子的直接动机,但却有一个间接的动机,比如获得其所尊敬之人的尊重。威廉斯称之为一般的欲望(the general desire)[①]。

威廉斯的这一回应不仅使问题琐碎化,也不符合生活事实。首先,威廉斯将此获得他人尊重的欲望称之为一般的欲望,他应该是认为此欲望是为每个人所拥有,但威廉斯并没有给出论证或说明,与之相对,生活的现实是,非道德主义者,毫不在乎他人感受和评价的人仍是存在的。其次,即便假定每个人都有获得他人尊重的欲望,按照威廉斯分析,人们善待妻子的理由就是此欲望,那么其直接的结论就是,人们的所有(道德的)行动的理由都可以还原为此欲望。因此,此欲望就类似于法律中的兜底条款。但这增加了理由认定的随意性,即便是之前被威廉斯所认定的外在理由也可被归为此欲望。事实上,以上两点正是威廉斯对外在理由的批评所在[②]。

四、内在理由和规范性

上一部分的结论是,威廉斯的理由内在主义无法辩护惩罚本身的必要性。现在我们将把此指责予以扩大,得出一个一般性的结论:威廉斯的理由内在主义将取消规范性本身。我们将以威廉斯对道德的怀疑说明这一点。

威廉斯的理由内在主义要求理由必须以正确的信念为基础,为了保证该理论的内在一致,他坚持,在每个理性筹划的行动者的动机性集合中都有理

① Ibid, p.37.
② 威廉斯既指责道德主义者只是假定每个人的动机性集合都有对道德的承诺,而并没有给出论证,也指责外在理由论者无法说明理由的根据,将使对理由的界定随意化。见下一小节。

性地且正确地获得事实性知识的欲望,即求知的欲望,他称之为一般的利益(the general interest)。对于人们可能据此而坚持道德要求的实在性,即要求承认每个人的内心中也都有道德承诺,威廉斯的回应是"某人可能说,正如承诺真理的要求或合理推论的要求一样,每一个理性的筹划者也承诺道德的制约(the constraints of morality)。但如果确实如此的话,那么道德的要求是每一个人 S 集合①的部分,而且每一个正确的道德理由都是内在理由。但此结论需要一个论证"②。

该回应符合我们已说到的,道德要求既可以承诺内在理由解释,也可以承诺外在理由解释,但也体现了威廉斯对道德要求的保留态度,一方面,他认为即便承认道德要求的实在性,道德要求也必须根植于行动者的动机性集合,即所有道德理由都是内在理由;另一方面,虽然很多人坚持这一点,但在威廉斯看来,这些人没有给出论证。

就现实来看,不难理解威廉斯对道德要求的怀疑态度。因为,实践中道德往往要求人们做出必要的自我牺牲,去做某些违背个人意愿之事。因此,按照威廉斯对内在理由和外在理由的区分,道德要求是外在理由的重要内容。③ 威廉斯的对道德的怀疑其实是他拒斥外在理由的结果。

其实威廉斯的怀疑不仅指向道德要求,而是指向一般的规范要求,他对"浊概念"的态度就体现了这一点。浊概念被认为融合了事实和价值,既是对特定事实的描述,也体现了价值判断。威廉斯意识到了来自外在理由论者的指责,即指责他无法解释人们对这些价值概念的使用。比如上文所说的,外

---

① 即威廉斯所说的行动者的主观的动机性集合(the agent's *subjective motivational set*),也是他对欲望所做的广义理解。

② Bernard Williams, "Internal Reasons and the Obscurity of Blame", in *Making Sense of Humanity and Other Philosophical Papers: 1982 –1993*, Cambridge: Cambridge University Press, p.37.

③ 总之,如果拒绝外在强制视为威廉斯的内在理由论的一个初衷,那就不难理解威廉斯对道德要求的怀疑态度。比如,徐向东就从伦理生活的自愿性入手为威廉斯的内在理由论作了辩护,见徐向东:《内在理由和伦理生活》,《杭州师范大学学报(社会科学版)》,2014 年第 9 期,第 1—12 页。而李石则试图辩护内在理由和自治之间的对应关系,见李石:《实践理性和自治行为——基于"内在理由论"的分析》,《世界哲学》,2009 年第 1 期,第 82—89 页。

在理由论者会坚持,一个对妻子毫无感情的人也有理由善待其妻子。

作为回应,威廉斯认为其内在理由论为"浊概念"等价值概念的使用提供了更好的解释。该回应同样包含肯定的和否定的两个维度。首先,从否定的角度,他指出,如果内在理由论使这些概念变得神秘的话,外在理由论者自身也没有为这些概念的适用性的标准及其根据给出说明。其次,从肯定的方面,他则对这些概念做了内在理由版本的解释,"我怀疑,事实上那些被认为是外在理由的表述常常是乐观的内在理由表述(optimistic internal reason statements):我们使用它们,希望行动者有某一动机,通过筹划的过程,它可以产生我们所寻求的行动"①。换言之,在威廉斯看来,当我们使用这些概念的时候,我们只是在表达某种期许,希望对方拥有某一行动的动机。

外在理由论者可能会坚持,浊概念是在陈述某一事实,与个人的欲望无关。威廉斯的进一步回应是,在其内在理由论中,浊概念既是"为世界所指引的"(world-guided),也是"指引行动的"(action-guiding)的,"使用此类概念的人将发现其应用受其经验的指引,且接受它给予他们支持或反对各类行动的理由。那么正如避免有毒之物或令人恶心之物的倾向可能出现在 S 集合中一样,此倾向将出现在他们的 S 集合中"②。可见,面对外在理由论者指责他将使浊概念失去事实性的维度,使人们的行动不为世界所指引,威廉斯的策略是将其中的世界和事实理解为经验。经验构成了来自世界的指引,同时,经验又内化为主观性要素,即他所说的动机性要素,指引人们所行动。因此,"我们能正确地归属于他的第三人称的理由表述也是他能将其作为筹划的结果归于他自己的"③。换言之,作为第三者,我们并没有理由要求别人去做什么,除非他自己想做什么。或者说,任何第三人称的理由式表述,其合法性在于其在第一人称上是合法的。

---

① Bernard Williams, "Internal Reasons and the Obscurity of Blame", in *Making Sense of Humanity and Other Philosophical Papers: 1982 – 1993*, Cambridge: Cambridge University Press, p.40.

② Ibid, p.37.

③ Bernard Williams, "Internal and External Reasons", in *Moral Luck*, Cambridge: Cambridge University Press, 1981, p.106.

至此,我们已经充分敞开了威廉斯的理由内在主义在规范性问题上的意涵,我们也有充分的根据对其进行责难和评价了。我们将此责难称之为理由唯我论。

五、对理由式表述的两种理解

无论是理由内在主义之无法辩护惩罚的必要性,还是威廉斯将浊概念的使用还原为个人的期许,这两者所体现的都是,理由规范的普遍性和理由基础的个体性之间的矛盾。一方面,规范的理由所指向的是行动者之间共同的实践原则,它要求进行无人称理由式言说。在生活中,无论是惩罚机制的应用还是浊概念的使用,都以承认人际间的公共规范为前提。另一方面,理由内在主义又要求一切规范性表述必须还原为指定主体的心理状态,其规范性是相对于特定个体而言的。

事实上,这一冲突也体现于威廉斯本人对理由式表述的两种不同理解。一种是认为,同自然科学命题一样,理由式表述具有真值,对真值条件的不同理解正是他区分理由的内在解释和外在解释的根据。另一种理解是,将理由式表述视为个人的期许和希望。更具体地说,在前一种理解下,理由式表述指向被表述主体的心理状态,是对该心理状态的报告。作为被报告的内容,该心理状态是客观的、公共的,独立于所有言说者的人称特征,因此不同人称的理由式表述具有同一的真值条件。但根据后一种理解,任何理由式表述都是特定主体的表述,它只是表达了特定主体的期许或希望。因此,即便在字面意义上,不同的人称的理由式表述可以指向同一对象,但事实上它们都只是不同人称主体的各自心理状态的表达。比如不同的行动者 A、B、C 都真诚地认为,"行动者 C 有理由去做 ψ"。根据前一种理解,它们表达的内容是相同的,即行动者 C 有某一欲望,而他的 ψ 行为能够满足此欲望;但根据后一种理解,它们分别表达了 A、B 和 C 基于各自欲望的不同期许。根据前一种理解,理由式表述是普遍的,无人称的;与之相对,后一种理解不承诺任何普遍的理由式言说的可能①。

总结而言,前一种理解是将理由式表述还原为对客观对象的描述,后一种理解则是一种表现主义的理由理论。以上的分析呈现了威廉斯本人的不一致。当然,理由内在主义者可以选择放弃后者而解决冲突。但以下的分析将指出,此方案虽然保证了理由式表述的规范要求,但却是反理由内在主义的。

根据前一种理解,"行动者 C 有理由去做 ψ"就是在报告"行动者 C 有去做 ψ 的欲望",在此如果不考虑该方案所面临的来自非自然主义者的批评,那么此种理解所说的是,欲望事实本身具有规范性,可以作为理由的根据。但是作为一个规范性表述,"行动者 C 有理由去做 ψ"不能仅仅具有认知上的普遍性,也要具有规范上的普遍性。就后一点来看,如果行动者 C 真有理由去做 ψ,那么此理由不仅对 A 本人具有规范性,在不考虑其他条件的情况下,它对 A 和 B 也具有规范性力量,至少能够要求其他人不得干涉 C 做 ψ 的行为。又由于此理由以 C 的主观欲望为根据,因此一个自然的似乎也是必然的结论就是,C 的欲望也构成了其他人行动的理由。

很显然,这一结论是威廉斯所无法接受的,因为其理由内在主义的核心要旨是,每个人行动的理由以其自身的欲望为根据,他人的欲望正是威廉斯所说的外在理由,除非我的动机性集合中有一个取悦此人的欲望。

六、内在理由和理由唯我论

上一部分指出,威廉斯本人对理由式表述存在两种互相冲突的理解,并尝试了以放弃表现主义理解为方案来解决此冲突,但结果是,理由的普遍性要求和理由内在主义之间仍存在不可调和的矛盾。这一部分我们将进一步解析理由的普遍性要求,以呈现此冲突的必然,即作为一种唯我论,威廉斯的

---

① 斯密斯将后一种理解归为表现主义(expressivism),在他看来,此种理解将带来极端的后果,"比如,道德表达不是可判断真假的(truth-assessable),没有真值条件,因而我们必须以道德表达的表现的功能赋予道德表达以语义。"见 Michael Smith,"Internalism's Wheel",in *Ethics and The A Priori*,Cambridge:Cambridge University Press,2004,p.319。换言之,这是非认知主义的理解,在此理解下,道德判断或者理由式表述,其语义只是在表现判断主体的个人欲望或态度。

理由内在主义从一开始就不承诺对理由进行公共言说的可能。

毫无疑问,理由式表述是一种规范性命题,无论是将其理解为一种强规范性,比如表现为"义务""应当",还是将其弱化为"建议""希望",人们在做理由式表述时都是希望对方可以认同、接受这一理由,都是希望可以达成人际间的一致,构成大家共同的行为规范。① 因此,它首先要求理由式表述可以独立于表述的行为主体,而指向一个公共的、客观的对象。② 换言之,这是一种认知上的普遍性。正是在此意义上,关于理由的表现主义理解是无法被接受的。

但作为一个规范命题,理由式表述还要求规范的普遍性。这一点体现于规范的理由也是被证成的理由,用内格尔的话说,对为何要成为道德的证成就是:"一个考量,通过将某些原则与一个人人都能受其影响的动机性作用相

---

① 布林克对非认知主义的批评就是,它无法解释规范的普遍性,在他看来,普遍的规范只能是在言说"正确的"(correct)或"有价值的"(valuable)之物。当然,他本人是坚持存在客观的道德事实,而道德实在论可以更好地解释规范性。本文不承诺道德实在论的立场,但分享了布林克对非认知主义的批评,即规范性只能是普遍的,但非认知主义将规范性还原为个人的主观态度将取消规范的普遍性,进而取消规范性本身。布林克的论述,见 David O. Brink, *Moral Realism and the Foundation of Ethics*, Cambridge：Cambridge University Press, 1989, pp.78 - 79。

② 当然,这一结论是威廉斯从一开始就反对的,因为如果理由式判断指向一个客观的、公共的对象,那么理由式判断就只能是关于该对象的信念,但无论是休谟还是威廉斯自始至终都反对信念具有动机性力量,也是文章所说的,威廉斯是从动机内在主义走向理由内在主义。当然无论是理由内在主义,还是作为其对手的理由实在论,如斯坎伦(T.M. Scanlon)和建构主义,如罗尔斯(John Rawls)都坚持动机内在主义,也接受戴维森(Donald Davidson)所说的,理由使行动理性化(to rationalize actions),使行动成为可理解的(understandable),而理性化也是一种因果解释(causal explanation)。因此,理由式判断具有动机性力量,能激发人们去行动。(见 Donald Davidson, "Actions, Reasons, and Causes", in *Essays on Actions and Events*, Oxford：Oxford University Press, 1980, pp.3 - 19)因此,真正的区别在于对区别在于对理由式判断的不同解释。无论是实在论还是建构主义都不认为,理由式判断如威廉斯所说的,是以个人欲望为对象。实在论认为理由式判断是在描述独立的理由事实,是认知信念,而建构主义则认为理由式判断指向普遍的原则。而理由式判断之所以具有动机性力量,在斯坎伦看来,这在于人类的理性能力,它使人们能够对理由进行回应,即能够进行规范性思考,既能认识到规范事实,也能为其所动。这是人作为理性存在者和动物的区别所在;而建构主义者,如罗尔斯则认为,人不仅是理性的(rational)也是合理的(reasonable),后者的表现之一即是愿意提出和也愿意接受公平的原则,即能为所有人所接受的、普遍的原则。分别见 T.M. Scanlon, *Being Realistic about Reasons*, Oxford：Oxford University Press, 2014, pp.53 - 68;John Rawls, *Political Liberalism* (extended edition), New York：Columbia University Press, 2004, p.49。

联系,它能够说服所有人或几乎所有人服从特定的道德原则。"①易言之,一个证成的理由对所有人有效。这意味着,当我真诚地认为你有理由去做某事的时候,我们不仅认为你应该或可以去做此事,同时也接受此理由构成了我行动的理由,至少是不干涉你如此行事的理由。因为,一切理由理论都必须保证理由的公共性和普遍规范性。至此,我们也呈现了解释的理由和规范的理由更深层的区别,即解释的理由只是在解释行动者个人的行动,但规范的理由所要求的是人际间的普遍的有效性。

回到威廉斯的理由内在主义。它不仅要求赋予欲望以规范性的地位,即以欲望为理由的根据,还要求行动者的理由只能以其自身的欲望集合为根据。前一要求虽然面临非自然主义者的批评,但并不必然取消理由的普遍性。后一要求则是一种理由唯我论;与其说它的后果是否定理由的普遍性,不如说其初衷是否定理由的普遍性。这也是我们所说的,作为一种唯我论,威廉斯的理由内在主义从一开始就否定理由的公共性和普遍效力②。因此,威廉斯将规范的理由还原为解释的理由的尝试在一开始就注定是失败的,因为它必然牺牲规范的理由普遍性维度。所以,我们说,威廉斯的理由内在主义将取消规范性本身。

(原载《道德与文明》2019 年第 1 期)

作者简介:王东华,南京大学哲学系 2014 级外国哲学专业硕士研究生(导师顾肃)、2016 级哲学专业博士研究生(导师顾肃),于 2017 年 9 月至 2018 年 9 月受留基委资助赴加拿大多伦多大学进行为期 1 年的交流。

---

① Thomas Nagel, *The Possibility of Altruism*, Oxford: Oxford University Press, 1970, p.3. 据此,帕菲特指责内格尔混淆了证成、说服和动机,即将规范性视为动机性力量。与之相对,帕菲特则认识规范性在于独立的规范事实。在此,本文不讨论帕菲特和内格尔在理解规范性上的分歧,而只想指出他们之间的共同点,他们都认为理由的规范性,即证成的理由,它们的规范性是普遍的,对所有人有效。关于帕菲特对内格尔的批评,见 Derek Parfit, "Normativity", in Russ Shafer-Landau ed., *Oxford Studies in Metaethics*, Vol.1, Oxford: Oxford University Press, 2006, pp.339 – 351.

② 这样就不难理解,为何威廉斯无法说明惩罚的必要性及对理由式表述的公共性,因为这两者恰恰以承认承认公共的、人际间的规范为前提。而且,不依赖个人欲望的公共理由对惩罚之必要性的辩护也可以回应威廉斯对外在理由没有实质作用的指责。甚至一般而言,得到辩护的外在理由,其作用正是证明人际间规范的合法性,而非如威廉斯所说的毫无作用。

Logics for Moderate Belief-Disagreement Between Agents

陈　佳　潘天群

Abstract: A moderate belief-disagreement between agents on proposition p means that one agent believes p and the other agent does not. This paper presents two logical systems, **MD** and **MD**^{D}, that describe moderate belief-disagreement, and shows, using possible worlds semantics, that **MD** is sound and complete with respect to arbitrary frames, and **MD**^{D} is sound and complete with respect to serial frames. Syntactically, the logics are mono-modal, but two doxastic accessibility relations are involved in their semantics. The notion of moderate belief-disagreement, which is in accordance with the understanding of belief-disagreement in everyday life, is an epistemic one related to multiagent situations, and **MD** and **MD**^{D} are two epistemic logics.

Key words: moderate belief-disagreement; possible worlds semantics; multiagent situation; epistemic logics

1. Introduction

If two agents have different epistemic attitudes towards one proposition, it can be said that they have "epistemic disagreement" on that proposition. A general definition of belief-disagreement was presented by Pan[①], and what we are concerned with here is moderate belief-disagreement between agents. Moderate belief-disagreement between agents on proposition p means that one agent believes p and the other does not. Here, "A does not believe p" means "p is not a belief of A". The conception of moderate belief-disagreement is distinct from that of strong belief-disagreement, which means that one believes p and the other believes *not-p*, and from weak belief-disagreement, which means that one agent does not believe p and the other does not believe its negation. In this paper, two logics for moderate belief-disagreement are established. Moderate belief-disagreement is a new epistemic notion related to multiagent situations which is different from other epistemic notions.[②]

The conception of moderate belief-disagreement is symbolized as $(B_1 p \wedge \neg B_2 p) \vee (\neg B_1 p \wedge B_2 p)$, where 1 and 2 are two agents and $B_x p$ means "x believes p". Instead of using the belief operator B, we introduce a new modal operator $\mathbf{0}$ as the only primitive modal operator. $\mathbf{0}p$ means "there exists a moderate belief-disagreement on p between agents". Our aim is to establish logics for moderate belief-disagreement using Kripke semantics.

2. Syntax and Semantics

Let P be a set of propositional variables. The formal language L$_{MD}$ is defined as

$$\varphi ::= \top \mid p \mid \neg \varphi \mid (\varphi \wedge \varphi) \mid \mathbf{0}\varphi$$

---

① PAN T Q. On logic of belief-disagreement among agents [J]. LORI 2011: *Logie, Ratzonality, and Interaction*, 2011:392 – 393.

② Fagin, R., Moses, Y., Halpern, J.Y. and Vardi, M.Y. (2003), *Reasoning about Knowledge*, Cambridge, Mass., and London: MIT press.

where $p \in P$. As usual, $\bot$, $(\varphi \vee \psi)$, $(\varphi \rightarrow \psi)$ and $(\varphi \leftrightarrow \psi)$ are defined as the abbreviations of $\neg \top$, $\neg(\neg \varphi \wedge \neg \psi)$, $(\neg \varphi \vee \neg \psi)$ and $(\phi \rightarrow \psi) \wedge (\psi \rightarrow \varphi)$ respectively. We write $\bigwedge_{i=0}^{n} \varphi_i$ for $\varphi_0 \wedge \cdots \wedge \varphi_n$ and $\bigvee_{i=0}^{n} \varphi_i$ for $\varphi_0 \vee \cdots \vee \varphi_n$. For convenience, some parentheses will be omitted in cases where no ambiguities appear.

Definition 1. (Frame and Model) A frame is a triple $\mathcal{F} = \langle S, R_1, R_2 \rangle$ where S is a non-empty set of "possible worlds", and R_1 and R_2 are binary relations over S. A model is a pair $\mathcal{M} = (\mathcal{F}, V)$ where $\mathcal{F}$ is a frame, and $V: P \mapsto 2^S$ is a valuation function. Given a world $s \in S$, the pair $(\mathcal{M}, s)$ is called a pointed model. For $i \in \{1, 2\}$, $R_i(s) = \{t \in S \mid R_i st\}$ is the R_i-successor set of s.

Notably, the set S in Definition 1 consists of doxastic possible worlds of agent 1 and agent 2, and two accessibility relations R_1 and R_2 correspond to the doxastic accessibility relations of agent 1 and 2, respectively.

Definition 2. (Semantics) The truth of a formula in $(\mathcal{M}, s)$ is defined as follows:

$(\mathcal{M}, s) \models \top$	$\Leftrightarrow$	always true;
$(\mathcal{M}, s) \models p$	$\Leftrightarrow$	$s \in V(p)$
$(\mathcal{M}, s) \models \neg \varphi$	$\Leftrightarrow$	not $(\mathcal{M}, s) \models \varphi$
$(\mathcal{M}, s) \models \varphi \wedge \psi$	$\Leftrightarrow$	$(\mathcal{M}, s) \models \varphi$ and $(\mathcal{M}, s) \models \psi$
$(\mathcal{M}, s) \models \mathbb{O} \varphi$	$\Leftrightarrow$	either, $\forall_{t \in R_1(s)} (\mathcal{M}, t) \models \varphi$ and $\exists_{u \in R_2(s)}, (\mathcal{M}, u) \models \neg \varphi$, or, $\forall_{t \in R_2(s)}, (\mathcal{M}, t) \models \varphi$ and $\exists_{u \in R_1(s)}, (\mathcal{M}, u) \models \neg \varphi$

The operator $\mathbb{O}$ is a nonstandard modal operator. Although there are some nonstandard modal logics that deal with modalities such as contingency and essence, only one accessibility relation is involved in their semantics.

Here, two accessibility relations are involved in the truth condition of $\bullet\varphi$.

According to the definition of $(\mathcal{M},s)\models\bullet\varphi$ in Definition 2, we obtain

Proposition 1. (Semantics) The truth of a formula in $(\mathcal{M},s)$ is defined as follows:

$$(\mathcal{M},s)\models\neg\bullet\varphi \iff \text{either, } \forall_{t\in R_1(s),\, u\in R_2(s)}, ((\mathcal{M},t)\models\varphi \text{ and } (\mathcal{M},u)\models\varphi), \text{ or, } \exists_{t\in R_1(s),\, u\in R_2(s)}, ((\mathcal{M},t)\models\neg\varphi \text{ and } (\mathcal{M},u)\models\neg\varphi)$$

Proposition 1 means that a moderate belief-disagreement on p does not exist iff both agents believe p or both do not believe p.

The expressivity of L_{MD} is relatively weak. We use L_{D2} to denote the language of doxastic logic with two operators B_1 and B_2. Since $\bullet p$ can be defined as $(B_1 p \wedge \neg B_2 p) \vee (\neg B_1 p \wedge B_2 p)$, the expressivity of L_{MD} is at most as strong as that of L_{D2}. In fact, L_{MD} is strictly weaker than L_{D2} in expressivity. Consider the following two models: $\mathcal{M}=(S, R_1, R_2, V)$ and $\mathcal{M}'=(S', R'_1, R'_2, V')$, where $S=S'=\{s,t,u\}$, $R_1=R'_1=\{\langle s,t\rangle\}$, $R_2=R'_2=\{\langle s,u\rangle\}$, $V(p)=\{s,t\}$, $V'(p)=\{s,u\}$.

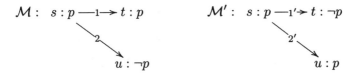

It's easy to check that $(\mathcal{M},s)$ and $(\mathcal{M}',s)$ are distinguishable in L_{D2} but not distinguishable in L_{MD}. Therefore, $\bullet$ is definable in terms of B_1 and B_2, but not vice versa.

3. Minimal Logic for Moderate Belief-Disagreement

In this section, we present a minimal logic for moderate belief-disagreement, and show that the logic is sound and complete with respect to the class of all frames (denoted as $\mathcal{K}$-frames, or $\mathcal{K}$ simply).

3.1 Proof System and Soundness

Definition 3. (Proof System **MD**) The proof system **MD** is axiomatized in the following way：

Ax.0　all substitution instances of tautologies

Ax.1　$◐(\varphi \wedge \psi) \to ◐\varphi \vee ◐\psi$

Ax.2　$◐(\varphi \wedge \psi) \wedge ◐\chi \to ◐\varphi \vee ◐(\varphi \wedge \chi)$

Ax.3　$◐\varphi \wedge ◐(\varphi \wedge \psi) \wedge ◐(\varphi \wedge \chi) \to ◐(\varphi \wedge \psi \wedge \chi)$

Ax.4　$◐\varphi \wedge ◐\psi \wedge ◐\chi \to ◐(\varphi \wedge \psi) \vee ◐(\varphi \wedge \chi) \vee ◐(\psi \wedge \chi)$

Ax.5　$\neg ◐\top$

MP　$\dfrac{\varphi, \varphi \to \psi}{\psi}$

RS　$\dfrac{\varphi \to \psi, \psi \to \chi}{◐\varphi \wedge ◐\chi \to ◐\psi}$

We write $\vdash_L \varphi$ if φ is a theorem of the logic L. Hence, $\vdash_{\mathbf{MD}} \varphi$ means that φ is a theorem of **MD.**

Theorem 1. (Soundness) **MD** is sound with respect to $\mathcal{K}$.

Proof. Let $(\mathcal{M}, s)$ be an arbitrary model based on $\mathcal{K}$-frames.

For Ax.1, suppose that $(\mathcal{M}, s) \models ◐(\varphi \wedge \psi)$. Without loss of generality, we assume that $\forall_{t \in R1(s)}$, $(\mathcal{M}, t) \models \varphi \wedge \psi$ and $\exists_{u \in R2(s)}$, $(\mathcal{M}, u) \models \neg(\varphi \wedge \psi)$. Then, $\forall_{t \in R1(w)}$, $((\mathcal{M}, t) \models \varphi$ and $(\mathcal{M}, t) \models \psi)$, and $\exists_{u \in R2(s)}$, $((\mathcal{M}, u) \models \neg \varphi$ or $(\mathcal{M}, u) \models \neg \psi)$. Therefore, either $(\mathcal{M}, s) \models ◐\varphi$ or $(\mathcal{M}, s) \models ◐\psi$. Hence, we have $(\mathcal{M}, s) \models ◐\varphi \vee ◐\psi$.

For Ax.2, suppose that $(\mathcal{M}, s) \models ◐(\varphi \wedge \psi) \wedge ◐\chi \wedge \neg ◐\varphi$. From $(\mathcal{M}, s) \models \neg ◐\varphi$ and Proposition 1, either **(a)**：$\forall_{t \in R1(s), u \in R2(s)}$, $((\mathcal{M}, t) \models \varphi$ and $(\mathcal{M}, u) \models \varphi)$, or **(b)**：$\exists_{t \in R1(s), u \in R2(s)}$, $((\mathcal{M}, t) \models \neg \varphi$ and $(\mathcal{M}, u) \models \neg \varphi)$. **(b)** is impossible, otherwise it follows that $\exists_{t \in R1(s), u \in R2(s)}$, $((\mathcal{M}, t) \models \neg(\varphi \wedge \psi)$ and

(M,u)⊨¬(φ∧ψ)), so $(\mathcal{M},s)\models¬⊙(φ∧ψ)$ and it contradicts $(\mathcal{M},s)\models⊙(φ$ ∧ψ). Hence, **(a)** must be true. Since $(\mathcal{M},s)\models⊙χ$, without loss of generality, we assume that $\forall_{t\in R_1(s)}$, $(\mathcal{M},t)\modelsχ$ and $\exists_{u\in R_2(s)}$, $(\mathcal{M},u)\models¬χ$. From **(a)** and the assumption, we have $\forall_{t\in R_1(s)}$, $(\mathcal{M},t)\modelsφ∧χ$ and $\exists_{u\in R_2(s)}$, $(\mathcal{M},u)\models¬(φ∧χ)$. Thus, $(\mathcal{M},s)\models⊙(φ∧χ)$.

For Ax.3, suppose that $(\mathcal{M},s)\models⊙φ∧⊙(φ∧ψ)∧⊙(φ∧χ)$. Without loss of generality, we assume that $\forall_{t\in R_1(s)}$, $(\mathcal{M},t)\modelsφ∧ψ$ and $\exists_{u\in R_2(s)}$, $(\mathcal{M},s)\models¬(φ∧ψ)$. From $(\mathcal{M},s)\models⊙φ$, either $\exists_{t\in R_1(s)}$, $(\mathcal{M},t)\models¬φ$ or $\exists_{u\in R_2(s)}$, $(\mathcal{M},u)\models¬φ$. Since $\forall_{t\in R_1(s)}$, $(\mathcal{M},t)\modelsφ∧ψ$, it is not the case $\exists_{t\in R_1(s)}$, $(\mathcal{M},t)\models¬φ$. Hence, $\exists_{u\in R_2(s)}$, $(\mathcal{M},u)\models¬φ$ is true. From $(\mathcal{M},s)$ $\models⊙(φ∧χ)$, either $\forall_{t\in R_1(s)}$, $(\mathcal{M},t)\modelsφ∧χ$ or $\forall_{u\in R_2(s)}$, $(\mathcal{M},u)\modelsφ∧χ$. By $\exists_{u\in R_2(s)}$、$(\mathcal{M},u)\models¬φ$, it is not the case $\forall_{u\in R_2(s)}$、$(\mathcal{M},u)\modelsφ∧χ$, so $\forall_{t\in R_1(s)}$、$(\mathcal{M},t)\modelsφ∧χ$ is true. From $\forall_{t\in R_1(s)}$、$(\mathcal{M},t)\modelsφ∧ψ$ and $\forall_{t\in R_1(s)}$、$(\mathcal{M},t)\modelsφ∧χ$, we have $\forall_{t\in R_1(s)}$、$(\mathcal{M},t)\modelsφ∧ψ∧χ$. By $\exists_{u\in R_2(s)}$、$(\mathcal{M},u)\models¬φ$, we have $\exists_{u\in R_2(s)}$、$(\mathcal{M},u)\models¬(φ∧ψ∧χ)$. Hence, $(\mathcal{M},s)\models⊙(φ∧ψ∧χ)$ is obtained.

For Ax.4, suppose that $(\mathcal{M},s)\models⊙φ∧⊙ψ∧⊙χ$. Without loss of generality, we assume that $\forall_{t\in R_1(s)}$、$(\mathcal{M},t)\modelsφ$ and $\exists_{u\in R_2(s)}$、$(\mathcal{M},u)\models¬φ$. From $(\mathcal{M},s)\models⊙ψ$, we have either **(a)**: $\forall_{t\in R_1(s)}$、$(\mathcal{M},t)\modelsψ$ or **(b)**: $\forall_{u\in R_2(s)}(\mathcal{M},u)\modelsψ$. From $(\mathcal{M},s)\models⊙χ$, we have either **(c)**: $\forall_{t\in R_1(s)}$、$(\mathcal{M},t)\modelsχ$ or **(d)**: $\forall_{u\in R_2(s)}$、$(\mathcal{M},u)\modelsχ$. From $\forall_{t\in R_1(s)}$、$(\mathcal{M},t)\modelsφ$ and $\exists_{u\in R_2(s)}$、$(\mathcal{M},u)\models¬φ$, we conclude that if **(a)** is true, then $(\mathcal{M},s)\models⊙(φ∧ψ)$; and if **(c)** is true, then $(\mathcal{M},s)\models⊙(φ∧χ)$. If both **(a)** and **(c)** are false, then **(b)** and **(d)** are true, and we easily conclude that $(\mathcal{M},s)\models⊙(ψ∧χ)$. Hence, we have $(\mathcal{M},s)$ $\models⊙(φ∧ψ)∨⊙(φ∧χ)∨⊙(ψ∧χ)$.

For Ax.5, as $\forall_{t\in R_1(s),u\in R_2(s)}$、$((\mathcal{M},s)\models⊤$ and $(\mathcal{M},u)\models⊤)$, $(\mathcal{M},s)\models¬⊙$ $⊤$ obviously holds.

For RS, suppose that $\models φ→ψ$, $\models ψ→χ$ and $(\mathcal{M},s)\models⊙φ∧⊙χ$. Without

117

loss of generality, we assume that $\forall_{t \in R1(s)}$、$(\mathcal{M}, t) \models \varphi$. Hence, $\forall_{t \in R1(s)}$、$(\mathcal{M}, t) \models \psi$ and $\forall_{t \in R1(s)}$、$(\mathcal{M}, t) \models \chi$. By $\forall_{t \in R1(s)}$、$(\mathcal{M}, t) \models \chi$ and $(\mathcal{M}, s) \models \mathbf{O} \chi$, we have $\exists_{u \in R2(s)}$、$(\mathcal{M}, u) \models \neg \chi$ and it follows that $\exists_{u \in R2(s)}$、$(\mathcal{M}, u) \models \neg \psi$. Thus we obtain $(\mathcal{M}, s) \models \mathbf{O} \psi$ as desired.

3.2 Completeness

We prove the completeness of **MD** by constructing the canonical model for it. The key step in constructing the canonical model is to define the accessibility relations of two agents. Our strategy is to define the relations by the belief sets of two agents, i.e., a world w is accessible to another world w' with respect to an agent i iff the belief set of i (in w), denoted as $B(w)_i$, is included in w'. Since there is only one modal operator, disagreement operator $\mathbf{O}$, in the language $L_{\mathbf{MD}}$, we have to adopt an indirect method to achieve $B(w)_1$ and $B(w)_2$. Consider two facts. First, if there exists a moderate disagreement on φ in the world w (i.e., $\mathbf{O}\varphi$ is true in w), then φ must be in one of the belief sets of two agents. Therefore, we can divide the set $\{\varphi \mid \mathbf{O}\varphi \in w\}$, denoted as $\mathbf{O}(w)$ hereinafter, into two parts: one is included in $B(w)_1$ and the other is included in $B(w)_2$. Second, for any formula φ which is in $B(w)_1$ or in $B(w)_2$, if there is not a moderate belief-disagreement on φ ($\varphi \notin \mathbf{O}(w)$), then both two agents believe φ, denoted as $\varphi \in \lambda(w)$, where $\lambda(w)$ is the join of $B(w)_1$ and $B(w)_2$. In what follows we will discuss the properties of the sets $\mathbf{O}(w)$ and $\lambda(w)$ in detail and use them to define $B(w)_1$ and $B(w)_2$.

To achieve a more general result, we consider an arbitrary logic L containing **MD**. L-consistence and the L-maximal consistent set (L-mcs) are defined as usual. Lindenbaum's Lemma also holds for L, which states that every L-consistent set can be extended to an L-mcs.

Lemma 3. The following schemata are admissible in L:

(1) if $\vdash_L \varphi \leftrightarrow \psi$, then $\vdash_L \mathbb{O}\varphi \leftrightarrow \mathbb{O}\psi$

(2) if $\vdash_L \varphi \rightarrow \psi$, then $\vdash_L \mathbb{O}(\varphi \wedge \chi) \wedge \mathbb{O}\psi \rightarrow \mathbb{O}\varphi$

(3) if $\vdash_L \varphi$, then $\vdash_L \neg \mathbb{O}\varphi$

Proof. (1) From $\vdash_L \varphi \leftrightarrow \psi$, we have $\vdash_L \varphi \rightarrow \psi$ and $\vdash_L \psi \rightarrow \varphi$. By RS, we have $\vdash_L \mathbb{O}\varphi \wedge \mathbb{O}\varphi \rightarrow \mathbb{O}\psi$ and $\vdash_L \mathbb{O}\psi \wedge \mathbb{O}\varphi \rightarrow \mathbb{O}\varphi$. Hence, $\vdash_L \mathbb{O}\varphi \leftrightarrow \mathbb{O}\psi$.

(2) By $\vdash_L \varphi \rightarrow \psi$, we get $\vdash_L \varphi \leftrightarrow \varphi \wedge \psi$. Consequently, according to Lemma 3(1), we have $\vdash_L \mathbb{O}\varphi \leftrightarrow \mathbb{O}(\varphi \wedge \psi)$. Then, by Ax.2, i.e., $\vdash_L \mathbb{O}(\varphi \wedge \chi) \wedge \mathbb{O}\psi \rightarrow \mathbb{O}\varphi \vee \mathbb{O}(\varphi \wedge \psi)$, we have $\vdash_L \mathbb{O}(\varphi \wedge \chi) \wedge \mathbb{O}\psi \rightarrow \mathbb{O}\varphi$.

(3) Suppose that $\vdash_L \varphi$. Consequently, $\vdash_L \varphi \leftrightarrow \top$. According to Lemma 3(1), $\vdash_L \mathbb{O}\varphi \leftrightarrow \mathbb{O}\top$. By Ax.5, i.e., $\vdash_L \neg \mathbb{O}\top$, we have $\vdash_L \neg \mathbb{O}\varphi$.

Definition 4. Given an L-mcs Γ, $\mathbb{O}(\Gamma)$ is defined as $\{\varphi \mid \mathbb{O}\varphi \in \Gamma\}$ and the binary relation $\sim_\Gamma$ over $\mathbb{O}(\Gamma)$ is defined, for any $\varphi, \psi \in \mathbb{O}(\Gamma)$, as

$$\varphi \sim_\Gamma \psi \Leftrightarrow \mathbb{O}(\varphi \wedge \psi) \in \Gamma.$$

Intuitively, $\mathbb{O}(\Gamma)$ is the set of propositions on which there exist moderate belief-disagreements, and for any $\varphi, \psi \in \mathbb{O}(\Gamma)$, $\varphi \sim_\Gamma \psi$ means there is an agent who believes both φ and ψ.

Lemma 4. For any L-mcs Γ, $\sim_\Gamma$ is an equivalence relation over $\mathbb{O}(\Gamma)$.

Proof. It's obvious that $\sim_\Gamma$ is reflexive and symmetric. We only need to show $\sim_\Gamma$ is also transitive.

Suppose that $\varphi, \psi, \chi \in \mathbb{O}(\Gamma)$, $\varphi \sim_\Gamma \psi$, and $\psi \sim_\Gamma \chi$. By $\vdash_L (\psi \wedge \varphi \wedge \chi) \rightarrow (\varphi \wedge \chi)$, $\vdash_L (\varphi \wedge \chi) \rightarrow \varphi$ and RS, we have (**a**): $\vdash_L \mathbb{O}(\psi \wedge \varphi \wedge \chi) \wedge \mathbb{O}\varphi \rightarrow \mathbb{O}(\varphi \wedge \chi)$. By Ax.3, i.e., $\vdash_L \mathbb{O}\psi \wedge \mathbb{O}(\psi \wedge \varphi) \wedge \mathbb{O}(\psi \wedge \chi) \rightarrow \mathbb{O}(\psi \wedge \varphi \wedge \chi)$, and $\vdash_L \mathbb{O}(\psi \wedge \varphi) \leftrightarrow \mathbb{O}(\varphi \wedge \psi)$, we have (**b**): $\vdash_L \mathbb{O}\psi \wedge \mathbb{O}(\varphi \wedge \psi) \wedge \mathbb{O}(\psi \wedge \chi) \rightarrow \mathbb{O}(\psi \wedge \varphi \wedge \chi)$. From (**a**) and (**b**) we get (**c**): $\vdash_L \mathbb{O}\varphi \wedge \mathbb{O}\psi \wedge \mathbb{O}(\varphi \wedge \psi) \wedge \mathbb{O}(\psi \wedge \chi) \rightarrow \mathbb{O}(\varphi \wedge \chi)$. From $\varphi \sim_\Gamma \psi$ and $\psi \sim_\Gamma \chi$, we have $\mathbb{O}(\varphi \wedge \psi)$, $\mathbb{O}(\psi \wedge \chi) \in \Gamma$ and it entails (**d**): $\mathbb{O}\varphi \wedge \mathbb{O}\psi \wedge \mathbb{O}(\varphi \wedge \psi) \wedge \mathbb{O}(\psi \wedge \chi) \in \Gamma$. By (**c**) and (**d**), $\mathbb{O}(\varphi \wedge \chi) \in \Gamma$. By the definition of $\sim_\Gamma$, we thus have $\varphi \sim_\Gamma \chi$.

Lemma 5. For any L-mcs Γ and $\varphi \in \mathbb{O}(\Gamma)$, $[\varphi]_{\sim_\Gamma}$ is closed under conjunction.

Proof. Suppose that $\psi, \chi \in [\varphi]_{\sim_\Gamma}$. As $\sim_\Gamma$ is an equivalence relation, we get $\psi \sim_\Gamma \chi$. According to the definition of $\sim_\Gamma$, we have $\mathbb{O}(\psi \wedge \chi) \in \Gamma$, i. e., $\psi \wedge \chi \in \mathbb{O}(\Gamma)$. From $\psi, \chi \in [\varphi]_{\sim_\Gamma}$, we have $\mathbb{O}(\varphi \wedge \psi) \in \Gamma$ and $\mathbb{O}(\varphi \wedge \chi) \in \Gamma$. By Ax.3, i.e., $\vdash_L \mathbb{O}\varphi \wedge \mathbb{O}(\varphi \wedge \psi) \wedge \mathbb{O}(\varphi \wedge \chi) \rightarrow \mathbb{O}(\varphi \wedge \psi \wedge \chi)$, and $\mathbb{O}\varphi \in \Gamma$, we have $\mathbb{O}(\varphi \wedge \psi \wedge \chi) \in \Gamma$. Hence, according to the definition of $[\varphi]_{\sim_\Gamma}$, we have $\psi \wedge \chi \in [\varphi]_{\sim_\Gamma}$.

Lemma 6. For any L-mcs Γ and any formulae $\varphi, \psi \in \mathbb{O}(\Gamma)$, if $[\varphi]_{\sim_\Gamma} \neq [\psi]_{\sim_\Gamma}$, then $[\varphi]_{\sim_\Gamma} \cup \{\neg \psi\}$ is L-consistent.

Proof. Suppose that $[\varphi]_{\sim_\Gamma} \cup \{\neg \psi\}$ is L-inconsistent. This means that there exist $\varphi_0, \ldots, \varphi_n \in [\varphi]_{\sim_\Gamma}$ such that $\vdash_L \bigwedge_{i=0}^n \varphi_i \rightarrow \psi$. By Lemma 5, $\bigwedge_{i=0}^n \varphi_i \in [\varphi]_{\sim_\Gamma}$. Hence, $\mathbb{O}\bigwedge_{i=0}^n \varphi_i \in \Gamma$. From $\vdash_L \bigwedge_{i=0}^n \varphi_i \rightarrow \psi$, we have $\vdash_L \bigwedge_{i=0}^n \varphi_i \leftrightarrow (\bigwedge_{i=0}^n \varphi_i \wedge \psi)$. Therefore, according to Lemma 3(1), we have $\vdash_L \mathbb{O}\bigwedge_{i=0}^n \varphi_i \leftrightarrow \mathbb{O}(\bigwedge_{i=0}^n \varphi_i \wedge \psi)$. So, $\mathbb{O}(\bigwedge_{i=0}^n \varphi_i \wedge \psi) \in \Gamma$. According to the definition of $\sim_\Gamma$, $\bigwedge_{i=0}^n \varphi_i \sim_\Gamma \psi$. From $\bigwedge_{i=0}^n \varphi_i \in [\varphi]_{\sim_\Gamma}$, we have $\varphi \sim_\Gamma \bigwedge_{i=0}^n \varphi_i$. From $\varphi \sim_\Gamma \bigwedge_{i=0}^n \varphi_i$ and $\bigwedge_{i=0}^n \varphi_i \sim_\Gamma \psi$, we have $\varphi \sim_\Gamma \psi$ and it implies $[\varphi]_{\sim_\Gamma} = [\psi]_{\sim_\Gamma}$.

Definition 5. Given an L-mcs Γ, $\lambda(\Gamma)$ is defined as $\{\varphi \mid \neg\mathbb{O}\varphi \in \Gamma$, and there exists a formula ψ such that $\mathbb{O}(\varphi \wedge \psi) \in \Gamma\}$.

Intuitively, $\lambda(\Gamma)$ is the set of propositions which both two agents believe. To make it clearer, consider the case that $\neg\mathbb{O}\varphi$ and $\mathbb{O}(\varphi \wedge \psi)$ hold (so φ is in $\lambda(\Gamma)$). $\mathbb{O}(\varphi \wedge \psi)$ means that there exists a moderate belief-disagreement on $\varphi \wedge \psi$, namely, one of two agents, says 1, believes $\varphi \wedge \psi$, and the other agent, says 2, does not. Hence, 1 also believes φ. So, 2 must also believe φ, otherwise there exists a moderate belief-disagreement on φ between them, contradicting $\neg\mathbb{O}\varphi$. Thus, φ is a proposition which both two agents believe.

Lemma 7. For any L-mcs Γ, $\lambda(\Gamma)$ is closed under conjunction.

Proof. Suppose that φ, $\psi \in \lambda(\Gamma)$. According to the definition of $\lambda(\Gamma)$, we have $\neg \bullet \varphi$, $\neg \bullet \psi \in \Gamma$. By Ax.1, i.e., $\vdash_L \bullet(\varphi \wedge \psi) \to (\bullet\varphi \vee \bullet\psi)$, we have $\vdash_L (\neg\bullet\varphi \wedge \neg\bullet\psi) \to \neg\bullet(\varphi \wedge \psi)$. Thus, **(a)**: $\neg\bullet(\varphi \wedge \psi) \in \Gamma$. According to the definition of $\lambda(\Gamma)$, there exist θ and χ such that $\bullet(\varphi \wedge \theta)$, $\bullet(\psi \wedge \chi) \in \Gamma$. By Ax.2, i.e., $\vdash_L \bullet(\varphi \wedge \theta) \wedge \bullet(\psi \wedge \chi) \to (\bullet\varphi \vee \bullet(\varphi \wedge \psi \wedge \chi))$, we have $\bullet\varphi \vee \bullet(\varphi \wedge \psi \wedge \chi) \in \Gamma$. As $\neg\bullet\varphi \in \Gamma$, we have **(b)**: $\bullet(\varphi \wedge \psi \wedge \chi) \in \Gamma$. Hence, by **(a)** and **(b)**, we have $\varphi \wedge \psi \in \lambda(\Gamma)$.

Lemma 8. For any L-mcs Γ and any formula $\varphi \in \bullet(\Gamma)$, $\lambda(\Gamma) \cup \{\neg \varphi\}$ is L-consistent.

Proof. Assume not, then there exist $\psi_0, \ldots, \psi_n \in \lambda(\Gamma)$ such that $\vdash_L \bigwedge_{i=0}^{n} \psi_i \to \varphi$. According to Lemma 7, $\bigwedge_{i=0}^{n} \psi_i \in \lambda(\Gamma)$, which means $\neg\bullet \bigwedge_{i=0}^{n} \psi_i \in \Gamma$ and there exists a formula, say χ, such that $\bullet(\bigwedge_{i=0}^{n} \psi_i \wedge \chi) \in \Gamma$. From $\vdash_L \bigwedge_{i=0}^{n} \psi_i \to \varphi$ and Lemma 3(2), we have $\vdash_L (\bullet(\bigwedge_{i=0}^{n} \psi_i \wedge \chi) \wedge \bullet\varphi) \to \bullet \bigwedge_{i=0}^{n} \psi_i$. Then, as $\bullet(\bigwedge_{i=0}^{n} \psi_i \wedge \chi) \in \Gamma$ and $\bullet\varphi \in \Gamma$, we have $\bullet \bigwedge_{i=0}^{n} \psi_i \in \Gamma$. Which, together with $\neg\bullet \bigwedge_{i=0}^{n} \psi_i \in \Gamma$, implies that Γ is L-inconsistent. Contradiction.

Lemma 9. For any L-mcs Γ, any formula $\varphi \in \bullet(\Gamma)$ and any formula $\psi \in \lambda(\Gamma)$, $[\varphi]_{\sim_\Gamma} \vdash_L \psi$.

Proof. As $\psi \in \lambda(\Gamma)$, we have $\neg\bullet\psi \in \Gamma$, and there exists a formula, say χ, such that $\bullet(\psi \wedge \chi) \in \Gamma$. Hence, $\bullet(\psi \wedge \chi) \wedge \bullet\varphi \in \Gamma$. By Ax.2, i.e., $\vdash_L (\bullet(\psi \wedge \chi) \wedge \bullet\varphi) \to (\bullet\psi \vee \bullet(\psi \wedge \varphi))$, it follows $\bullet\psi \vee \bullet(\psi \wedge \varphi) \in \Gamma$. Since $\neg\bullet\psi \in \Gamma$, it follows that $\bullet(\psi \wedge \varphi) \in \Gamma$. Thus, we have $\bullet(\varphi \wedge \psi) \in \Gamma$ and $\bullet(\varphi \wedge (\varphi \wedge \psi)) \in \Gamma$. By the definition of $\sim_\Gamma$, we have $\varphi \sim_\Gamma (\varphi \wedge \psi)$. Therefore, $(\varphi \wedge \psi) \in [\varphi]_{\sim_\Gamma}$, which implies that $[\varphi]_{\sim_\Gamma} \vdash_L \psi$.

Lemma 9 shows that for all formula $\varphi \in \bullet(\Gamma)$, $\lambda(\Gamma)$ is "*included*" in $[\varphi]_{\sim_\Gamma}$. According to Lemma 9, we have the following corollary.

Corollary 10. For any L-mcs Γ, any formula $\varphi \in \mathbb{O}(\Gamma)$ and any formula ψ, if $\lambda(\Gamma) \cup \{\psi\}$ is L-inconsistent, then $[\varphi]_{\sim_\Gamma} \cup \{\psi\}$ is also L-inconsistent.

Lemma 11. For any L-mcs Γ, any formula $\varphi \in \mathbb{O}(\Gamma)$, and any formula ψ, if $\neg \mathbb{O}\psi \in \Gamma$ and $[\varphi]_{\sim_\Gamma} \cup \{\neg \psi\}$ is L-inconsistent, then $\lambda(\Gamma) \cup \{\neg \psi\}$ is also L-inconsistent.

Proof. Suppose the conditions hold, we need to show that $\lambda(\Gamma) \cup \{\neg \psi\}$ is L-inconsistent.

If $[\varphi]_{\sim_\Gamma} \cup \{\neg \psi\}$ is L-inconsistent, there exist $\varphi_0, \ldots, \varphi_n \in [\varphi]_{\sim_\Gamma}$, such that $\vdash_L \bigwedge_{i=0}^{n} \varphi_i \rightarrow \psi$. According to Lemma 5, $\bigwedge_{i=0}^{n} \varphi_i \in [\varphi]_{\sim_\Gamma}$. Therefore, $\mathbb{O} \bigwedge_{i=0}^{n} \varphi_i \in \Gamma$. From $\vdash_L \bigwedge_{i=0}^{n} \varphi_i \rightarrow \psi$, we have $\vdash_L \bigwedge_{i=0}^{n} \varphi_i \leftrightarrow (\bigwedge_{i=0}^{n} \varphi_i \wedge \psi)$ and hence, $\vdash_L \mathbb{O} \bigwedge_{i=0}^{n} \varphi_i \leftrightarrow \mathbb{O}(\psi \wedge \bigwedge_{i=0}^{n} \varphi_i)$. Therefore, $\mathbb{O}(\psi \wedge \bigwedge_{i=0}^{n} \varphi_i) \in \Gamma$. According to the definition of $\lambda(\Gamma)$, as $\neg \mathbb{O}\psi \in \Gamma$ and $\mathbb{O}(\psi \wedge \bigwedge_{i=0}^{n} \varphi_i) \in \Gamma$, we have $\psi \in \lambda(\Gamma)$. Hence, $\lambda(\Gamma) \cup \{\neg \psi\}$ is L-inconsistent.

Note that Lemma 11 is a weaker version of the converse of Corollary 10. From Corollary 10 and Lemma 11, we obtain the following corollary:

Corollary 12. For any L-mcs Γ, any formulae $\varphi, \psi \in \mathbb{O}(\Gamma)$, and any formula χ such that $\neg \mathbb{O}\chi \in \Gamma$, the following are equivalent:

(a) $[\varphi]_{\sim_\Gamma} \cup \{\neg \chi\}$ is L-inconsistent

(b) $[\psi]_{\sim_\Gamma} \cup \{\neg \chi\}$ is L-inconsistent

(c) $\lambda(\Gamma) \cup \{\neg \chi\}$ is L-inconsistent

Lemma 13. For any L-mcs Γ, the cardinality of $\{[\varphi]_{\sim_\Gamma} \mid \varphi \in \mathbb{O}(\Gamma)\}$ is not greater than 2, i.e., $|\{[\varphi]_{\sim_\Gamma} \mid \varphi \in \mathbb{O}(\Gamma)\}| \leqslant 2$.

Proof. We use a contradiction. Assume that $|\{[\varphi]_{\sim_\Gamma} \mid \varphi \in \mathbb{O}(\Gamma)\}| > 2$, then there exist $\alpha, \beta, \gamma \in \mathbb{O}(\Gamma)$ such that $[\alpha]_{\sim_\Gamma}, [\beta]_{\sim_\Gamma}, [\gamma]_{\sim_\Gamma}$ are pairwise different. Hence, according to the definition of $\sim_\Gamma$, we have $\neg \mathbb{O}(\alpha \wedge \beta)$, $\neg \mathbb{O}(\alpha \wedge \gamma)$ and $\neg \mathbb{O}(\beta \wedge \gamma) \in \Gamma$. Hence, we have **(a)**: $\neg(\mathbb{O}(\alpha \wedge \beta) \vee \mathbb{O}(\alpha \wedge$

$\gamma) \vee \Diamond(\beta \wedge \gamma)) \in \Gamma$. From α, β and $\gamma \in \Diamond(\Gamma)$, we have $\Diamond\alpha \wedge \Diamond\beta \wedge \Diamond\gamma \in \Gamma$. According to Ax.4, i.e., $\vdash_L \Diamond\alpha \wedge \Diamond\beta \wedge \Diamond\gamma \to \Diamond(\alpha \wedge \beta) \vee \Diamond(\alpha \wedge \gamma) \vee \Diamond(\beta \wedge \gamma)$, it follows that (**b**): $\Diamond(\alpha \wedge \beta) \vee \Diamond(\alpha \wedge \gamma) \vee \Diamond(\beta \wedge \gamma) \in \Gamma$. From (**a**) and (**b**), we have that Γ is L-inconsistent, which contradicts the fact that Γ is an L-mcs.

We use the sets $\Diamond(w)$ and $\lambda(w)$ to define $B(w)_1$ and $B(w)_2$. Lemma 13 shows that the possible cardinality of $\{[\varphi]_{\sim_\Gamma} \mid \varphi \in \Diamond(\Gamma) \}$ is 0, 1 and 2. $|\{[\varphi]_{\sim_\Gamma} \mid \varphi \in \Diamond(\Gamma)\}| = 0$, which means that $\Diamond(\Gamma) = \emptyset$, and there is no moderate belief-disagreements on any propositions at all. In this case, what we only need to do is make two agents have the same beliefs, i.e., $B(\Gamma)_1 = B(\Gamma)_2$. It is convenient, of course, to define $B(\Gamma)_1$ and $B(\Gamma)_2$ as the empty set. $|\{[\varphi]_{\sim_\Gamma} \mid \varphi \in \Diamond(\Gamma)\}| = 1$, which means that one of two agents believes all the propositions on which there exist moderate belief-disagreements, and his or her belief set is equivalent to $\Diamond(\Gamma)$. In this case, there is one agent who believes all propositions that the other one believes, and, without loss of generality, we assume that 1 is the agent. Thus, $B(\Gamma)_1$ can be defined as $\Diamond(\Gamma)$. Since the agent 2 believes only the propositions that both 1 and 2 believe, it is appropriate to define $B(\Gamma)_2$ as $\lambda(\Gamma)$. $|\{[\varphi]_{\sim_\Gamma} \mid \varphi \in \Diamond(\Gamma)\}| = 2$, which means that the set $\Diamond(\Gamma)$ can be divided into two non-empty parts. In this case, two elements of $\{[\varphi]_{\sim_\Gamma} \mid \varphi \in \Diamond(\Gamma)\}$ must be the form like $[\alpha]_{\sim_\Gamma}$ and $[\beta]_{\sim_\Gamma}$, where α, $\beta \in \Diamond(\Gamma)$ and $[\alpha]_{\sim_\Gamma} \neq [\beta]_{\sim_\Gamma}$. Intuitively, $[\alpha]_{\sim_\Gamma}$ is the belief set of the agent who believes α, and $[\beta]_{\sim_\Gamma}$ is the belief set of the agent who believes β. Since $[\alpha]_{\sim_\Gamma} \neq [\beta]_{\sim_\Gamma}$, the agent who believes α and the agent who believes β are not the same one. Hence, $[\alpha]_{\sim_\Gamma}$ and $[\beta]_{\sim_\Gamma}$ are exactly the belief sets of two agents respectively.

So, we define the belief sets $B(\Gamma)_1$ and $B(\Gamma)_2$ as follows.

Definition 6. Given an L-mcs Γ, we define:

If $|\{[\varphi]_{\sim_\Gamma} \mid \varphi \in \Diamond(\Gamma)\}| = 0$, then $B(\Gamma)_1 = B(\Gamma)_2 = \emptyset$;

If $|\{[\varphi]_{\sim_\Gamma} \mid \varphi \in \Diamond(\Gamma)\}| = 1$, then $B(\Gamma)_1 = \Diamond(\Gamma)$ and $B(\Gamma)_2 = \lambda(\Gamma)$;

If $|\{[\varphi]_{\sim_\Gamma} \mid \varphi \in \mathbf{O}(\Gamma)\}| = 2$, then $B(\Gamma)_1$ and $B(\Gamma)_2$ are two different elements of $\{[\varphi]_{\sim_\Gamma} \mid \varphi \in \mathbf{O}(\Gamma)\}$.

Corollary 14. For any L-mcs Γ, if $|\{[\varphi]_{\sim_\Gamma} \mid \varphi \in \mathbf{O}(\Gamma)\}| = 1$, then $\mathbf{O}(\Gamma)$ is closed under conjunction, and for any $\varphi \in \mathbf{O}(\Gamma)$, $[\varphi]_{\sim_\Gamma} = \mathbf{O}(\Gamma) = B(\Gamma)_1$.

We construct the canonical model for L as follows.

Definition 7. (Canonical Model) The canonical model $\mathcal{M}^C$ of L is the 4-tuple (S^C, R_1^C, R_2^C, V^C), where:

$S^C = \{s \mid s \text{ is an } L\text{-mcs}\}$,

$R_1^C st$ iff $B(s)_1 \subseteq t$,

$R_2^C st$ iff $B(s)_2 \subseteq t$, and

$V^C(p) = \{s \in S^C \mid p \in s\}$.

Lemma 15. (Truth Lemma) For any L-mcs s and any formula φ,

$$(\mathcal{M}^C, s) \models \varphi \Leftrightarrow \varphi \in s.$$

Proof. We show the lemma by induction on φ. We only show the case where $\varphi = \mathbf{O}\psi$.

$\Leftarrow$: If $\mathbf{O}\psi \in s$, $(\mathcal{M}^C, s) \models \mathbf{O}\psi$.

Suppose that $\mathbf{O}\psi \in s$, then $|\{[\varphi]_{\sim_s} \mid \varphi \in \mathbf{O}(s)\}| \neq 0$. Thus, we only consider the cases where $|\{[\varphi]_{\sim_s} \mid \varphi \in \mathbf{O}(s)\}| = 1$ and $|\{[\varphi]_{\sim_s} \mid \varphi \in \mathbf{O}(s)\}| = 2$.

Case A1. $|\{[\varphi]_{\sim_s} \mid \varphi \in \mathbf{O}(s)\}| = 1$. According to Definition 6, we have $B(s)_1 = \mathbf{O}(s)$ and $B(s)_2 = \lambda(s)$. According to Definition 7, we have $\forall_{t \in R_1^C(s)}$, $B(s)_1 \subseteq t$. Hence, $\forall_{t \in R_1^C(s)}$, $\mathbf{O}(s) \subseteq t$. Because $\mathbf{O}\psi \in s$, which means that $\psi \in \mathbf{O}(s)$, we have $\forall_{t \in R_1^C(s)}$, $\psi \in t$. By induction hypothesis, it follows that **(a)**: $\forall_{t \in R_1^C(s)}$, $(\mathcal{M}^C, t) \models \psi$. By $\psi \in \mathbf{O}(s)$ and Lemma 8, we find that $\lambda(s) \cup \{\neg \psi\}$ is L-consistent. Therefore, $B(s)_2 \cup \{\neg \psi\}$ is L-consistent. According to Lindenbaum's Lemma, there exists an L-mcs u such that $B(s)_2 \cup \{\neg \psi\} \subseteq u$. From $B(s)_2 \subseteq u$ and Definition 7, we have $u \in R_2^C(s)$. From $\neg \psi \in u$ and induction hypothesis, we have $(\mathcal{M}^C, u) \top \psi$. Hence, $(\mathcal{M}^C, u) \models \neg \psi$. This means that **(b)**: there exists $u \in R_2^C(s)$ such that $(\mathcal{M}^C, u) \models \neg \psi$. From **(a)**

and (**b**), we have $(\mathcal{M}^c, s) \models \mathbf{O}\psi$.

Case A2. $|\{[\varphi]_{\sim s} \mid \varphi \in \mathbf{O}(s)\}| = 2$. Without loss of generality, assume that $B(\Gamma)_1 = [\psi]_{\sim s}$ and $B(\Gamma)_2 = [\psi']_{\sim s}$, where $\psi' \in \mathbf{O}(\Gamma)$ and $[\psi]_{\sim s} \neq B(\Gamma)_2 = [\psi']_{\sim s}$. Hence, for any $t \in R_1^C(s)$, we have $\psi \in t$. By inductive hypothesis, we conclude that (**a**): for any $t \in R_1^C(s)$, $(\mathcal{M}^c, t) \models \psi$. From $[\psi]_{\sim s} \neq [\psi']_{\sim s}$ and Lemma 6, $[\psi']_{\sim s} \cup \{\neg \psi\}$ is L-consistent, which means that $B(s)_2 \cup \{\neg \psi\}$ is L-consistent. According to Lindenbaum's Lemma, there exists $u \in S^c$ such that $B(s)_2 \cup \{\neg \psi\} \subseteq u$. From $B(s)_2 \subseteq u$ and Definition 7, we have $u \in R_2^C(s)$. From $\neg \psi \in u$, it follows that $\psi \notin u$. Hence, by induction hypothesis, we have $(\mathcal{M}^c, u) \top \psi$, which means that $(\mathcal{M}^c, u) \models \neg \psi$. Therefore, we conclude that (**b**): there exists $u \in R_2^C(s)$ such that $(\mathcal{M}^c, u) \models \neg \psi$. From (**a**) and (**b**), we have $(\mathcal{M}^c, s) \models \mathbf{O}\psi$.

$\Rightarrow$: If $\mathbf{O}\psi \notin s$ then $(\mathcal{M}^c, s) \not\models \mathbf{O}\psi$.

It suffices to prove that if $\neg \mathbf{O}\psi \in s$, then $(\mathcal{M}^c, s) \models \neg \mathbf{O}\psi$. Suppose that $\neg \mathbf{O}\psi \in s$. We consider three possibilities.

Case B1. $|\{[\varphi]_{\sim s} \mid \varphi \in \mathbf{O}(s)\}| = 0$. Hence, we have $B(s)_1 = B(s)_2 = \emptyset$. According to Definition 7, for any $t \in S^c$, $t \in R_1^C(s)$ iff $t \in R_2^C(s)$. It follows that either $\forall_{t \in R_1^C(s), u \in R_2^C(s)}, ((\mathcal{M}, t) \models \varphi$ and $(\mathcal{M}, u) \models \varphi)$ or $\exists_{t \in R_1^C(s), u \in R_2^C(s)}, ((\mathcal{M}, t) \models \neg \varphi$ and $(\mathcal{M}, u) \models \neg \varphi)$. Hence, according to Proposition 1, we have $(\mathcal{M}^c, s) \models \neg \mathbf{O}\psi$.

Case B2. $|\{[\varphi]_{\sim s} \mid \varphi \in \mathbf{O}(s)\}| = 1$. According to Definition 6 and Corollary 14, we have $B(s)_1 = \mathbf{O}(s) = [\varphi]_{\sim s}$ for any $\varphi \in \mathbf{O}(s)$ and $B(s)_2 = \lambda(s)$. According to Corollary 12, $B(s)_1 \cup \{\neg \psi\}$ $(= [\varphi]_{\sim s} \cup \{\neg \psi\}$ for some $\varphi \in \mathbf{O}(s))$ is L-inconsistent iff $B(s)_2 \cup \{\neg \psi\}$ $(= \lambda(s) \cup \{\neg \psi\})$ is L-inconsistent. Hence, we easily conclude that either $\forall_{t \in R_1^C(s), u \in R_2^C(s)}((\mathcal{M}, t) \models \psi$ and $(\mathcal{M}, u) \models \psi)$ or $\exists_{t \in R_1^C(s), u \in R_2^C(s)}((\mathcal{M}, t) \models \neg \psi$ and $(\mathcal{M}, u) \models \neg \psi)$. By Propositon 1, it follows $(\mathcal{M}^c, s) \models \neg \mathbf{O}\psi$.

Case B3. $|\{[\varphi]_{\sim s} \mid \varphi \in \bullet(s)\}| = 2$. Hence, there exist α, $\beta \in \bullet(s)$ such that $B(s)_1 = [\alpha]_{\sim s}$, $B(s)_2 = [\beta]_{\sim s}$ and $[\alpha]_{\sim s} \neq [\beta]_{\sim s}$. By Corollary 12, we conclude that $[\alpha]_{\sim s} \cup \{\neg \psi\}$ is L-inconsistent iff $[\beta]_{\sim s} \cup \{\neg \psi\}$ is L-inconsistent, i. e., $B(s)_1 \cup \{\neg \psi\}$ is L-inconsistent iff $B(s)_2 \cup \{\neg \psi\}$ is L-inconsistent. Hence, either $\forall_{t \in R_1(s), u \in R_2(s)}$, $((\mathcal{M},t) \models \psi$ and $(\mathcal{M},u) \models \psi)$ or $\exists_{t \in R_1(s), u \in R_2(s)}$, $((\mathcal{M},t) \models \neg \psi$ and $(\mathcal{M},u) \models \neg \psi)$. Thus, according to Proposition 1, we have $(\mathcal{M}^C, s) \models \neg \bullet \psi$.

Theorem 16. (Completeness) **MD** is complete with respect to χ.

Proof. Suppose that $\Gamma \top_{\textbf{MD}} \varphi$. Consequently, $\Gamma \cup \{\neg \varphi\}$ is **MD**-consistent. By Lindenbaum's Lemma, there exist an **MD**-mcs s such that $\Gamma \cup \{\neg \varphi\} \subseteq s$. By $\Gamma \cup \{\neg \varphi\} \subseteq s$ and Lemma 15, we can construct the canonical model $\mathcal{M}^C$ of **MD** such that $(\mathcal{M}^C, s) \models \Gamma \cup \{\neg \varphi\}$. Therefore, $\Gamma \not\models \varphi$.

4. Extension over Serial Frames

As beliefs of an agent must be consistent, the axiom $D: \neg B\perp$ should be valid. In Kripke semantics, D defines the class of serial frames (denoted as D). In our case, a frame is serial if, for any world s in the frame, there exist t and u such that $R_1 st$ and $R_2 su$. D is not definable in $L_{\textbf{MD}}$. Consider two frames: $\mathcal{F} = (S, R_1, R_2)$ and $\mathcal{F}^* = (S^*, R_1^*, R_2^*)$, where $S = S^* = \{s\}$, $R_1 = R_2 = \{\langle s,s \rangle\}$, $R_1^* = R_2^* = \emptyset$.

It is easy to check that for any formula φ, $\mathcal{F} \models \neg \bullet \varphi$ and $\mathcal{F}^* \models \neg \bullet \varphi$. By induction on the structure of the formula, it's provable that for any formula

φ, $\mathcal{F}\models\varphi$ iff $\mathcal{F}^*\models\varphi$. Because $\mathcal{F}$ is serial but $\mathcal{F}^*$ not, there is no set of formulae that could define D.

However, we claim that $\mathbf{MD}+D^*:\neg\Diamond\bot$ (denoted as $\mathbf{MD}^D$) is indeed the axiomatization over D.

Theorem 17. $\mathbf{MD}^D$ is sound and complete with respect to D.

Proof. For soundness, we only need to show that $\neg\Diamond\bot$ is valid on an arbitrary serial frame. Let $(\mathcal{M},s)$ be an arbitrary point model based on a serial frame. Since there exist t with $R_1 st$ and u with $R_2 su$, $\exists_{t\in R_1(s),u\in R_2(s)}$, $((\mathcal{M},t)\models\neg\bot$ and $(\mathcal{M},u)\models\neg\bot)$ is true. Thus, we have $(\mathcal{M},s)\models\neg\Diamond\bot$.

Consider the following rule DR:

$$\text{DR:}\vdash\mathbf{MD}^D\neg\varphi\Rightarrow\vdash\mathbf{MD}^D\neg\Diamond\varphi.$$

We will show that it is derivable in $\mathbf{MD}^D$: given $\vdash_{\mathbf{MD}}{}^D\neg\varphi$, we have $\vdash_{\mathbf{MD}}{}^D\varphi\leftrightarrow\bot$. According to Lemma 3(1), we have $\vdash_{\mathbf{MD}}{}^D\Diamond\varphi\leftrightarrow\Diamond\bot$. As $\vdash_{\mathbf{MD}}{}^D\neg\Diamond\bot$, we have $\vdash_{\mathbf{MD}}{}^D\neg\Diamond\varphi$.

In fact, because $\neg\Diamond\bot$ is derivable from $\neg\bot$ by DR, $\mathbf{MD}+DR$ is deductively equivalent to $\mathbf{MD}^D$.

For completeness. To show that the canonical model for $\mathbf{MD}^D$ is based on a serial frame, we need to show that for any $\mathbf{MD}^D$-mcs Γ, both $B(\Gamma)_1$ and $B(\Gamma)_2$ are $\mathbf{MDD}$-consistent.

Let Γ be an arbitrary $\mathbf{MD}^D$-mcs. Three cases exist:

(1) $|\{[\varphi]_{\sim_\Gamma}|\varphi\in\Diamond(\Gamma)\}|=0$. The consistency of $B(\Gamma)_1=B(\Gamma)_2=\varnothing$ follows from the soundness of $\mathbf{MD}^D$.

(2) $|\{[\varphi]_{\sim_\Gamma}|\varphi\in\Diamond(\Gamma)\}|=1$. Consequently, $B(\Gamma)_1=\Diamond(\Gamma)=[\varphi]_{\sim_\Gamma}$ for any $\varphi\in\Diamond(\Gamma)$ and $B(\Gamma)_2=\lambda(\Gamma)$. According to Lemma 8, $\lambda(\Gamma)$ is $\mathbf{MD}^D$-consistent. Hence, $\lambda(\Gamma)\cup\{\neg\bot\}$ is $\mathbf{MD}^D$-consistent. Then, by Corollary 12, for any $\varphi\in\Diamond(\Gamma)$, $[\varphi]_{\sim_\Gamma}\cup\{\neg\bot\}$ is $\mathbf{MD}^D$-consistent, which means $[\varphi]_{\sim_\Gamma}$ is $\mathbf{MD}^D$-consistent. Hence, both $B(\Gamma)_1$ and $B(\Gamma)_2$ are $\mathbf{MD}^D$-consistent.

(3) $|\{[\varphi]_{\sim_\Gamma}|\varphi\in\Diamond(\Gamma)\}|=2$. Then, there exist $\alpha,\beta\in\Diamond(\Gamma)$ such that

$B(\Gamma)_1 = [\alpha]_{\sim r}$, $B(s)_2 = [\beta]_{\sim r}$ and $[\alpha]_{\sim r} \neq [\beta]_{\sim r}$. According to Lemma 6, we conclude that both $B(\Gamma)_1$ and $B(\Gamma)_2$ are $\mathbf{MD}^D$-consistent.

5. Discussions and Remarks

In this paper, we presented two logical systems for moderate belief-disagreement between agents and proved its soundness and completeness. Since disagreement involved in our paper is an epistemic conception which has been widely studied, discussions, especially on the relation between Aumann's work and our work, need to be made here.

Aumann's agreement theorem states that if agents have the same priors and their posteriors for an event are common knowledge, then these posteriors are equal.[①] Priors and posteriors were quantitatively described by probabilities in Aumann's work; and despite being expressed as probabilities they are knowledge of agents rather than pure beliefs since the true state of the world, in the Aumann's formal description, was required to be contained in the informed states of agents. According to Aumann's agreement theorem, two agents with the same priors cannot agree to disagree. Here disagreement on a given event between agents means that two agents have different probabilities on the event.

What we took in this paper is a qualitative approach to disagreement, and the disagreement is relative to belief instead of knowledge. In fact, if the epistemic attitude, here, is 'knowing' rather than 'believing', we have a conclusion that is stronger than Aumann's agreement theorem. The conclusion is that if the posteriors of two agents on a certain proposition are common knowledge, the posteriors must be equal. Here 'posteriors' are agents'

---

① Aumann, R. J. (1976), 'Agreeing to disagree', *Annals of Statistics*, 4(6), 1236—1239.

knowledge which is qualitatively expressed. We show this conclusion as follows.

Suppose their posteriors for a given proposition p be not equal. Consequently, there must be one agent, say a, who knows p, i.e., $K_a p$, and the other agent, say b, who doesn't know p, i.e., $\neg K_b p$. It is, however, impossible. By applying the necessitation rule for the knowledge operator to the axiom of knowledge $K_a p \rightarrow p$, we obtain $K_b (K_a p \rightarrow p)$, and we, by the axiom K and the Modulus Pones, have $K_b K_a p \rightarrow K_b p$. By the assumption that their posteriors for p are common knowledge, $K_a p$ must be common knowledge. It means that b must know $K_a p$, i.e., $K_b K_a p$. Thus, from $K_b K_a p \rightarrow K_b p$ and $K_b K_a p$, we infer $K_b p$ which contradicts $\neg K_b p$.

It can be seen that if the posteriors of both agents on a certain proposition p are common knowledge, the epistemic state of the two agents should be that they hold the same knowing attitudes on p, i.e., either both know p or both do not know p; and the true epistemic state is commonly known by them. The conclusion here tells us that two agents cannot agree to disagree no matter whether they have the same priors. The condition of the same priors in our conclusion is not needed.

The epistemic attitude in disagreement between agents we considered in our work, however, is 'believing'. So, we could not have a conclusion like Aumann's theorem. Different from knowledge which is a justified true belief, a belief may not be true and may not always be justified. Factors which lead to different agents to form or hold their beliefs can be different. Therefore, an agent may persist in believing something that, for others, is obviously irrational or even false. Although with an interaction beliefs of agents could be changed and the belief-disagreement on a certain proposition could disappear or be resolved, the disappearing or being resolved is not logical necessary. It means that a (moderate) belief-disagreement on a certain proposition between agents could exist as their common knowledge no matter whether they have the same priori beliefs.

Much literature in epistemology has focused on disagreement in recent decades. Peter Brössel and Anna-Maria A. Eder presented doxastic disagreement which is the same as epistemic disagreement of ours: "Rough speaking, two agents are in doxastic disagreement with respect to a proposition if and only if (iff) they have different doxastic attitudes towards that proposition."[1] And they illustrated the conception: "For instance, two agents are in doxastic disagreement when the first agent believes a proposition and the second does not, or when both have different credences (i.e., degrees of belief) in the same proposition." The former is a case of belief-disagreement which we defined and concerned, and the latter are cases of quantitative disagreement which many scholars have researched, e.g., Darrell P. Rowbottom tried to construe (dis)agreement in terms of degrees of confidence.[2] David Christensen as well as other philosophers concentrated on epistemic significance of disagreement. David Christensen argued that "[D]isagreement flourishes when epistemic conditions are bad", and that "[U]nless one has reason to consider oneself to be in a highly privileged epistemic position---both with respect to the evidence and with respect to one's ability to respond correctly to that evidence---the disagreement of others will provide good reason to revise one's beliefs."[3] Unlike the work of scholars whose goal is to resolve disagreement by revising beliefs of agents involved,

① Brössel, P., and Eder, A. M., 'How to resolve doxastic disagreement', *Synthese*, 191(11): pp. 2359-2381.

② Rowbottom, D. P., 'What is (Dis) Agreement?', *Philos Phenomenol Res.* doi: 10.1111/phpr.12354.

③ Christensen, D., 'Epistemology of Disagreement: The Good News', *The Philosophical Review*, 116(2): pp. 187—217.

our work is only to analyze the logical structure of belief-disagreements. Nevertheless, our work is helpful for agents to revise their beliefs according to beliefs and resolve belief-disagreements between them.

Lots of disagreements exist in society, and many social phenomena result from disagreements. The no-trade theorem inferred from Aumann's agreement theorem does not work in practice. Now that belief-disagreements can exist between agents, belief-disagreements in an interaction would influence its outcomes. So the conception of belief-disagreement as well as its logics can be significantly introduced to game theory. For example, if, in a given interaction, a certain combination of actions or an equilibrium responds to a certain (moderate) belief-disagreement or belief-agreement on a certain proposition, which is common knowledge, then the logics here reveal rational relations among the combinations or the equilibria. This is a fruitful but complicated field which is waiting for further researches.

Additionally, we have five remarks.

First, because of different epistemic backgrounds people can have different epistemic attitudes on a certain proposition, so it is a normal social phenomenon that two people have a belief-disagreement on a certain proposition. The notion of moderate belief-disagreement, which the system **MD** and **MD**^{D} describe, is in accordance with the understanding of "belief-disagreement" in everyday life. The systems **MD** and **MD**^{D} reveal rational relations about (moderate) belief-disagreement, although not all of the axioms of the logics are easily understood by intuition.

Second, as belief-disagreement is an epistemic or doxastic conception, and **MD** and **MD**^{D} are epistemic or doxastic logics, the logical omniscience problem also appears in our systems. Agents who could be described as logically omniscient know (or believe) all consequences of their knowledge (or beliefs) and, in particular, they know (or believe) all tautologies.[①] The a-gents in **MD** and **MD**^{D} are presupposed to be logically omniscient because of Ax.5, RS, and^D $*$. Concretely speaking, two agents should have no belief-disagreement, according to Ax.5, on all constantly true formulae and, according to^D $*$, on all constantly false formulae. And if two agents have be-lief-disagreements on φ and χ, then they, according to RS, should have a belief-disagreement on any logical intermedium of φ and χ, i.e., if $\vdash \varphi \rightarrow \psi$ and $\vdash \psi \rightarrow \chi$, they should have a belief-disagreement on ψ.

Third, technically speaking, the expressivity of the language L_{MD} is weaker than that of doxastic logic language. There exist models which are distinguishable by doxastic logic language, but is indistinguishable within the language L_{MD}; and not vice versa. Nevertheless, the language L_{MD} can help us to focus only on the significant differences according to our needs, and ignore those differences which we don't care. In this sense, the language L_{MD} has its advantages.

Fourth, only an extension of **MD**, i.e., **MD**^{D}, was presented. In fact, **MD**^{D} can be extended further. The formula $\lozenge A \rightarrow \lozenge(A \wedge (\lozenge B \wedge \lozenge(A \vee B) \rightarrow \lozenge (A \wedge B)))$ is not valid with respect to K frames, but valid with respect to transitive ones. And the formula $\lozenge \varphi \rightarrow \varphi$ is valid with respect to reflexivity frames in which both R_1 *and* R_2 *are reflexive. The system* **MD** plus $\lozenge \varphi \rightarrow \varphi$ describes the disagreement which one agents knows p and the other one doesn't know p. We didn't explore such extensions.

Fifth, a belief-disagreement does not necessarily result in a conflict, but a conflict is companied by, or results from, some belief-disagreement(s). For example, the Falklands War, or the Malvinas War, between Argentina

---

① Fagin, R., Moses, Y., Halpern, J.Y. and Vardi, M.Y., *Reasoning about Knowledge*, Cambridge, Mass., and London: MIT press.

and the United Kingdom happened in 1982. Each country maintains that the islands are its territory. The war began with the Argentine force's landing of the islands which was regarded by the Britain government as an invasion. The Argentine government blamed the subsequently military action of the United Kingdom for an invasion of cause. Regarding the war there exist belief-disagreements between two countries. Thus, the logics of belief-disagreement can facilitate our understanding of conflicts which occur in our world.

（原载 Studia Logica，Volume 107，Issue 3）

作者简介：陈佳，南京大学哲学系 2014 级逻辑学专业硕士研究生（导师潘天群）、2017 级哲学专业博士研究生（导师潘天群），于 2016 年 7 月赴荷兰马斯特里赫特大学参加了"第 20 届逻辑与博弈和决策理论基础会议（Twelfth Conference on Logic and the Foundations of Game and Decision Theory，LOFT 2016）"并提交了本论文，于 2018 年 9 月至 2018 年 11 月通过南京大学国外短期访学资助项目赴日本早稻田大学访学交流。

马克思主义与加速主义

——兼论马克思《政治经济学批判大纲》"机器论片段"的当代价值

雷　禹　蓝　江

摘　要：加速主义是左派在反抗资本主义失败之后妥协的产物。它认为我们需要在现有制度的制约下提高技术和社会发展的速度，以便超越资本主义。加速主义以马克思《政治经济学批判大纲》中"机器论片段"为依据挑战了马克思的劳动价值论，并为超越资本主义寻求合法性论证。加速主义试图为当前左派寻求新的斗争策略，但其理论上的缺陷对于左派提出的理论承诺及其兑现承诺的能力提出了巨大挑战。作为左派的政治策略，加速主义在多方面溢出了马克思主义。因此，从历史唯物主义和历史辩证法的角度审理加速主义，有助于我们认清这一思潮的局限，从而捍卫马克思主义的科学性。

关键词：加速主义；马克思主义；历史唯物主义；历史辩证法；机器论片段

尼克·斯尔尼塞克（Nick Srnicek）与英国的亚历克斯·威廉姆斯（Alex Williams）于 2013 年发表的《加速主义政治宣言》在国际范围内引发了激烈的争论，彻底将"加速主义"这一话题抛到了当代激进左派的学术前沿。作为一种政治战略，加速主义是在无力对抗资本主义的情况下以妥协的方式寻求的迂回策略。问题在于，这一理论思潮自诞生起就以其矛盾性（左/右之争）而表现出了超越马克思主义的强劲动力。从马克思主义的角度审理加速主义，有助于我们认清这一思潮的局限，阐明历史唯物主义和历史辩证法的科学内涵，从而捍卫马克思主义的科学性。基于这一目标，本文试图完成以下三个任务:第一,梳理加速主义的历史谱系与理论变迁;第二,从马克思历史辩证法的角度阐明加速主义的内涵及其缺陷;第三,具体分析"机器论片段"在马克思政治经济批判中的逻辑角色和理论意义,以澄清加速主义对马克思的误读。

一、历史的图绘:加速主义的历史谱系与理论变迁

作为一种左派的政治战略理论,可以说加速主义最早出现在1970年代的法国,是对1968年"五月风暴"失败的回应。在革命变革的希望破灭后的绝望中,早期的加速主义理论试图与资本主义力量进行结合,因为资本主义在恢复危机和开辟全球新市场的行动中势不可挡。在这一背景下,吉尔·德勒兹(Gilles Deleuze)和菲利克斯·加塔利(Félix Guattari)认为资本主义是革命性的,它与以往的一切社会形式和组织决裂。一方面,他们认为,资本不断地对其所释放的力量进行重新划分,并建立抽象交换的公理,以使它们受到控制,这正印证了马克思在《共产党宣言》所说的"资产阶级……按照自己的面貌为自己创造出一个世界"[1]。另一方面,他们又试图超越马克思,认为资本主义体系不会从矛盾和危机中崩溃,相反,危机是"资本主义生产方式固有的手段"[2]。因此,问题就摆在德勒兹和加塔利的面前:解决办法是什么?革命之路在哪里?面对这样的难题,他们的回答是,"也许我们应该朝着市场运动的方向走得更远,而不是抵抗或退出市场"[3]。可以说,正是在德勒兹和加塔利这里找到当代加速主义理论的种子。

正如德勒兹和加塔利的合著《反俄狄浦斯:资本主义与精神分裂症》(1972)的副标题所暗示的那样,他们将精神分裂症重新评价为当代资本主义的标志性障碍,认为精神分裂症的崩溃是试图突破资本主义界限的失败。德

---

[1] 《马克思恩格斯文集》第2卷,北京:人民出版社,2009年,第36页。

[2] Gilles Deleuze and Félix Guattari, *Anti-Oedipus: Capitalism and Schizophrenia*. Minneapolis, MN: University of Minnesota Press, 2000, p. 230.

[3] Ibid, pp. 239 - 240.

勒兹和瓜塔里站在这条战线上,把马克思推向了毁灭一切价值的极端路线,包括作为资本主义核心功能的"价值"。这是一种把生产当作欲望生产的形而上学,它可以追溯和超越资本主义的生产力量。

让-弗朗索瓦·利奥塔(Jean-Francois Lyotard)在回答德勒兹和加塔利的问题时认为,德勒兹和加塔利还走得不够远,他们对欲望的赞扬仍然认为欲望形成了某种资本主义寄生的外部力量,而且可以把它作为一种替代选择。相反,利奥塔的《力比多经济学》(1974)坚持认为只有一种力比多经济学,即资本主义本身的力比多经济学。我们无法找到一种"无辜的"分裂性欲望,而只能找到资本主义的合作欲望。因而在策略上,利奥塔否认左派政治行动,主张工人在疯狂破坏他们的身体中体验到欢爽和快感。

与德勒兹和加塔利将马克思的生产改造成欲望的力量形成鲜明对比的是,利奥塔仍然停留在表面上。他的理论是一种关于信贷和投机的形而上学,其中价值产生于不断变化的贸易和交换关系,这种关系的加速超越了实际生产的限制。在利奥塔看来,资本主义的这种适应能力是"交换价值不可触及的公理"[①]的结果,它使生产和消费任何东西成为可能。这就解释了利奥塔对重商主义学说的怪异推崇,正如17和18世纪法国所阐明的那样,这是一种旨在控制对外贸易以确保贸易顺差的经济学说。在利奥塔那里,揭示资本主义的欲望和对货币的痴迷一样强烈。

让·鲍德里亚(Jean Baudrillard)的《象征性交换与死亡》(1976)批评了利奥塔、德勒兹和加塔利对欲望和力比多的眷恋。鲍德里亚在死亡中发现了一种"象征性的"挑战,这种挑战通过回归前资本主义时代的"礼物"(莫斯)而消灭价值,从而认为"礼物"与逆转资本主义的力量有关。鲍德里亚认为,这种原始社会人们之间相互赠送"礼物"的方式是一种能够超越资本主义生产的象征交换,从而试图以"礼物"的文化性质来超越资本主义的经济和物质生产。鲍德里亚对他们以生产的形而上学为基础的主张的批评似乎在表面上

---

① Jean-Francois Lyotard, "Energumen Capitalism," in Armen Avanessian and Robin Mackay eds., #*Accelerate: The Accelerationist Reader*, Falmouth: Urbanomic, 2014, p. 188.

远离了加速主义,这一点更是可以在 1973 年的《生产之镜》中所说的"生产力的肆无忌惮的浪漫主义"①那里看到。对于鲍德里亚来说,不是欲望的加速流动,而是系统灾难性的扩散导致内爆。鲍德里亚在否定欲望的加速主义路线上转向了灾难性的、破坏性的加速主义。鲍德里亚的加速主义是一种通货膨胀的形而上学,以象征交换替代了货币的交换。面对鲍德里亚的责难,利奥塔回应道:"资本主义交换的力比多强度与所谓的'象征性'交换的力比多强度相同。"②利奥塔认为鲍德里亚的象征交换是非法的,因为资本主义可以吸收并寄生于任何象征交换。

总体而言,德勒兹、瓜塔里、利奥塔和鲍德里亚的这些著作构成了本雅明·诺伊斯所说的"令人眼花缭乱的理论螺旋"③。作为早期加速主义的主要代表,他们分别抓住欲望、力比多和象征交换以建构自己的理论基点。他们相互之间进行理论上的指责,并基于自己的立场来寻求出路。早期法国加速主义试图建构自己的元理论,并打开对资本主义批判的可能性空间。遗憾的是,当他们在选择自己的理论基点时,没有上升到科学抽象的高度。因为对于马克思而言,在资本主义社会中,"商品"概念是一种科学抽象的范畴,体现了资本主义的基本矛盾。当他们在商品之外来寻找新的立足点,并在资本主义总体过程中就生产、信贷和通胀来展开时,都从不同的方面或多或少溢出了马克思主义。

在沉寂了近二十年之后,在海峡的另一端,加速主义在英国重现了最初的愿景。20 世纪 90 年代,英国学者尼克·兰德(Nick Land)以技术未来主义和后人类的形式表达了新的加速主义。1995 年,以兰德为代表的理论家将华威大学作为大本营建立了"控制论文化研究所"(Cybernetic Culture Research

---

① Jean Baudrillard, *The Mirror of Production*, Mark Poster tran, New York: Telos Press, 1975, p. 17.

② Jean-François Lyotard, *Libidinal Economy*, Iain Hamilton Grant tran, London: Athlone, 1993, p. 214.

③ Benjamin Noys, *Malign Velocities: Accelerationism and Capitalism*, Winchester: Zero Books, 2014, p. 5.

Unit，CCRU)，以宣传其主张。不同于法国传统左派对资本主义的批判，以兰德为代表的理论家迅速使加速主义右翼化。面对撒切尔和里根领导下的新自由主义意识形态在世界范围内的大行其道，兰德并非主张传统左派批判并推翻资本主义，相反，他庆祝资本主义的速度、非人道和破坏性的暴力。兰德的真正意图在于，彻底释放资本主义开辟和占有新市场的力量，并将资本主义一路引导到系统崩溃的地步。出于新自由主义意识形态全面胜利的原因，兰德认为，"政治已经过时了"①。斯蒂芬·夏维罗(Steven Shaviro)也认为，"对摧毁社会领域的进程进行更加肆无忌惮的市场化"②。兰德和夏维罗重申了德勒兹和加塔利的主张，即我们必须在资本主义的逻辑和结构中加速前进，而抛弃了其反抗性斗争策略。在这一条加速主义路线上，反资本主义与资本本身之间的区分被抛弃，使得兰德的理论与撒切尔和里根等新自由主义者的实践在政治上无法区分，从而使得加速主义变成新自由主义的同谋。兰德的右翼加速主义极大地影响了美国的右翼保守势力。

又在近二十年后，尼克·斯尔尼塞克(Nick Srnicek)与英国的亚历克斯·威廉姆斯(Alex Williams)在北美发表了《加速主义政治宣言》("Manifesto for an Accelerationist Politics")，引发了广泛的国际争论，真正使加速主义成为当前左翼政治一个重要的理论问题而被抛出来。这一争论的成果就呈现在由阿尔曼·阿瓦内森(Armen Avanessian)和罗宾·麦凯(Robin Mackay)编辑的《加速：加速主义读本》③中。威廉姆斯和斯尔尼塞克扭转了兰德的主张以使加速主义左翼化。在威廉姆斯和斯尔尼塞克看来："相对于不断加速的灾难，今天的政治的难题在于，我们无法形成新观念和新组织，去变革我们的社会，去面对和解决即将来临的灾难。当危机日益增加，逐渐加速的时候，政

---

① Nick Land, "Circuitries," in Armen Avanessian and Robin Mackay eds., ♯Accelerate: The Accelerationist Reader, Falmouth：Urbanomic, 2014, p. 274.

② Steven Shaviro, No Speed Limit: Three Essays on Accelerationism. Minneapolis, MN：University of Minnesota Press, 2015, pp. 15 - 16.

③ 参见 Armen Avanessian and Robin Mackay eds., ♯Accelerate: The Accelerationist Reader. Falmouth：Urbanomic, 2014。

治却逐渐萎缩退却。政治想象力日渐贫乏,未来已经化为泡影。"①威廉姆斯和斯尔尼塞克认为,左派的传统策略已经失效,并未能适应新自由主义的资本主义为日益复杂的统治地位而实行的斗争策略。同样,在阿瓦内森和麦凯特看来,我们今天所看到的是一种被掏空的左派。鉴于资本主义关系下生活的实质吸纳,左派"被令人满意的个人仪式及其脆弱而短暂的集体形式的反动痴迷"②所困扰。威廉姆斯和斯尔尼塞克主张,我们需要的是摆脱民间政治的地方主义,构建一种能够再次打开未来的普遍主义和全球主义政治。在这一意义上,加速主义不应抵制或摧毁现有的资本主义结构,而应是将其作为迈向后资本主义的跳板。

在具体措施和策略上,威廉姆斯和斯尔尼塞克提出了三点具体的目标。第一个目标是理论上的,建立起一种左翼加速主义的知识基础设施,一种新的意识形态和政治经济模型。第二个目标是建立大范围的媒体改革(同时包括新媒体和传统媒体)。第三个目标是重组阶级权力,建构一种新的无产阶级身份。为了实现这些目标,左翼加速主义必须在实践上建立有效的政治基础。他们再次重申,左翼加速主义的出现是因为新自由主义的资本主义已经阻碍了技术的发展。

总的来看,可以从历史和逻辑两个层面来审理加速主义的历史发展谱系与理论变迁。从历史的层面来看,加速主义有一个从法国、英国到北美的明显的转移过程,这种转移的效应就是使其不断走向全球。这一过程表明三个不同时期的加速主义是分别在回应 1968 年法国"五月风暴"失败、撒切尔和里根 80、90 年代开启的新自由主义以及 2008 年全球金融危机之中成长起来的。就左派而言,加速主义作为一种理论主张与政治策略,是在资本主义的全球扩张与左派无力采取有效的政治措施对资本主义进行反抗之间反复摇摆,从而采取的理论上的突围,并试图制造现实的激进政治效应。从逻辑层面来

---

① Alex Williams and Nick Srnicek, "♯ Accelerate: Manifesto for an Accelerationist Politics", in *Ibid*, p. 349.

② Armen Avanessian and Robin Mackay, "Introduction", in *Ibid*, p. 6.

看,加速主义从以"欲望生产"为代表的法国后结构主义到当前重构启蒙理性的"新理性主义"的转变,体现了加速主义在历史认识论的层次上从话语建构主义走向思辨的理性主义。从更大的范围来看,加速主义体现了现代性从"创造性破坏""破坏性创造"到"破坏性破坏"的自我否定和不断散裂的过程,而这一过程伴随的是资本主义发展到新的制高点带来的复杂后果。

二、主体逻辑与客体逻辑的辩证法:
加速主义的理论内涵及其缺陷

作为一种思潮,加速主义自诞生起,在不断变迁和发展过程中就包含着对立和争议。左翼加速主义和右翼加速主义代表了加速主义思潮的两种主义倾向,尽管在这两种倾向之中还有诸多具体的差异。右翼加速主义以尼克·兰德为代表,他的思想启发了美国的新保守主义运动:该运动拥护现代技术,但认为技术和社会的领导权应由专制集权的机构和少数技术人员掌握。左翼加速主义以尼克·斯尔尼塞克与亚历克斯·威廉姆斯为代表,他们认为资本主义在"解域化"的同时,也用新自由主义的框架重新限制了生产力,因此需要重新改造现有的经济基础,以引导技术发展的方向。无论是右翼加速主义还是左翼加速主义,对于资本主义来说,两者的共识在于,现代性与资本主义不相容。因此,左翼和右翼在走向哪一个的问题上存在分歧。左翼加速主义支持现代性以反对资本主义的规划,而右翼加速主义被动地支持资本主义不可避免地战胜现代性。左翼加速主义认为资本主义是一种不断变化的、可塑性的障碍,抑制了更深层次的解放动力,而右翼加速主义认为加速解放的力量只不过是资本主义本身,通过资本主义本身将实现解放。

右翼加速主义之所以与新反动汇合,是因为它将解域化的力量与资本主义本身联系在一起。古典法西斯主义以技术资本主义为手段来达到反现代主义的目的,而新反动主义即右翼加速主义则以反现代主义为手段来达到技术资本主义的目的。相较之下,右翼加速主义牺牲了解放资本主义异化的力量。左翼加速主义认为,解域化的力量不是资本主义本身,从封建主义到资本主义的转变是一种解放动力的表现,但资本主义的再辖域化的动力已被压制。

加速主义本身的问题比左与右之间的分歧带来的争议更大。而焦点问题在于,从资本主义过渡到后资本主义并非彻底的中断或是从旧秩序内在崩溃中出现的新秩序,而是需要抵制资本主义的分裂,创造必要的政治基础设施,以加速实现资本主义的最大潜力,最终加速自动过渡到后资本主义。

由此看来,加速主义从诸多方面超越了马克思主义的立场、观点和方法。加速主义所引发的问题的讨论远比加速主义本身的理论贡献深刻,因此,这值得我们从马克思主义的角度去认真回应和厘清。从历史唯物主义的方法论出发,特别是历史辩证法的主体逻辑(阶级斗争)和客体逻辑(生产力和生产关系的内在矛盾运动)之间的辩证关系出发,有助于我们认真澄清加速主义的理论内涵及其缺陷。

首先,历史辩证法的客体逻辑向度。加速主义呼吁提高技术生产力、释放潜在生产力、加速技术进化进程,以作为迈向后资本主义的跳板。在威廉姆斯和斯尔尼塞克看来,"和尼克·兰德一样,马克思也是最典型的加速主义思想家……承认资本主义仍然是世界上迄今为止最先进的经济体制。资本主义的增长是不能逆转的,而只能通过加速超越资本主义价值形式的限制"[1]。同时,他们还引用了列宁 1918 年的《论"左派"幼稚性和小资产阶级性》来进行论证。他们指出,列宁认为达到社会主义的前提必须建立在以现代科学基础之上的资本主义技术,以及有计划的国家组织。

在马克思的历史唯物主义看来,物质生产是整个人类历史发展的基础,生产力的水平决定着人类社会历史的发展状况。就这一方面而言,马克思在《共产党宣言》中承认,"资产阶级在它的不到一百年的阶级统治中所创造的生产力,比过去一切世代创造的全部生产力还要多,还要大"[2]。加速主义正

---

[1] Alex Williams and Nick Srnicek, "♯Accelerate: Manifesto for an Accelerationist Politics", Ibid, p. 353.

[2] 《马克思恩格斯文集》第 2 卷,北京:人民出版社,2009 年,第 36 页。

确地看到了作为生产力表现形式之一的科学技术的作用和地位,并且认识到如列宁所认为的那样,社会主义必须建立在生产力的极大发展之上。马克思也认为,在资本主义制度之下,生产力最终会冲破生产关系的束缚,这是不可逆转的历史趋势。在这一点上,可以说,加速主义坚持了最基本的马克思主义立场。但是,加速主义在以下三个方面有重大的缺陷。

第一,加速主义在资本主义发展的生产力问题上陷入"建构主义"误区。在马克思、恩格斯看来,生产力的客观发展是不以人的意志为转移的。在《德意志意识形态》中,马克思、恩格斯在阐述他们新的历史观时认为,"历史的每一个阶段都遇到一定的物质结果,一定的生产力总和,人对自然以及个人之见历史地形成的关系,都遇到前一代传给后一代的大量生产力、资金和环境,尽管一方面这些生产力、资金和环境为新的一代所改变,但另一方面,它们也预先规定新的一代本身的生活条件,使它得到一定的发展和具有特殊的性质"①。生产力的发展受到历史发展水平的限制。即使是人类的主观能动性也是受到历史和社会发展进程的制约。无论是左翼还是右翼加速主义,他们最核心的主张就是试图挖掘资本主义既有的潜力以加速资本主义的发展,从而过渡到后资本主义社会。在这一点上,加速主义犯了"建构主义"的错误,即可以故意加快和管理整个社会历史的发展进程,从而走向任意选择的目的。加速主义在尊重马克思基本的唯物主义立场的同时又时刻试图超越这一立场。我们认为,通过科学技术提高生产力以促进资本主义的发展,加速主义只能够加快资本主义暂时的(以技术为基底)发展速度,但无法实现历史的(推动历史进步)发展速度。

第二,加速主义并未试图变革资本主义生产关系。在马克思、恩格斯看来,生产关系是由生产力的状况决定的,生产力的发展水平最终会突破生产关系的桎梏。在马克思、恩格斯看来,"资产阶级用什么办法来克服这种危机呢? 一方面不得不消灭大量生产力,另一方面夺取新的市场,更加彻底地利

---

① 《马克思恩格斯文集》第 1 卷,北京:人民出版社,2009 年,第 545 页。

用旧的市场"。① 在这一点上,加速主义似乎意图在进化论的意义上自动进入后资本主义社会,从而忽视了资本主义生产关系的统治力量。加速主义低估了资本主义将科学、技术的力量纳入自己的统治之下的潜力。看一看今天的资本主义,即使生产力有了极大发展,资本主义的统治似乎也越来越深入、越来越隐蔽。资本主义在消费社会、空间生产、生命政治、意识形态、世界体系等方面无一不表明了其统治力。资本主义生产关系的再生产总是不断突破自身的界限,并扩大自身的界限。因此,如果不通过暴力手段,是不可能推翻资本主义的。加速主义试图加速资本主义的发展以达到后资本主义社会无疑是一种幻想。

第三,加速主义并非加速资本主义发展的内在矛盾。马克思的历史唯物主义和历史辩证法主张从资本主义发展的内在矛盾出发去剖析资本主义的发展状况。加速主义所要加速的根本不是资本主义发展的内在矛盾,而是加速资本主义社会的生产力,其中以科学技术为主要代表。加速主义肯定生产力发展对社会变革的作用,但忽视了生产力实际发展的历史和政治过程。换言之,加速主义对马克思作了非政治化的解读,即加速主义忽视了资本主义生产关系的作用,尤其忽视了生产力和生产关系的内在矛盾运动。究其根源在于加速主义基于当代资本主义的实际发展条件,以马克思《政治经济学批判大纲》中"机器论片段"为依据,寻找向后资本主义过去的路径,从而为他们的加速主义作论证。他们对"机器论片段"的误解,将会在本文的第三部分进行分析。对于马克思主义,加速主义带来的最有用的思考就在于,马克思主义并非简单地支持或反对加速,而是需要研究资本主义发展速度本身的障碍,因为这是矛盾发展的动力。

其次,历史辩证法的主体逻辑向度。当代加速主义在主体逻辑方面有两个缺失。其一是加速主义放弃了阶级斗争;其二是加速主义回避了主体的形成。马克思、恩格斯在《共产党宣言》的开篇就旗帜鲜明地提出,"至今一切社

---

① 《马克思恩格斯文集》第2卷,北京:人民出版社,2009年,第37页。

会的历史都是阶级斗争的历史"。① 资本主义社会取代封建主义社会,是历史的进步。在这一意义上,马克思、恩格斯才肯定了资本主义所创造出来的巨大生产力对于整个人类历史发展的进步意义。但是资本主义社会并没有消灭封建社会的阶级对立,而是用新的阶级、压迫条件和斗争形式取代了旧的形式。同样,马克思在《政治经济学批判》(第一册)中也指出,"资产阶级的生产关系是社会生产过程的最后一个对抗形式"。② 因此,必须强调对马克思的政治性阅读,尤其是对于加速主义特别关注的《政治经济学批判大纲》。正是在这一意义上,加速主义试图仅仅通过加速资本主义的发展潜力、释放资本主义的生产力,从而过渡到新的社会,这是不可能的。如果是这样的话,那么这个新的社会也只是资本主义社会的另一个阶段,其根本矛盾依然存在,阶级斗争的关系仍旧存在。加速主义将政治归结为技术官僚和行政设计以及社会领域的秩序问题,从而使政治从中抽离了出来。

正是由于加速主义拒绝阶级斗争和资本的对抗,因而在主体问题上要么保持沉默,要么是有缺陷。尽管威廉姆斯和斯尔尼塞克在《加速主义政治宣言》中呼吁"重构各种各样的阶级权力形式"③,同时将全球的无产阶级联合起来,这一点已经算是加速主义在主体问题上所作的最大努力了。但是也需要认识到,威廉姆斯和斯尼塞克的意图只是占领观念领域与物质平台上的社会技术领导权,而非以社会革命的形式推翻资本主义。因为他们只是主张解放资本主义的生产力,并同时通过合法的形式不断取得对一切的领导权,从而过渡到后资本主义社会。安东尼奥·奈格里在对《加速主义政治宣言》的评论中也认识到:"正如我在《宣言》中所指出的,与技术标准相比,对生产的合作方面(特别是主体性方面的生产)估计不足。"④与加速主义相比,以奈

---

① 《马克思恩格斯文集》第 2 卷,北京:人民出版社,2009 年,第 31 页。
② 《马克思恩格斯全集》第 31 卷,北京:人民出版社,1998 年,第 413 页。
③ Alex Williams and Nick Srnicek, "♯Accelerate: Manifesto for an Accelerationist Politics", in Armen Avanessian and Robin Mackay eds., ♯Accelerate: The Accelerationist Reader, Falmouth: Urbanomic, 2014, p. 360.
④ Antoni Negri, "Reflections on the Manifesto," in Ibid, p. 375.

格里为代表的意大利自治主义马克思主义则走向了以主体逻辑出发联合大众的另外一极。超越资本主义是一项政治规划，而不是加速主义所说的设计未来或占有技术能力方面的一种后政治活动。在资本主义社会中，只能通过无产阶级联合起来以阶级斗争的暴力形式才能有推翻资本主义的可能。

　　最后，主体逻辑与客体逻辑之间的辩证关系向度。马克思、恩格斯毕生的工作就是为推翻资本主义寻求科学的论证，他们始终基于生产力和生产关系之间的内在矛盾运动，从而寻找革命的可能性。单纯从主体逻辑出发或者从客体逻辑出发试图推翻资本主义的行为都是非法的。在马克思、恩格斯看来，客体逻辑是主体逻辑的前提和基础，无视客体逻辑或者没有科学地诊断客体逻辑，革命都将不会得到保证。主体逻辑是革命成功的必要保障，因为即使是客观的革命现实成熟了，如果没有主体的行动，那么革命同样不会成功。马克思、恩格斯的历史唯物主义和政治经济学批判，不仅试图为理解整个人类历史提供科学的指导，同时更重要的在于科学地诊断资本主义发展的内在规律和矛盾，从而为无产阶级革命提供理论上的指导。加速主义并没有科学地诊断资本主义的内在矛盾及其危机，而是基于资本主义新的时代条件的变化，试图超越马克思。这也就不难理解他们为什么从马克思的《政治经济学批判大纲》寻求理论指导，尤其是将其中的"机器论片段"奉为圭臬，从而建构其理论基础。

三、加速主义的"圣经式"文本：
"机器论片段"的价值、局限及其超越

　　20 世纪 60—70 年代以来，马克思的《政治经济学批判大纲》(《1857—1858 年经济学手稿》)在西方学界逐渐引发广泛关注。其中，以意大利自治主义马克思主义安东尼奥・奈格里(Antonio Negri)、保罗・维尔诺(Paolo Virno)、卡洛・韦塞隆(Carlo Vercellone)等人对《政治经济学批判大纲》的阐发备受关注，并产生了极为重要的影响。其中，"机器论片段"("固定资本和社会生产力的发展")更是被他们奉为"圣经式的文本"①,由此引发了广泛的思想效应。无独有偶,当代加速主义也同样将这一文本作为思想源泉。阿尔曼·阿瓦内森和罗宾·麦凯在《加速主义读本》的"导论"中认为,"卡尔·马克思的《政治经济学批判大纲》中的'机器论片段'也许是他最为公开的加速主义著作"。② 因此,认真审视加速主义对"机器论片段"的解读有助于澄清他们的思想来源。同时,准确定位"机器论片段"在马克思思想发展过程中的地位也有助于厘清其价值及其局限,并使我们能够更好地判断加速主义的缺陷。

那么,当代加速主义从马克思《政治经济学批判大纲》的"机器论片段"吸收了什么资源呢?

首先,自动化机器体系的出现,生产力得到极大发展,使得工人的直接劳动时间减少。威廉姆斯和斯尔尼塞克在《加速主义政治宣言》中认为,"生产过程——包括'智力劳动'——逐渐变得自动化,而这恰恰是世界资本主义危机的证据"③。加速主义认为,自动化机器体系的全面出现和应用,生产过程变得越来越自动化,使得生产力得到了极大的发展,工人的直接劳动时间逐渐减少,从而能够从生产过程中得到解放。当前资本主义更多的是限制了科学技术的发展潜力,因此主张加速就能够释放资本主义的潜力,从而过渡到后资本主义社会。威廉姆斯和斯尔尼塞克在《创造未来:后资本主义与无工作的世界》中则将"全自动化"和"工作时间的减少"④等作为后资本主义的基本特征。威廉姆斯和斯尔尼塞克进而认为,左派利用资本主义发展起来的科学技术,同时夺取物质平台的领导权,从而就有可能通向后资本主义社会。

---

① Franco Piperno, "Technological Innovation and Sentimental Education", in Paolo Virno, Michael Hardt eds., *Radical Thought in Italy: A Potential Politics*, Minneapolis: University of Minnesota Press, 1996, p. 123.

② Armen Avanessian and Robin Mackay, "Introduction", in Armen Avanessian and Robin Mackay eds., *#Accelerate: The Accelerationist Reader*, Falmouth: Urbanomic, 2014, p. 6.

③ Alex Williams and Nick Srnicek, "#Accelerate: Manifesto for an Accelerationist Politics", in *Ibid*, p. 349.

④ Alex Williams and Nick Srnicek, "Post-Work Imaginaries", in *Inventing Future: Postcapitalism and a World Without Work*, London: Verso, 2015.

其次,"一般智力"的形成表明科学技术作为固定资本在资本主义生产过程中的作用。根据马克思所说,"固定资本的发展表明,一般社会知识,已经在多么大的程度上变成了直接的生产力,从而社会生活过程的条件本身在多么大的程度上受到一般智力的控制并按照这种智力得到改造。它表明,社会生产力已经在多么大的程度上,不仅以知识的形式,而且作为社会实践的直接器官,作为实际生活过程的直接器官被生产出来"。[①] 在加速主义看来,马克思主义的加速主义似乎不仅仅是关于资本的灾难性加速(如保罗·维利里奥、让·鲍德里亚、尼克·兰德),而是关于作为技术和知识的固定资本的认识加速和重新占有。信息、情感、认知等"非物质劳动"逐渐取代以前的物质手段,从而越出直接的劳动过程和生产过程。因此,在这一意义上,加速主义认为,在资本主义从福特制转向后福特制的过程中,作为"非物质劳动"的"一般智力"的生产力是巨大的。但是现有的资本主义体制却限制了这样的生产力,所以加速其发展,并不断占有这种生产力,是当前以及未来的主要任务。

最后,加速主义认为,交换价值生产制度的崩溃是通往后资本主义的前提。在《政治经济学批判大纲》中,马克思有一个重要的判断:"一旦直接行使的劳动不再是财富的巨大源泉,劳动时间就不再是,而且必然不再是财富的尺度,因而交换价值也不再是使用价值的尺度……于是,以交换价值为基础的生产便会崩溃。"[②]在加速主义看来,得益于资本主义的快速发展,工人在直接劳动过程中的地位越来越边缘,取而代之的是机器在其中占有重要地位。加速主义认为,资本总是试图将劳动时间降到最低,但又以劳动时间来衡量价值,最终的结果便是以交换价值为基础的生产制度崩溃,资本主义便会走向一个全新的社会。由此,加速主义认为,当前需要做的就是激发科学技术的潜力,释放资本主义的最大生产力,从而使资本主义不可避免地加速走向这一过程,而不是去阻止它,这样就可以尽快走向后资本主义。

---

① 《马克思恩格斯全集》第31卷,北京:人民出版社,1998年,第102页。

② 《马克思恩格斯全集》第31卷,北京:人民出版社,1998年,第101页。

　　总的来看,加速主义试图基于战后资本主义的繁荣,特别是从福特制向后福特制转变的过程带来的资本主义生产条件的变化,从而为其理论寻找新的依据。马克思的《政治经济学批判大纲》,特别是其中的"机器论片段"恰好为他们做了理论上的论证。那么,如何看待加速主义对马克思"机器论片段"的解读? 弄清楚这一问题将会有助于我们恰当地评判加速主义的立场。

　　第一,自动化机器体系的使用带来的劳动解放问题。加速主义认为,随着资本主义自动化体系生产的逐渐形成,工人的劳动时间将会减少,从而逐渐从劳动过程中解放出来。加速主义这一论断太过理想化了。自动化机器体系的使用标志着资本主义生产的最完整形式,但在资本主义雇佣劳动的形式下,工人并不会因为直接劳动时间的减少而从中解放出来。相反,劳动过程现在不是由活劳动所主导,而是由机器的死劳动所主导。马克思严厉批判了那种认为机器的使用使工人的劳动减轻了或者时间减少了,认为这种说法是"极其荒谬的资产阶级滥调"①。在资本主义生产关系下,追求剩余价值的最大化是使用机器的最重要的目的。机器体系的使用标志着工人对资本的全面服从。因此,除非变革资本主义生产关系,否则工人不能从中解放出来。加速主义仅仅看到使用机器带来的直接经验,而忽视了背后更为关键的资本主义生产关系。

　　第二,"一般智力"的性质问题。加速主义正确地看到了,随着资本主义的高度发展,劳动过程和生产过程已经不仅仅局限于工厂和工人的直接体力劳动,而是以"一般智力"的形式逐渐超越传统的劳动过程和生产过程,发挥着更大的作用,并以信息、情感、认知等形式创造出更大的生产力。加速主义的缺陷在于,没有认识到这一过程仍旧处于资本的统治之下。在由形式吸纳转为实质吸纳的过程中,资本仍牢牢地控制着工人的一般智力。同样,认为劳动价值的衡量出现危机的理论家们完全没有充分认识到马克思的劳动二重性理论。虽然"一般智力"作为直接劳动形式与以往的劳动形式有着较大的区别,但是其本质仍是抽象劳动的形式,其价值仍以社会必要劳动时间来

---

　　① 《马克思恩格斯全集》第31卷,北京:人民出版社,1998年,第96页。

加以衡量。

第三,劳动价值论问题。加速主义做出马克思劳动价值理论的崩溃的判断,有两个方面的原因。其一是加速主义基于资本主义时代的变化,认为一般智力与直接劳动已经分离。其二是马克思本人在"机器论片段"中对劳动二重性和劳动价值论的认识存在缺陷。马克思此时的推断更多的是基于直接生产过程作出的,因为他实质上也更多看到了大工业的快速发展对直接劳动的冲击,而忽视了背后更为复杂的运行机制,其根源仍在于抽象劳动。在后来的《资本论》中,马克思对这一问题进行了科学的分析,"生产力的变化本身丝毫也不会影响表现为价值的劳动。既然生产力属于劳动的具体有用形式,它自然不再能同抽去了具体有用形式的劳动有关"。[①] 作为"非物质劳动"的一般智力并没有因为与直接劳动分离而摆脱生产关系,而是一直处于资本的支配之下。马克思在这里以劳动时间来衡量价值也存在着缺陷,因为他根据固定资本的发展程度来进行划分,而没有建立起成熟的相对剩余价值理论。这一系列缺陷在《资本论》中得到了完整的克服。

第四,过渡到后资本主义的问题。加速主义在这一问题上显然存在着重大问题。加速主义抓住"一般智力"带来的巨大生产力,强调科学技术的重要作用,从而彻底释放资本主义的发展潜力,以此来使得以交换价值为基础的劳动价值论失效,同时呼吁左派抢占资本主义的成果,从而完成资本主义的自我变革。与加速主义相反,意大利自治主义抓住"机器论片段"还试图为作为"大众"的主体作论证,并以此来推翻资本主义。加速主义显然自动放弃了暴力斗争,对未来抱有过度理想化的色彩。资本主义生产关系不会自动克服,正如马克思后来在《资本论》中的"原始积累"章[②]所论述的那样,资产阶级是通过暴力手段来推翻封建主义生产关系的。

加速主义试图加速资本主义发展的潜力以变革当前的资本主义,显然忽视了罗莎·卢森堡所言的资本主义和非资本主义之间的交换问题。由卢森

---

① 《马克思恩格斯全集》第44卷,北京:人民出版社,2001年,第60页。

② 《马克思恩格斯全集》第44卷,北京:人民出版社,2001年,第820—875页。

堡这一路线演化而来的依附论和世界体系论的"中心"与"边缘"结构表明了资本主义在全球范围内的不平衡扩张,这一不平衡问题正如冈德·弗兰克所言是资本主义积累的普遍后果①。加速主义对全球范围内的不平衡这一问题显然无法解答,因此意图加速超越资本主义则显得过于简单化。更重要的在于,加速主义力图在资本主义框架之下来突破生产关系是一种幻想,因为资本主义总是会不断扩大自己的界限,实现生产关系的再生产,究其根源则是马克思指出的资本主义的界限即资本本身。

在马克思整体思想发展史上,"机器论片段"以及《政治经济学批判大纲》占有至关重要的地位。重要的贡献在于,它基于生产力和生产关系的内在矛盾运动,超越了分工逻辑,同时又在大工业的基础之上把握了资本和科学之间的关系,以阐明资本主义的客观运行机制。当然,马克思在这一时期的缺陷在于,他还没能够充分理解劳动二重性理论,对相对剩余价值的理解也还不够成熟。② 不过,我们也并不能绝对放大马克思在这一时期的理解缺陷,因为他实际上力图从生产力和生产关系的辩证矛盾过程之中来深刻把握资本主义的运行规律,从而为寻求无产阶级革命提供客观依据。相比于马克思前期的著作,《大纲》的整体贡献已经是大大地向前推进了,这是不能够抹杀的。同时也应该看到,《大纲》离《资本论》中成熟的政治经济学批判还有一定的距离,因此也不能过分抬高《大纲》,而是应当看到《资本论》的地位。基于马克思整体思想发展变迁,以历史唯物主义和历史辩证法的眼光才能科学地把握《大纲》以及"机器论片段"的价值和缺陷。加速主义只看到马克思的《大纲》,而忽视了《资本论》,这本身就是片面的,在理论上是不够全面和充分的。因此,加速主义仅仅立足于《大纲》,特别是"机器论片段"建构其理论,其缺陷是需要我们注意的。

加速主义对"机器论片段"的重视实则言明了马克思主义在当代资本主

---

① 参看安德烈·冈德·弗兰克:《依附性积累与不发达》,高铦、高戈译,南京:译林出版社,1999年。

② 孙乐强教授对这一问题作了深刻的分析,参看孙乐强,《超越"机器论片段":〈资本论〉哲学意义的再审视》,《学术月刊》,2017年第5期。

义发展的一个重要问题。马克思旨在从生产力和生产关系、经济基础和上层建筑的辩证矛盾运动中来科学分析资本主义的发展规律。加速主义坚持了马克思的唯物主义立场，但又不断超越这一立场，并作了唯心主义的发挥。加速主义虽然在元理论创新、批判资本主义以及未来的行动策略方面有诸多缺陷，但它正确地捕捉到了当代资本主义的发展变化。资本主义的当代发展给马克思主义带来的挑战在于，原本作为生产关系和上层建筑的东西逐渐渗透进了生产力和经济基础，并发挥着重要作用。这就产生了对马克思的生产力和生产关系、经济基础和上层建筑在当代的辩证的新理解。这也是自早期西方马克思主义以及法兰克福学派以来将意识形态批判、文化批判等作为资本主义批判的重要方向的原因。尽管如此，马克思的政治经济学批判仍是穿透当代资本主义的最有效方法。这就是当代的加速主义带给我们的思考和启示。

（原载《外国理论动态》2019 年第 11 期）

作者简介：雷禹，南京大学哲学系 2014 级马克思主义哲学专业硕士研究生（导师蓝江）、2017 级马克思主义理论专业博士研究生（导师蓝江），分别于 2018 年 1 月至 2018 年 4 月、2018 年 9 月至 2018 年 12 月通过南京大学国外短期访学资助项目赴美国宾夕法尼亚州立大学、加州大学伯克利分校访学交流。

福柯的身体哲学探究

宋青青

摘　要：身体是以往哲学研究被忽视的一端，但从尼采开始身体维度重新走进人们的视野，其后梅洛-庞蒂的身体现象学将身体-主体置于哲学研究的中心，福柯的身体研究正是在尼采谱系学和身体现象学空间维度之间被呈现。本文认为，福柯的身体研究是在拒绝寻求身体"起源(Ursprung)"的意义但在寻找身体"出身(Herkunft)的意义"中发现身体。具体而言，福柯身体的研究中，在被动性的身体中，微观层面上是被权力规训下的身体，关系的是人体的解剖政治，宏观层面上是国家进一步对人口的调整控制，是一种"人口的生命政治"，二者一起指向知识-权力。在主动性的身体中，身体是乌托邦的第一个行动者，我们生活其中但又与之对抗，需要承认其异质性，并使其异质的特点发挥作用，在此被时间维度消解的异质的空间被重新关注。因此，福柯使用了谱系学的方法，但他拒绝一个全然主动、自我生成的身体，身体现象学所打开的身体的空间化同样是福柯身体研究的重要背景，二者并非毫无联系。福柯身体研究因此给了对哲学学术脉络的一个更立体的认识。

关键词：福柯；身体；权力；空间

一、身体哲学的遮蔽与发现

从古希腊走出的哲学追问永恒与确定，因此被视作暂时性的身体无足轻重，在柏拉图那里，身体是囚禁灵魂的寓所，是在"练习死亡"的哲学实践中需要被抹除的部分。到了近代笛卡尔的哲学反思里，身体是一个可以随时欺骗自我的对象，不可能成为确定性的点，是在怀疑中首先应该被悬置起来的对象。即便"我思"使主体的存在似乎毫无疑问之后，"我思"的确定性仍然要向上帝寻求保证，身体相对于"我思"来说是无足轻重的，身与心其实无法成为二元的一组对子，最终剩下的只有作为"我思"一端的基点。当人们从精神、意识和心灵的一端不断发问的时候，身体变成了需要被克服的对象，它本身没有被谈论的资格，需要被碎片化为经验和意识才能被提及。在"我思"的传统看来，这些都属于表象世界。但从尼采发出"上帝已死"的后现代宣言的预告开始，价值的世俗化使得人们从对内心道德的要求转向了对外在身体的管理，形而上的空壳里已经放不了永恒的话题，永恒本身也是一种哲学的迷信，破除迷信首先从回到与我们所认识到的自身最贴近的体验开始。"认识你自己"依旧是哲学的永恒命题，但这个命题不再希望造就某种如"理念世界"的永恒之物去解释一切。

身体似乎一直是矛盾的，总是包含两个维度，人们会在灵与肉、物质与意识、自然（nature）与育教（nurture）、生物性与社会性中急切地将身体归到某一端，身体成为心理、社会、生物、医学的交汇处，让人不禁探问，哲学在这其中能够扮演什么样的角色？在活生生被经验到的身体、被社会管理的身体、被现代消费社会所重新塑造的身体等之间，关于身体的哲学思考又怎样被确立？从哲学史上看，尼采开始重新关注身体，打破禁欲主义与道德对身体的抹杀，身体成为权力意志涌动的化身，到了现象学这里，胡塞尔后期为了克服主体间性的问题开始提及身体，梅洛-庞蒂从胡塞尔处获得启发，开始关注身体知觉经验，并将其发展成身体-主体/肉身-主体，将身体摆在了研究的中心位置，但为什么现象学的身体研究角度没有被后来的同时代的法国思想家福柯接受，福柯对身体的关注点究竟发生了哪些转变，福柯的身体研究为什么采用了这样的方式？这成为本文希望回答的核心问题。

福柯究竟是谁？福柯（1926—1984），法国哲学家和"思想系统的历史学家"，曾任法国最有权威的学术体系——法兰西学院的院士。除了这些显赫的声名，福柯也有"声名狼藉"的一面，因为同性恋的身份而饱受争议，也因为这样的身份而使自己成为后世年轻人反抗的一面旗帜、一个符号,象征着少数、不合法的反抗。同时,福柯也被称作"现代的犬儒主义者",他求真的方式在他人眼里很多不免有些极端,其所书写的疯狂史、思想史、监狱史、性经验史等都是以往哲学家视野中并不存在、无关紧要、偏离现实的话题,而福柯的视角却为人们提供了更加独特与丰富的景观。应该注意到的是,福柯本人在求学时期就饱受精神疾病的折磨,当他着力于写作各种精神疾病是如何在历史中被建构的时候,他的写作某种意义上是从自身出发的言说。他的研究,无论是谱系学的方法,还是对知识与权力的反思,都和他的经历有着不可拆解的关系。福柯希望对历史重新考察,审视那些被理性主义传统视为不合法的各种问题,这对于一个越来越需要探究多元价值的时代有着极大意义。因此,福柯是特殊的,他在"认识自己"的格言下,走出自己的生活和哲学之路。借助身体研究这一切面,人们可能找到理解福柯、理解当代哲学的线索之一。

二、福柯的身体哲学在问题域中的凸显

系统性的身体研究具体有两个方向,一是布莱恩·特纳为代表的身体社会学研究,二是理查德·舒斯特曼提出的身体美学(somaesthetics)研究思路,福柯的研究在其中都占据了十分重要的位置。回到身体哲学本身,梅洛-庞蒂为代表的身体现象学对身体有着集中关注。这三者一起构成了福柯身体研究的问题域,身体社会学关注的是身体社会性的维度,而身体美学关注的是身体的审美维度,身体现象学则集中对身体作为主-客体进行了讨论,福柯延续了身体现象学所展开的空间维度。

以身体社会学的视角来看,从社会学对身体的关注到身体社会学的出现,这是逐渐将身体作为社会研究客体的组成部分转化为社会分析的工具的过程。身体被符号化或者成为资本的组成部分,在社会中成为身份被识别。古典时期的斯宾塞的社会达尔文主义对身体的关注就已经初露端倪,而到马克思、涂尔干、韦伯等,再到现当代的戈夫曼、梅洛-庞蒂、福柯、吉登斯、布尔

迪厄等,他们勾画了身体研究的不同维度:身体的自然和社会的对立(马克思);身体与劳动、资本之间的关系,特别是作为文化资本的一部分(布尔迪厄);消费社会中的身体商品化和符号化(鲍德里亚);身体维系着连贯的自我认同(吉登斯);等等。在身体社会学的研究路径上,布莱恩·特纳梳理了身体相关理论的发展,指出了身体社会学研究的方法框架有基础主义和反基础主义两条路径。一方面"从身体出发,将身体理解为活生生的经验,或者是去理解身体现象学,或者是理解生物存在条件如何影响日常生活和宏观的人口组织,或者是理解社会的历史人口统计学如何对人的历史进程产生影响,或者是试图分析有机系统、文化框架和社会进程三者之间的复杂关系。而另一方面则是反过来,把身体概念化为有关社会性质的话语,或者将身体理解为一个象征系统,或者试图理解身体实践是如何成为一个更大的社会结构的隐喻,或者他们将身体理解为社会中知识和权力的某种社会建构,或者将身体看作社会话语的某个效应"。[①] 这些思路成为福柯的身体研究中权力规训的部分和人口治理的部分的理论来源,身体成为历史与社会的一个隐喻。

身体美学的研究思路是从审美的角度考察身体,按舒斯特曼所说,身体美学将身体视作审美欣赏和自我塑造的场所,而对身体在这其中产生的经验等进行批判、改善等研究则是身体美学竭力要实现的。在这其中,身体美学希望考察构成身体关怀或可能改善身体的知识、话语、实践以及身体训练,后者正是福柯所提出的。从本体论层面上看,身体美学有三种类型:在笛卡尔那里,身体是机器,被心灵管理与控制;到了尼采这里,身体本身就生出意志、力量和行动。而梅洛-庞蒂则试图克服身心二元的界限,身体知觉场在与世界的互动中存在,身体在世界中。与此相对应的有三种身体美学:在笛卡尔那里,身体审美的标准来自外在的"我思"和上帝;对于尼采来说,它则来自身体自身的力量的自我塑造;在梅洛-庞蒂这里,身体美学朝向的是内在与外在的

---

① 布莱恩·特纳:《身体问题:社会理论的新近发展》,收入于汪民安、陈永国编《后身体:文化、权力和生命政治学》,吉林:吉林人民出版社,2011年,第21页。

统一。身体现象论则认为身体的塑造或来自外界的规训（福柯），或来自内在
的追求（布尔迪厄），又或是二者的统一（拉康），由此过渡到现代身体与视觉
文化、政治文化和消费社会对身体的规约和自我要求下的审美。福柯对身体
的研究在其中也同样展现了作为审美主体出现的身体，使得欲望、情绪等因
素逐渐成为讨论的范畴。

从中我们可以看到，身体社会学和身体美学的研究更多关注高于身体本
身的目的，前者是社会中的身体，后者是审美下的身体，福柯的身体研究兼具
这两个方面的意义，但回到哲学意义上的身体讨论上，较为典型的身体哲学
讨论体现在现象学对身体的集中讨论上，如杨大春的《从身体现象学到泛身
体哲学》一文就认为身体现象学是最典型的身体哲学，关注的是身体的物性
与灵性两个维度如何结合。从胡塞尔那里就已开始了对身体的现象学发现，
梅洛-庞蒂则进一步发展出自己的"身体现象学"。身体首先是一种物质性存
在，具有广延性，占有空间，除此之外，身体可以有区位化作用，从而建立属己
的空间，在动觉中产生设立的本体感受。身体是导出他我（other ego）的媒介。
同时它是与自我完全无法分离的自然世界部分，可以说是自我的肉身化，自
我从中开始了对他人的躯体的经验，胡塞尔为了回答主体间性的问题，提出
了自我的统觉（apperception）①、配对（pairing）②、移情（empathy）③等作用，从
而使他我的意识被导出，开启一个交互主体的客观领域，身体因此成为共同
客观世界的起点。对梅洛-庞蒂来说，对身体的研究核心是知觉场和身体图式
（body schema）④，知觉场是知觉联合发生作用的场域，梅洛-庞蒂认为人对世
界而言，既不是主体，也不是客体，而是主-客体，对它的研究必须回到知觉这
一原初现象之中。在最初的场中，真正的原初现象正是使碎片式的感觉得以

---

① 指的是由部分而知全体的能力，由在场而知不在场的能力。

② 我的自我意识与我的肉体是配对的；我的肉体与他人的肉体是配对的，可以通过类比来了解
他我。

③ 通过配对性的联想，我能够根据自我的意义去统觉他人的意义。

④ 身体图式，既是生理心理学意义上的"表象联合的中心"，同时也是"在感觉间的世界中对我的
身体姿态的整体意识"。

构成的结构形式。知觉过程的核心特点是其遵循着自身的法则和过程合成知觉整体,这个过程是身体的和大脑没有意识到的自主的、不可避免的活动;同时知觉又具有模糊性和普遍性。知觉的主体,是"己身""身体本身",或者"现象身体","己身"是一个主客体之间的领域,朝向世界存在以整体的形式呈现,它是由任务和情境确定的一个潜在的身体,而不是作为在客观空间里的物体的我实际所处的身体。它处于世界背景之中,在其中没有任何东西被主体化。客体和主体都没有被确定。现象身体因此有别于现实中可感的身体,比如"幻肢"的体验,患者会感受到失去的肢体的疼痛,体现了现象身体与现实身体的不一致。在习惯的作用下,现实身体可能因为某种残疾而发生萎缩,同样,现象身体也可能通过使用工具等进行扩张。在这其中的意向性被称为"环境意向性"(Umwelt intentionalität),这是以个体在环境中的生存状态和需求为导向的,在这个意义上,他把这种意向性称作"与生存一起弯曲的意向性"。个体在与环境打交道的过程中形成了独特的意向弧,在这种意向弧的引导下,个体的行为逐渐形成了身体图式。这个领域是具体而特殊的能动性领域,会逐渐变成背景式的存在,形成知觉场。身体现象学打开了对空间维度的思考,也被福柯所继续探讨。

综上,身体研究集中于探讨这样几个问题。(1)从社会角度而言,身体是如何在社会中被对待的?(2)从审美或者哲学本体论层面的思考而言,身体与主体之间存在着不可割裂的关系,身体如何塑造主体,这个主体究竟是什么意义的主体?(3)从身体哲学研究中我们可以获得什么样的视阈与路径?福柯的身体研究具体回答了这些问题,尽管可能是以一种无意识的方式。

三、福柯对身体的谱系学再发现

福柯对身体的关注首先是在他的方法论中被体现的,他在对尼采的研究中进一步解读了谱系学的意义,并在此基础上呈现了对身体的研究。通过谱系学的视角,福柯独特的身体研究才成为可能。谱系学的方法延续了之前知识考古学方法中对形而上学的拒斥和对历史的非连续性的考察,但更为重要的是引入了对权力的解读。

在《尼采·谱系学·历史学》一文中,福柯写到其发现尼采对 Ursprung (起源)一词有两种用法,第一种是与 Entstehung(出现)、Herkunft(出身)、Abkunft(来源)、Geburt(诞生)等不做区分地使用,而第二种是作为与历史分析相对立的概念使用,如形而上学所寻求的奇迹起源(Wunder-Ursprung)。在《道德谱系学》中尼采考察的偏见的起源使用的是 Herkunft(出身)而非 Ursprung。传统历史学试图为事物的产生寻找形而上学的起源,寻求一个统一的历史形态,看待先前所有事物的视角中都隐含着时间的终结,将先前的事物看作一个个已经完成的发展,将整体历史的发展视作有规律与秩序的进程,而形而上学往往将确定性寄托在上帝的存在之上。而作为与此相对作为观察、分析历史的谱系学方法的主要目标则是要追溯历史对象的血统和出身,标示出对象的组成元素中所包含的各种力量以及它们的相互作用。形而上学历史观注重事物起源的抽象与纯粹,在历史之外为事物的本质寻求依据;而谱系学眼中的历史观否认历史具有任何神圣崇高的起始,更多关心历史的不连续性和偶然性和历史事物的多重交集。福柯从早期的《古典时期疯狂史》一书就开始书写疯癫如何被理性塑造成不合理的历史,疯癫在不同的历史时期被不同地对待,疯人从在人们眼中具有某种神秘与神圣色彩到在禁闭中沉默沦落,疯癫史被认为是理性对非理性压迫的历史。福柯所书写的疯癫、精神病、性经验等话题都不是以往哲学中所关注的问题。疯癫史的研究正是反对历史陈述的单一性、反对寻找根源,否认历史的目的论去寻找造成文明的各种力量冲突,也就是权力间的联系。谱系学强调开端和事故的多样性、扩散性和偶然性,竭力让局部的、不连续的、受歧视的、不合法的知识发挥作用,要求去中心化,反对单一理论机制以某一种声称真实的认识来过滤这些知识。某种程度上来说,它是反科学,希望去掉对历史知识的臣服,从而使历史的知识能反抗话语的秩序并与其斗争。同时代的德勒兹清晰地表达了这样的判断,即"系谱学既意指起源的价值,又意指价值的起源。它既反对绝对价值,又不赞成相对主义或功利主义价值。系谱学意指价值的区分性因素,正是从这些因素中价值获得自身价值。因此,系谱学意味着起源或出身,同时又意味着起源时的差异或距离。它意指起源中的高贵与卑贱、高贵与粗俗、高贵与颓废。高贵与粗俗、高等与低等———这些是真正具有系谱学意义和批判意义的因素。然而,以这种方式理解的批判仍然具有最积极的意义。区分性因素既是对各种价值的价值批判,又是创造的积极因素。"①

正是在"出身"这一概念的认识下,福柯认为身体虽然首先是生理学意义上的有机体,但通过对它进行考察,身体是被诸多体制所塑造的,如工作制度、饮食习惯、道德律法,生活中的一切都在给身体打上烙印。作为人们所以为的最为直接的认识主体和认识客体,身体却其实没有确定性的东西可以作为人们认识的基础,而身体在此也成为历史的一个譬喻和一个象征,身体的生成与变化象征着历史中的不确定性。而系谱学的任务是以身体为出发点,重新审视因历史新陈代谢过程的中断而导致"毁灭身体的过程"的概念、方法、价值、信念等因素。正如福柯写作《性经验史》所声称的那样,他希望写作的是一部有关"真理"的生产的政治历史,而并非性行为的编年史,也不是关于禁制的历史。"起源"的神圣性需要被消解,"出身"被使用为历史出现的端倪。如福柯所说,"起源总是先于堕落。先于身体,先于世界和时间;它与诸神相联系,起源的故事总是如同神的谱系那样被广为传颂。但是,历史的开端是低贱的:这里所说的低贱不是像鸽子的脚步一样,温良恭谨,而是蔑视与反讽,它恰恰是要毁灭一切自负。"②出身首先指向了身体本身,身体本身即开端,也成为福柯历史研究的开端。

四、微观身体:知识与权力解剖学

福柯对身体的谱系学视角的再发现使得身体在历史的隐秘处走向了前台,但"出身"开始的身体被追溯的谱系学的身体并不是尼采意义上具有本原

---

① 德勒兹:《尼采与哲学》,北京:社会科学文献出版社,2001年,第3—53页。
② 福柯:《尼采谱系学》.参见网站 http://www.aisixiang.com/data/17010.html。

和生成能力的身体。尼采权力意志不断生成的身体在福柯这里被套上了锁链。反而权力本身成为历史中力量产生的诸多交汇点,在微观层面上,身体本身成为权力解剖的对象,也在通过知识的运作传播权力。

在《规训与惩罚》中,福柯讨论了历史上刑罚的变迁——作为公共景观的惩罚(酷刑)的消失。"惩罚权力的强制的、肉体性的、隔离的、隐秘的模式取代表象的、戏剧性的、能指的、公开的、集体的模式。惩罚完成了从一种制造无法忍受的感觉的技术到一种暂时剥夺权利的经济机制的转变。"①这个过程中知识开始介入,犯罪人类学以及犯罪学把犯罪纳入科学知识的对象领域,从而给合法惩罚制度提供了一种正当控制权力:"不仅控制犯罪,而且控制个人,不仅控制他们的行为,而且控制他们现在的、将来的、可能的状况。"那么这种集中在身体上的规训是如何形成的?权力是如何运作的?这种规训首先具有的特点是:其一,它已经进入抽象意识的领域,脱离了人们日常感受的范围;其二,它不再是源于可见部分的强烈和残忍程度,本身成为一种必然,虽然人们看不到惩罚的现场,但它本身的存在被确立为必然;其三,受惩罚具有了确定性,从而能够阻止犯罪,也因此,司法不再因与其实践相连的暴力而承担社会责任。它其实将肉体直接卷入某种政治领域,权力关系直接控制肉体,干预、训练肉体、折磨肉体、强迫完成某些任务、表现某些仪式和发出某些信号。肉体除此之外还会成为劳动力,从而完成肉体的经济使用。规训既没有使用武器,也不借助于恐怖,而是以一种非暴力的和微妙的方式完成。规训的特殊性在于,它本身并不是体制或者机构,它是一种权力类型,一种行使权力的轨道,其中包括一系列手段、技术、程序、方法和目的。施加于肉体的权力具有多种特点。(1)它是一种占有权而非一种所有权,应被视为一种战略;它的支配效应不是因为占有,在调度、计谋、策略、技术、运作中才得以显现。(2)它在规训的同时也在传播。权力不是仅仅给身体加上禁锢,它在这个过程中也得到传播与强化。(3)权力并不具有某一个稳定的中心,它有无

---

① 米歇尔·福柯:《规训与惩罚:监狱的诞生》,北京:生活·读书·新知三联书店,2012年,第54、291页。

数的冲撞点、不稳定中心,每一点都有可能发生冲突、斗争,甚至暂时性的颠倒的权力关系也同时存在。而其中福柯认为,话语是在这些力量关系领域中起作用的战术因素或组合,话语在同一策略中可以是互相矛盾的,但是却可以发生流动与转移。因此,谁掌握了对话语进行评判的权力,谁就可以生产真理,真理因此是暂时的和相对的,不同时代有着不同的对话语的生产与评判而生产者不同的真理。

福柯同时将这种真理-权力关系视作一切惩罚机制的核心。由此诞生了一种"政治解剖学",也是一种"权力力学",它在微观层面上作用于身体。权力并不意味着或者说仅仅限于政治权力,因为对于政治权力而言,往往指的是一组对立关系,有压迫者也有被压迫者。但对于话语和知识构建的权力来说,权力是多重的力量关系,存在于它们运作的领域并构成自己的组织,其中有持续不断的斗争和较量,互相之间产生着转化、增强或颠倒的过程,这些力量相互依靠结成体系或序列。同时,它们也可能会由于分裂和矛盾而彼此孤立。福柯强调的权力是去中心化的,有着多重作用点,发生作用的方式也是多元的,并不存在一个权力的中心与极点。在权力极为抽象的交换背后,进行着对各种有用力量的细致而具体的训练。个人按照一种关于力量与肉体的技术被编织在社会秩序中。人因此是机器,福柯指出,笛卡尔与后来的医师和哲学家们在解剖学-形而上学领域阐明了这一认识,而另一个领域是技术-政治领域。它是由一整套规定和与军队、学校和医院相关的,控制或矫正人体运作的,经验的和计算的方法构成的。人文科学也是通过权力传达而形成的,它是一种有效使人的群体变得顺从的方法。它在其中划分一系列概念,确立不同的研究领域,将人们的一切纳入其中,权力-知识因此使得人文科学得以可能。

五、宏观身体:人口与生命政治

在全面解析对身体的控制上,在微观层面上对肉体的规训是生命权力机制的一方面,也就是福柯所说的人体的权力解剖政治,而另一方面体现在《性史》中。对人口的安全管理调整控制所发展起来的治理术①是一种"人口的生命政治"。

治理术的发展正是得益于人口作为主体的发现,经济统计的出现使治理成为可能,而从家庭到人口作为治理主体的转换是现代社会的一大发现。现代社会家庭框架开始充满不稳定性而难以确定,正是作为欲望和需求的人口本身成为治理的目的的时候,治理术因此进入了历史的一个新阶段。当代政治学是生命政治学,权力承担起了对生命控制的责任,争夺权力的斗争首先发生在身体上,健康、卫生、性、出生率、人寿、种族这一切都被纳入对人体的调控中,而这使得与此相关的公民权、性别等问题都成为国家管控的焦点,生命政治在根本上把人当作一种生物来对待,可以说是一种生物政治,这种权力技术对生命和其一举一动进行监视、干预扶持、优化评估、调节、矫正,由此现代政治是一种新型的治理术,其治理的对象是人口,或者说是共同生活的活人全体,治理的目标是人口的福利,包括人口状况的改进,财富的增加,生命的延长,健康水平的提高等。生命政治中的权力在两个方面互相结合。首先在于构成人口,并把个体纳入其中,控制主要是一种权力经济学,按照被纳入集权化国家机器的总体规范模式来管理社会。其次,问题还在于使权力变得毛细管化,也就是建立一个个体化系统,此系统致力于塑造每个个体并管理其生存。社会控制渗透到人口治理和个体化的治理的方方面面。

对肉体的规训和对人口的控制这两端是在具体机制的形式中完成的,性经验的机制是最重要的机制之一。对于人类社会来说,"性"显然是特别的环节,它联系着控制人口生活的所有环节,包括繁衍、生育、健康等,在自古至今的社会中它联系着婚姻、血统、社会地位甚至社会遗产继承。性本身是差异体系的一部分,而差异体系则是形成权力的重要原因,因而性也必然成为权力首先控制的对象,首先在语言的层面上,性在语言中的自由流通被控制,它

---

① 治理术是由制度、程序、分析、反思,以及使得这种特殊然而复杂的权力形式得以实施的计算和手法组成的总体,其目标是人口,其主要知识形式是政治经济学,其根本的技术工具是安全配置(apparatus of security)。

需要从言谈中被清洗出来。因为性的特殊,它因此也成为个体的密码,使得分析个体和规训个体成为可能。性被政治化还体现在,每个人对性的欲望——对性谈论、拥有、解释、发现和解放的欲望,使每个人确认了性是值得追求的,也相信在性的追求中人们可以对抗权力,但实际上我们却被纳入性经验的机制之中。性经验的机制因此充满了吊诡。

通过肉体规训的历史,福柯揭示了身体是如何被知识-权力序列所规训的,在这其中,身体既在微观层面被规训,又在宏观层面作为人口成为治理的对象。而对应这一过程,生命政治不断地强调安全与优化,但实际上却如阿甘本所说,它将人降低为阿甘本所说的"赤裸生命",人们在这其中被治理、被检察,每个人其实都被视作不稳定的存在,是潜在的异端,是随时可能需要被"修正"和"消除"的对象。在这种对身体的认识上,主体如何被重新认识?各类学科的研究方式以它们各自的需要采取各自的主体化模式,比如语言学确立的说话主体,经济学确立的生产主体。其次是通过区分化实践,这是对主体进行区分和归类的过程,比如对精神病人和正常人的区分。最后是权力占据主体。权力技术决定个体的行为,并使他们屈从于某种特定的目的或支配权,也就是使主体客体化。权力形式在日常生活中运作是对个体进行归类。个体被标示上个体性,添加身份,真理法则在其中运作,自我和他人都凭借此来互相识别。权力形式因此使得个体能凭借这个过程将自身认作主体,权力通过对人体的管控为个体塑造出了主体,从而将现实的一切纳入其控制之中。治理术因此既包括了权力对自我的治理,也包括了自我对权力的认同。

六、身体的空间转向:乌托邦身体

福柯反复言说加诸身体的规训与治理,在整体的意义上,身体被视作人口,在个体的意义上,身体仅仅是肉体。身体似乎不具备任何主动性而成为完全被动的个体。身体似乎成为一个为了展开其谱系学研究的历史的隐喻,借此揭开知识-权力对人的规训和管控。但回到问题的开始,也就是"出身"的意义上,福柯要从身体开始,取消神圣性和寻找源头,而这其中很重要的一点,是不再以时间向度去考察身体,福柯继续在身体现象学所打开的被遮蔽的空间中去寻找问题的答案。时间作为以往形而上学的神圣维度,追问开端,不断向前回溯,寻求完满。但到福柯这里,被时间维度消解的异质的空间重新获得了关注。

从近代观念论到意识哲学,时间是其中最为重要的维度,意味着存在连续、统一和源起,在此认识上,不断追溯先验(transdental)之物,如先验主体和先验自我,但到了梅洛-庞蒂的身体现象学这里,身体本身已经打开了一个肉身-主体的领域,放弃对先验之物的幻想,借助于身体的空间维度,思考主体的问题,而福柯这里,空间维度依旧是核心的一环,对空间的关注使得关注异质性的存在得以可能,同时也蕴含了身体的主动性所在。乌托邦身体的议题可以体现这一点。在《词与物》一书中,福柯讨论了作为异质思维的乌托邦(utopie)和异托邦(hétérotopie)的差别,异托邦即异邦,乌托邦是乌有之物或者是理想家园,但异托邦是一个虽现实存在却无法到达的地方,比如某个原始部落,它们都与现实全然异质。乌托邦提供的是一个安慰和想象的空间,异托邦却让人感到恐惧和不安,乌托邦代表的是想象中的他者,异托邦则意味着实在的他者。身体是一个现实的异托邦,我们生活于其中并与之对抗。在福柯的视角中,现代性进程是一种单向的、同质的进步主义乌托邦,正如柏拉图的理念世界,人们以完满、进步的理念去统治它,这些理念带有革命性,但仅仅是"观念"中的革命,是革命意识,意味着批判和否定。而这个革命同时也是心灵对身体的革命,身体成为观念化的身体,这也就意味着"抛弃身体"。在乌托邦中,身体拥有的是无位的位置。人们最初的乌托邦正是出于对肉体的否定而自我设立的,在其中身体拥有的也只是"无位"的位置。

另外,福柯说人的身体是一切乌托邦的首要行动者。比如面具、化妆、文身等就将把身体放在语言之上的位置,它们属于身体,但是却指向一个现实中并不存在的领域。它们用想象之空间的碎片构成了这个身体,而想象的空间将和神性的空间,或和他者的世界,进行交流。"事实上,我的身体在别处。它和世界的一切别处相连。其实,与其说身体在世界中,不如说它在别处。正是有一种和身体的关系——就好像在一种同君王的关系里——才有了上下左右、前后远近。身体是世界的零点。在那里,在道路和空间开始相遇的地方,身体变成了无处。"①福柯用类似梅洛-庞蒂身体现象学的语言描述了一个在空间中统一了的不必被观念化的身体,最初的乌托邦并不是一个否定身体的乌托邦,身体是异托邦的典型,它是我们生活其间的空间既神秘地又实在地对抗的空间,承认绝对的异质性,并使其异质的特点发挥作用。由此作为异质的身体历史被福柯重新书写,与此相对的,认识方式也因此被确立,福柯提出"知识型"的概念,亦或称"知识空间""知识型构",是某一时期固定下来的价值判断体系。它按照自己设立的一套标准构造知识,可以说是每一时期人们知识共识的格式塔,规定了我们对事物的认识,甚至决定了事物的存在本身。作为知识空间,它是无主体的,任何术语和概念都只能在这其中发现自身,一个时代的知识为其知识型所决定,它们之间彼此孤立,"知识型构"显然是对进步主义知识观念的否定,也取消了知识的连续性,知识延续的时间维度也并不存在,知识只是在特定的知识空间中发挥作用。

七、结论

对于福柯的身体研究而言,身体成为因为对"起源"概念的拒斥作为"出身"而在福柯谱系学视角下重新发现的一段历史有两个方面,一方面在微观层面上是被权力规训下的身体,关系的是人体的解剖政治;另一方面在宏观层面上是进一步对人口的调整控制,是一种"人口的生命政治",二者一起指向知识-权力。而乌托邦的身体解释了福柯身体理论的空间维度,这里身体与世界相连,是原初真实的异质性,不应当被理性主义所抹杀。

在对知识-权力的进一步追问里,我们需要知道权力究竟是如何形成的,在福柯那里,话语与知识本身的运作形成了权力,差异化体系是权力的出现条件,也是其效应。其中权力利用话语、武器、经济差异等种种工具同时使得

---

① 福柯:《乌托邦身体》,《福柯文选.Ⅰ.声名狼藉者的生活》,北京:北京大学出版社,2016 年,第 185 页。

权力机构化,建立理性指标。在对空间维度的进一步追问中,我们可以发现,与梅洛-庞蒂的现象学联系,福柯同样转换了过往在时间形式中解答的一切,而转向空间,知觉场是空间化的,乌托邦的身体也是空间化的发现,知识型即知识空间,他们都着力于在空间的维度中再次思考身体,思考哲学,思考种种异质的、特殊的而又真实的存在。这值得当前时代的思索,信息革命所创造的网络空间使得时间本身也变成了多维度和空间化的体验,不再有传统意义上的主体。

那么,在面对加诸身体的权力之时,反抗的形式可以是什么样的呢?福柯其实没有给出解答,到后来西方马克思主义则将问题归咎于资本,但是福柯的权力并非或者并不仅仅是政治权力,权力是在话语中产生,在知识中传播,在现实中使用,各类差异体系本身是权力的产物又再次产生权力,因此在政治上,把问题的矛头指向国家,取消权力进入无政治状态或者无序状态显然也并非福柯的追求,有待进一步研究。而德勒兹在《论福柯》中指出,必须在人自身中解放生命,因为人本身就是一种囚禁方式。生命自身蕴含着形成对权力的反抗的要素。巧合的是,德勒兹这样的说法得到了当代英国雕塑家安东尼·葛姆雷[①]作品的印证,他的作品正是体现身体的空间形式对自我的囚禁,以及探索可能的解放模式。

除了艺术之外,写作也成为解放的一种方式,让-吕克·南茜在《身体之于文学》中提到,文学中只有身体存在着,文学意味着三种情况之一:文学作为

---

① 安东尼·葛姆雷(Antony Gormley)于 1950 年生于伦敦,是当代著名的雕塑艺术家。毕业于剑桥大学三一学院。

虚构在定义上是无身体的,读者被囚禁在作者的洞穴之中,作者的身体是缺位的;对巴尔扎克、普鲁斯特来说,身体是符号的宝库;对罗兰·巴特来说,作为书写本身,存在着被竖起的一个意指身体。文学模仿身体,也是使身体模仿一个社会、心理、历史等方面的历程。在罗兰·巴特那里,文学不再作为语言的一种语法结构,而是一种对结构和语法的奋力挣脱和扩散,语言存在着一种自我的逆反,它是一种永不枯竭的差异性游戏,是各种各样的歧义在玩弄游戏的暧昧场所,语言因此来自身体,受爱欲的驱使,文学被看作身体在诉说,它们之间彼此强化。但实际上,从身体这里关注愉悦、欲望等维度表示着,罗兰·巴特等已经不去关注存在论上的主体,而是关注一个审美的主体。真正的解放形式在何处,仍然值得追问。

福柯留给人们丰富的理论空间,不仅使人们意识到种种异端、不合法的事物是如何切实存在,也对我们周遭的一切现代意义上的神圣之物,如知识、真理进行颠覆性的解读,福柯的身体研究给予我们再认识自我所处的现代境况,也体现了他的学术转向,即关注去中心、去线性化发展的历史以及空间维度的凸显。

作者简介:宋青青,南京大学哲学系 2014 级哲学专业本科生,于 2017 年 3 月至 2017 年 7 月通过学校项目赴德国图宾根大学进行为期 5 个月的交流;本科毕业后于南京大学-约翰斯·霍普金斯大学中美文化研究中心攻读研究生,获硕士学位。

绘画中的可见与不可见

——福柯与马格利特的相遇

徐心童

摘　要：福柯作为后现代思潮的先驱与代表，以近乎孤僻的热情在诸多非传统的领域留下了自己的哲学印记。对福柯的研究几乎不能是统领式的、整全式的，至多只能是对某一维度的诠释；但是在看似不见头绪的逡巡中，福柯的谜题却总有相似的线索。其中，对可见与不可见的凝视似乎是探入福柯思想宫殿的第一缕目光。福柯用知识考古的方法重回西方的视觉传统，进行了一次"目光考古学"。从《词与物》到《马奈的绘画》再到《这不是一只烟斗》，福柯实际上阐述的是西方观看传统的堆积层，点出了绘画现代性的转向。这也就解释了福柯的《词与物》最先激起的是艺术界的反响。马格利特就是最早关注并与福柯探讨《词与物》中指出的"相似"（ressemblance）和"效仿"（similitude）的读者之一。他不仅因此致信福柯，还附上了自己40年前作品的重画，即《这不是一只烟斗》（*Ceci n'est une pipe*）的第二版《两个秘密》（*Les deux mystères*）。在马格利特去世的次年，福柯出版了《这不是一只烟斗》探讨马格利特这两版烟斗，并详细回应了马格利特的问题。本文将分别概述福柯和马格利特在后现代主义和超现实主义中的重要地位和他们的思想体系，以探讨二者的相遇带来了哪些新的可能性。

关键词：福柯；马格利特；绘画；表象；可见与不可见

一、可见的线索：福柯对绘画的探讨

站在哲学家的立场上评述绘画，在当代法国已不足为奇，如夏加尔之于巴什拉，塞尚之于梅洛-庞蒂，哲学家在艺术品中，特别是在绘画中打开自己的思想场域。福柯的考古学，再一次从目光出发，在不断追求"真"的道路上为其提供独特的思考指向和言说方式。早年的福柯从《词与物》出发，走入了《宫娥》画面中央的表象的"虚空"；后期的福柯，逐渐把艺术看作一个独特的"褶曲"空间，艺术家以风格化、主体化、越界书写的方式暴露并终止语词与图像之间的权力关系，正如马格利特的烟斗图。与其说是福柯以自己的考古方式进行了一次"目光考古学"，不如说从绘画之中，福柯发现了艺术的更加传统的视角，也发现了真理更纯粹的体现方式。福柯对绘画炫目的描绘和曲折又隐秘的揭示都体现在了《知识考古学》中，他自己的艺术批评方式：

> 为了分析一幅画，我们能够重建画家潜在的话语；我们能够期待发现画家意图的流露，当然这些流露并不最终反映在词语中，而是体现在线条、外形和色彩中，我们能够设法弄清被看作是形成他的世界观这种不言明的哲学。我们同样有可能探讨科学，或者至少探讨时代的舆论和力图认识画家所能借鉴它们的东西，考古学分析可能还有另一个目的，即探寻空间、距离、深度、色彩、光线、比例、体积、轮廓在某个特定的时代是否在某种话语实践中被确定、陈述和概念化……问题不在于指出绘画是一种表达或者"叙述"的方式，其特殊性在于它不借助于词语。必须指出绘画至少在它的某一范围中是一种在技术和效果中成型的话语实践。绘画不是一种应该记录在空间的物质性中的纯粹的视觉形象，也不是一个需要我们用后来的解释阐述其无声的和无比空洞的意义的赤裸的动作。绘画——独立于科学知识和哲学主题——贯穿着知识的实证性。①

---

① 米歇尔·福柯：《知识考古学》，谢强、马月译，北京：生活·读书·新知三联书店，1998年，第252页。

可以看出,福柯对绘画有独特的判断,可以概括为话语与"技术与效果"相遇而成型的一种"非场所"。绘画是艺术话语的可视形式,但不一定是艺术话语的产物。绘画的本质是可视形式,但是却不是"物质中的纯粹视觉形象"。绘画的解释也不在于阐释其动作,而在于历史性地考察和实证性的应用。福柯对绘画的艺术分析的几个重要节点分别是早年在《词与物》中对委拉斯开兹《宫娥》的画面语言分析、关于马奈绘画的一系列讲座,以及问题的收束和讨论的集中——对于马格利特《这不是一只烟斗》的分析。除了画作本身历史时间进程的向前推移,福柯在暗暗发起一场对看的颠覆——对表象的拆解。《词与物》构建了这样一个探讨的平台,认识型的范式转变历史地赋予了表象和再现颠覆的合法性。福柯对《宫娥》炫目复杂的拆解分析既将认识型的断裂问题引向历史深处,又将表象的拆解向现代绘画无限敞开。马奈绘画中的现代性也是从表象的拆解开始分析的,福柯在此时已经将马奈的绘画置于《词与物》的话语体系中,认识型又一次迎来了转变,现代性的拆解也开始出现。同康定斯基、克利一道,马格利特深化了马奈的原则,将词与物的矛盾彻底显像化,福柯也在此处收束他的理论,可见与不可见的追逐告一段落。下文将从《词与物》的角度分析马奈的绘画,探究福柯如何推进表象的拆解这一线索,将可见的图像与可述的语词对立起来,引向可见与不可见的明暗争夺的辩证关系。

《词与物》在福柯对绘画的分析的体系中,最重要的仍然是标题中的两个对象——"词"与"物"。究其根本,可述的词与可见的物的关系缠绕带来一切绘画话语的分析。那么,在进入绘画话语之前,有必要对"词"与"物"本身展开分析。词是能够独立运用的最小的语言单位,物可被视作各种图形和影像的总称。词可以直接视作文字,究其起源是简单的视觉图案再现;作为诗的载体的文字在图形诗中更是发挥了双重作用,进行了描述或叙事层面上的视觉再现。当叙事概念被引入时,词便有了位置上的归属,叙事将词在空间中串联起来,转而形成物的表象。对于词来说,反复阅读的声音结构可以突破时间和空间的限制,带来共同的口语表意,使人们通过想象的运动营造出画面感。词联结叙事与画面,在自身的应用中把叙事的内容转换成的符号系统再转化成突破时空限制的画面。但无论是影像还是画面,词可以进入的可视领域都缺乏空间的参与,物必须在此时介入。从物的层面说,空间不一定是真实存在的,但至少是可见可感的。对于图像来说,图像作为物的空间就是与时间相对的一种物质存在形式,如图像的长、高、宽,基于可见和可感,一张平面的纸上就可以用有限的范围所创造出的无限的时空感。

《宫娥》正是在可述的图像话语与可见的目光交错中进入福柯的分析的,对《宫娥》复杂的对象关系、精微的画面结构的挖掘也展示了福柯对绘画实证性的考掘。画中的可见要素有许多:宫娥、公主、宠物狗、画家、画架、国王与王后在镜中的反照、后方楼梯上的人,甚至画作、目光以及光线。画作中的真正主角历来颇有争论:有人认为是画面中的镜像所反映的不在场的国王夫妇,也有说主角是位于画面中央的公主,还有人认为真正占据主导地位的是作为画面中的在场者的画作作者。但在福柯的分析中,这些似乎并不重要,因为它们并非画面要陈述的核心。福柯的目光下,绘画再现和讲述的不再是某个场景中的主体,它表象的是三种主体的位置关系:镜中反射的国王和王后作为被表象的客体位置、画家作为表象主体的位置,以及读画者作为观看主体的位置。通过画面中的不同主体的关系与画面敞开的可能性,福柯描述了目光与空间排列组合的诸多可能性,但这些都不是他最终的落脚点。

他的落脚点在于一种断裂,一种消解。在福柯的描述中,被表象的主题是国王与王后晦暗不明的镜中映像,于是画面呈现着"一种从四面八方都急切地得到指明的基本的虚空",这种虚空直接指向"奠基表象的那一切必定消失了,与表象相似的那个人消失了,把表象视为一种相似性的人也消失了"①。"虚空"指向几个位置共同所属的表象关系本身,这些主体本是同一个主体,再现对象在虚空中消解了——再现与再现对象的关系被根本性地打断了。福柯对虚空问题的揭示同后来马格利特的烟斗图如出一辙,"这幅画的'空

---

① 米歇尔·福柯:《词与物——人文科学的考古学》,莫伟民译,上海:上海三联书店,2016 年,第17 页。

洞'也可以使此画被命名为'这不是宫娥'"①。在福柯的分析中,《宫娥》是古典认识型的一个范例,而其中镜子中的表象是文艺复兴时期认识型最终的剩余物。镜子所体现的相似性被模糊、被挤压,却没有被消除,恰恰体现了认识型的断裂和转移。

相较于《宫娥》中,多重目光的交错、跳跃交织出一个整全的画面世界,在讲马奈的绘画时,福柯从不同绘画技法运用的角度推进,将多幅马奈的绘画进行推进演示。马奈的绘画作为一个整体被糅合又被拆解,进入了《词与物》的话语体系。这是福柯本人对马奈的推崇与对绘画的进一步探索得来的,尽管声称自己是个"门外汉",福柯还是从绘画技法出发,在图像语言中拆解表象。绘画技法指向图像语言,如果说文艺复兴以降的一切技法处理都是为了掩盖绘画的物质性,那么马奈的技法就是为了重新还原绘画的物质性,对此,福柯评价道:"在西方艺术史中,至少是文艺复兴以来,马奈是在自己的作品中首次使用或发挥优化空间物质特性的画家。"②马奈再次发现物质性的"实物-画",他在画中显明表象的各种条件,即福柯分析的画布的空间、光照、观者的位置。他揭示了表象的盲点,给观者施加不安,因为观者只能从不可见的条件中去观看可见物。

同对委拉斯开兹《宫娥》的主题分析相似,福柯认为马奈的绘画中,主题只是一个借口。恰巧巴塔耶也有类似的看法,马奈的绘画并不是要叙事,而是要"呈现绘画性的条件"③。与巴塔耶谈到的马奈绘画的主题的冷漠、无意义的进路不同,福柯继续在表象秩序和拆解表象的层面上谈绘画。《宫娥》隐含着可表象物相似性的断裂,马奈的绘画进一步标志着可见物表象的断裂。仍然是镜子,福柯在对马奈的《弗里-贝尔杰酒吧》的分析中指出,镜子在操纵表象,因而称为理解可见物的动力。于是这里的可见物就变成了脱离文艺复

---

① 赵文:《可述与可见——福柯的艺术装置之思》,《文艺研究》,2015 年第 4 期。

② 米歇尔·福柯:《马奈的绘画——米歇尔·福柯,一种目光》,谢强、马月译,长沙:湖南教育出版社,2009 年,第 14 页。

③ 卡罗尔·达龙-于贡:《马奈或观者的不安》,《马奈的绘画——米歇尔·福柯,一种目光》,谢强、马月译,长沙:湖南教育出版社,2009 年,第 73 页。

兴和透视法的幻觉主义权力的纯粹可见物。拆解表象机制的最直接方法,就是把表象的盲点极致化,如马奈在《弗里-贝尔杰酒吧》中所展示的。至此,福柯在暗示一场不可见物的爆发,一种脱离表象的"看",如何实现,是在福柯对马格利特的探讨中完成的。

二、不可见的背后:马格利特

虽然在超现实主义团体内的时间不长,勒内·马格利特仍被认为是超现实主义运动的代表画家之一。马格利特的平面绘画和蒙太奇作画使他的画面感很富有超现实主义色彩,他的绘画算在超现实主义团体里以怪诞、神秘、诗意、哲思性的图像独树一帜。早期马格利特追随过印象派和野兽派的绘画技法,随着个人的设计工作,马格利特逐渐放弃纯绘画,转向平面绘画,将图像-图案体系视为高度浓缩的视觉符号。也是在这一时期,马格利特掌握了"视觉传达"的技巧。由于对视觉的关注和对符号的推崇,马格利特后期的作品已逐渐超出描述和叙事的范畴,他通过插图和设计向观念化绘画转向。这一时期,怎么"看"成了他的主要探索,最明显的体现是他诸多关于眼睛本身的作品。

马格利特被归于超现实主义画家,但是他的个体性经常超越于超现实主义而存在。首先,他与超现实主义的创作基础是相异甚至是相反的,超现实主义者宣扬的无意识的自动书写,无论是抽象表现主义依持灵感而非规则的作画方式,还是马克斯·恩斯特受精神分析影响后的"心灵的纯自动主义",都强调的是无意识的释放。而马格利特的艺术创作是基于理性的思考与构思进行的,如杜尚的诸多装置,马格利特的作品中不乏现实生活中的普通物件。在作者故意为之的预定情境下,它们往往诡谲地显现于生活之外。从这种角度看,马格利特的艺术创作也可以被称为"装置",恰好贴合福柯对装置的诠释:"画家通过某种风格化、主体化的方式,通过某种'装置'(dispositif)'表现'了表现活动的行为本身以及使其成为可能的事物"[①]。他试图通过这

---

① 赵文:《可述与可见——福柯的艺术装置之思》,《文艺研究》,2015 年第 4 期。

些装置设计挑战观者的视觉经验,打破人们的固有观念和惯性思维,引出看待艺术与看待世界的新的目光。

福柯最初与马格利特的联系可能源于与超现实主义的联系,1966 年,在聚焦于布勒东和超现实主义者对福柯影响的专门访谈中,福柯坦承,自己就出场于"布勒东留在身后的那个空隙之中"①。同样是 1966 年,马格利特致信福柯,谈《词与物》的读后感。马格利特指出:"绘画带来了一个困难:存在着有视觉并能以可见形式描绘出来的思想。《宫娥》就是委拉斯开兹不可见思想的可见图像。那么,不可见是否有时会是可见的? 条件是思想完全由可见的图形组成。"②马格利特对可见性与不可见性的关注源于他自己的艺术旨趣与创作实践,"看"是他创作中贯穿的主题,同时,对图像的碎片化构造与割裂分析也是他的特点。在可见与不可见这一个节点上,福柯与马格利特的相遇似乎是必然的。

1964 年,马格利特就创作了《人类之子》(或《戴黑帽的男人》)中被遮挡的"人类之子"。画中遮挡面部的苹果刻画得细致入微,然而这并不是观者的重点,观者想要窥探的是苹果后面的被遮挡之物。对此,马格利特想表明的是,图像"背后"什么都没有,在画面的颜色"背后"有画布,在画布的"背后"有一面墙……可见的事物"背后"总会有其他可见的事物。然而一个视觉世界的形象"背后"却是虚空的,什么都没有。在理性的逻辑思维中,被遮掩的实物背后肯定有其他实物,但是在作为艺术形象的图像背后,被遮挡的物体背后确实什么也没有。马格利特的画作从某种程度上讲是进一步深化马奈还原物质性绘画的原则,从内容上看,画作是被遮蔽的,但是从画作本身来看,不可见被提上了可见的位置,在苹果的"背后",正是不可见的无限敞开。实际上,对于不可见问题,马格利特在他的许多画作中都有探讨,包括后来随信寄给福柯的《透视法,马奈的露台》和《这不是一只烟斗》的复制画。

---

① Michel Foucault, "C'etait un nageur entre deux mots",王立秋译,转引自张一兵:《回到福柯——暴力性构序与生命治安的话语构镜》,上海:上海人民出版社,2016 年,第 21 页。

② 米歇尔·福柯:《这不是一只烟斗》,邢克超译,临沂:漓江出版社,2012 年,第 82 页。

在探讨《这不是一只烟斗》之前,我们先探讨《透视法,马奈的露台》,以回溯马奈的方式来到马格利特的立足点。"《露台》的确是一个题目,而不是一个传奇。"①同福柯分析过的马奈的其他作品《在温室》《铁路》《草地上的午餐》一样,《露台》更像是一个装置,而非一个地点。场景已被马奈谨慎地省略为不可描述也不必描述的无限后退,整幅画被画框和画中的窗框及栏杆双层框起,画面的色调也被限定在了黑色、白色和暗绿色。在福柯看来,这是对文艺复兴以降的作画方式的颠覆。"悬在明暗之间"②的三个人被福柯称为这幅画"拉扎尔式的复活","即在明暗之间,生与死的复活"③。马格利特根据马奈的《露台》作了另一幅画《透视法,马奈的露台》,将画中的三个人变成了三口棺材。可以说,马格利特直接从马奈的作品中提取了可见物与不可见物的纯粹句法,然后以符号般的形态(棺材)排斥了场景、形象甚至历史。福柯曾致信问及马格利特画作的含义,马格利特在回复福柯的来信中说:

> 您问及它所包含的意义:它让我看到了一些棺材,马奈从中看到了一些穿白色衣服的人物,这就是我的画所表现的画面,在这里,露台的背景非常适合放棺材。④

而在《马奈的绘画》讲座中,福柯是这样评价《透视法,马奈的绘画》的:

> 这三个人物正好代表了这种生与死,明与暗的界限。当然,人们也可以说他们正在看什么,在关注什么,但这是我们看不到的东西。⑤

---

① 克洛德·安贝尔:《画面的权利》,《马奈的绘画——米歇尔·福柯,一种目光》,谢强、马月译,长沙:湖南教育出版社,2009年,第161页。

② 米歇尔·福柯:《马奈的绘画——米歇尔·福柯,一种目光》,谢强、马月译,长沙:湖南教育出版社,2009年,第37页。

③ 同上。

④ 米歇尔·福柯:《这不是一只烟斗》,邢克超译,临沂:漓江出版社,2012年,第84页。

⑤ 克洛德·安贝尔:《画面的权利》,《马奈的绘画——米歇尔·福柯,一种目光》,谢强、马月译,长沙:湖南教育出版社,2009年,第162页。

如果说对马奈的分析使我们看到了一种脱离表象的"看",那在对马格利特的分析中,脱离相似性和反相似性背景作为表象支柱的相似性类似观念化了,回应了早在《词与物》中就提出的"语词不可还原未可见物"的问题。谙熟与对高度浓缩的视觉符号的应用,马格利特以逻辑想象物的结构取代了类比想象物。

马格利特仍然走在福柯所谓的拆解表象的道路上,而他的特殊性在于,他与福柯有过直接的交流,马格利特不仅仅显现在自己的绘画作品中,更率先为自己发声。先不提马格利特是否完成最终的拆解,他使词与物的矛盾以最极端的方式浮出了画面。在《这不是一只烟斗》中,福柯梳理了词与物的观念史,而矛盾的顶端,就是马格利特的画作。自柏拉图的摹仿说以来,词与物之间必须天然地具有某种同一性,图像的职责也就成了以可见的方式呈现不可见之物。但实际上这种同一性并非天然,词与物之间面临难以逾越的鸿沟:图像对实物的再现始终只能是片面的再现,无论描绘还是叙述;这种片面的再现指向感性直观,而感性直观必须通过言语中介才可能反映存在者的本质。于是,绘画出现了福柯所说的"紧张局面",传统绘画在语言之外构成。图像与语词的关系到底是什么?福柯通过图形诗揭示其"相互转移,从而相互掩饰"①图像的观看与语词的阅读无法在时间和空间上同时进行,因此,图像和语词表面上神魂与共,是为一体,实际上却互相排斥,互为剩余。于是,当马格利特在烟斗图下方注明"这不是一只烟斗"时,带着一丝错愕,词与物的矛盾达到了顶峰。

马格利特以《图像的背叛》作为烟斗图的标题,堂而皇之地把绘画的矛盾摆上明面,无论是再现还是表象,在烟斗图中都压缩成了可见的不可见物。马格利特的目的是将视觉符号和语言符号的紊乱引入绘画本身,观者只需置身于这种混乱之中,不断在词与物之间跳跃、抉择。马格利特没有也无意提供抉择的方向,但是沿着表象拆解的现代性观看方式路径探寻的福柯,却需要方向。

---

① 米歇尔·福柯:《这不是一只烟斗》,邢克超译,临沂:漓江出版社,2012年,第21页。

三、相遇《这不是一只烟斗》：可见与不可见

马格利特的烟斗图是在"未刻意进行独创绘画研究的情况下完成的"[1]，在寄给福柯的复制品背面，马格利特写道："标题与画并不矛盾，它是在用另外的方式确认。"马格利特在邀请福柯走入他的图画迷宫，看他如何回应词与物的问题以一种极端方式显现。福柯欣然参与，而这次的分析方式似乎是《宫娥》和马奈画作分析方式的综合。

福柯首先从命题入手，命题"这是一只烟斗"中的谓词"是"对应着其所指向的存在者，即烟斗。当玛格利特创造性地写下"这不是一只烟斗"时，存在者便被驱逐了，画作内部诸要素之间的仿效关系取代了图像与存在者之间的相似关系。福柯指出，马格利特的做法是分离，"把相似的不确定性继续延伸到尽可能远，但从中抽掉旨在说明它像什么的各种确认"[2]。似乎是为了更加彻底地消解相似性，福柯一次性地对对马格利特的烟斗图给出了七种合理解释为什么"这不是一只烟斗"，他称之为"确认的七封印"：

1. 画布上的烟斗只是一个烟斗的图案；2. 飘浮在空中的烟斗只是一个模糊的幻象；3. 图案下方的字句是书写物，更不可能是烟斗；4. 画布上的文字和烟斗反对空中的烟斗；5. 两只烟斗联合起来反对文字；6. 文字和空中的烟斗反对画布上的烟斗；7. 整个画作中，有的只是图像、文字和模仿物，不存在烟斗。

七种解释各自在语法和逻辑上都不难理解，在接连的七重打击下，表象已经彻底被拆解。"它们各自不再是与一只烟斗相似的某种对象，而是在双重画框的封锁中，被从某个占统治地位的外部真理那里解放出来，进入两只烟斗图形和一个陈述之间三元关系的相互指涉之中，进入仿效物之间不可确

---

① 　同上，第81页。

② 　同上，第59页。

定与可逆转的关系之中。"①然而表象被拆解的根本原因不是解释体系,而是图像中的闯入者——不可见的语词。原本不可见或者说不在场的语词以叛逆的姿态闯入绘画,原本的存在物被挤占了位置。真理的权力效应转移,语词不再是画作之外不可见的真理,而是进入画作,作为其中的一部分起效,"真实"的语词加入了真理的混乱争夺。就表象的拆解而言,马格利特的确做得很彻底:他再一次来到了表象背后,只不过一次,他想把表象背后的不可见昭然于世——语词作为真理话语一直作为隐秘运作机制藏于画作之外,当同样的语词如一颗炸弹投入平静的画面,表象便破裂开来,隐秘的机制也就不再隐秘,画面自此没有什么秘密而言。通过与存在者的又一次断裂,绘画再也不是对存在者的单纯摹仿;相反,它的隐秘结构被打开——它需要不断地指涉自身,以此确证自身。

当仿效取代相似,真理在断裂中显现,福柯不无自豪地探讨着所产生的自由效果:"就在图像的准确性像手指瞄准一个模特,瞄准一位唯一的而且是外界权威老板运行的时候,仿效物系列打破了这个既理想又现实的君主制度。从此,模仿物便因循一种总是可以逆转的方向,浮出水面。"②如镜中影像,相似性关系隐含了图像对存在者必然的"确认",也就是先验地预设了一个作为绝对基础和权力施行者的存在者,亦即表象背后的主体,福柯口中的外界权威——老板。仿效关系的出现恰恰消解了图像对外部的绝对依持。仿效与相似有语感上的差异,相似一定是指向主体的,而仿效的两段互不具有优先性,而是相互模仿的平等关系,语词同图像开始处于同一领域,真理话语成为竞争可取的对象。

值得注意的是,相似关系下,表象背后的主体是绝对不可见的,并不是说它的存在存疑,而是主体是永远由画中指向画外的,这一点恰恰确证了这一主体的存在,即它是一种不可见的必然存在。而在仿效关系中,主体以一种不定的方式闯入再现表象,这时,不可见的仍然是原先指向的画外的存在物,

---

① 赵文:《可述与可见——福柯的艺术装置之思》,《文艺研究》,2015 年第 4 期。
② 米歇尔·福柯:《这不是一只烟斗》,邢克超译,临沂:漓江出版社,2012 年,第 64 页。

只是这种指向的箭头被闯入画中的主体折断了，我们已然无法确知进入画作的语词主体是否以可见的方式显现，但是原来一直在画外那个确知的主体的存在与否似乎丧失了意义。至此，语词不再高于图像，可述不再优于可见。最初，可见的图像长久地指向不可见之存在者，指向的过程中还蕴含着真理话语。现在，画外的不可见的存在者被消解了，话语的陈述居于可见图像的自身指涉之内。存在者由原先单向被指涉的静态接纳变为了相互指涉的动态生成。

福柯的哲学一直以来的线索之一就是指向真理，在语词与图像的关系中也不例外。在对《这不是一只烟斗》的分析中，福柯呈现了真理话语的本义，即语词进入了图像的同一领域去角逐真理。语词与图像的新的关系显示，"说真话与其说是言说'真理'，不如说是以'真'的方式去说话"。① 但与此同时，"再现失去直接的基础，表象本身被表象，而当表象从对再现对象的依存中摆脱出来，相似性的表象就抽象地变形为符码"②。表象之表象在此时脱离了存在者，从前外在于再现表象的绝对基础和权力的施行者不再是确定的真理支点。指向画外的权力的箭头方向发生了调转，真理权力的施行也发生了转变：在传统权力关系中，存在者逼迫表象说话，表象必须符合存在者，而现在，存在者本身就是话语实践的产物，存在者与表象不再存在支配关系，因为在这里话语先于存在。

存在者的先验地位和支配地位一时间都被攻破，内含于其中的真理也即将失去归宿，那么，真理中心的转移会使真理话语降格吗？其实不然，既然话语取得了先于存在的位置，话语实践就成了构建存在者的必然途径，而这种建构实践中又内含权力关系的自由实践。在"相似性的堡垒"攻破的同时，语词与图像都获得了自由流变和构建的可能性，使自身构建为蕴含真理的主体。因此，真理虽然由绝对的外在存在者下沉到了语词与图像的构建之中，

---

① 赵文：《可述与可见——福柯的艺术装置之思》，《文艺研究》，2015 年第 4 期。

② 张一兵：《回到福柯——暴力性构序与生命治安的话语构镜》，上海：上海人民出版社，2016年，第 151 页。

真理本身却没有降格。这一过程中,真理在由不可见的外部存在变成了可见的可构建的动态过程。

卡特琳娜·佩雷在谈福柯关于马奈的绘画讲座时提道:"这个讲座之所以有意思,其实是因为它通过这种陈述让一个场域对象化,在这个场域中,与福柯相遇的,不仅有马奈,还有格林伯格、巴塔耶……以及其他一些艺术家和理论家。如此相遇发生在什么层次上? 以什么名义?"[1]同样,我们也可以问,福柯与马格利特的相遇发生在什么层次上? 又是以什么名义?

刘云卿在《这不是福柯》中写道:"福柯遭遇马格利特,就像是谙熟对方秘密的两个人在街角偶遇,他们脱帽致意,但装着没有认出对方。"[2]《这不是一只烟斗》是纪念之作,写于画家逝世后第二年(1968 年)。两人的交集,在前文提到过,可能始于 1966 年马格利特致信福柯关于《词与物》的读后感。这是马格利特与福柯探讨的其他画家颇为不同的一点:马格利特是福柯作品的读者,并邀请福柯成为自己作品的观者。1973 年福柯在《这不是一只烟斗》中附了马格利特寄给他的两封信,从某种程度上,《这不是一只烟斗》也许可以看作福柯给马格利特的回信。

在我看来,福柯与马格利特交汇在广义上的可见性、狭义上的图像与语词这一区域有必然性,但较之福柯与其他艺术家的"相遇"并没有本质区别,福柯依然摆明自己"爱好者"的身份,他进入画作的图像与话语体系,将其统摄在自己的知识型转变线索之中。福柯在探讨绘画作为"装置"的观看考古学中,抓住了可见性问题作为知识型转变中最重要的线索,因而以相似的方式串联了委拉斯开兹、马奈、康定斯基、克利以及马格利特。福柯来到这一点不是偶然的,他需要一个矛盾的激化的爆发点,是不可见以无序甚至混乱的方式迸发出来,但是又不能脱离可见物。《这不是一只烟斗》恰好就是这样一个爆发点,它将已经作为讨论主题的相似性和反相似性矛盾观念化地呈现出

---

① 卡特琳娜·佩雷:《福柯的现代主义》,《马奈的绘画——米歇尔·福柯,一种目光》,谢强、马月译,长沙:湖南教育出版社,2009 年,第 115 页。

② 刘云卿:《这不是福柯》,米歇尔·福柯,《这不是一只烟斗》,邢克超译,临沂:漓江出版社,2012年,第 87 页。

来,提供了一个完美的讨论空间——作为图像的烟斗与真实物保持着暧昧又疏离的关系,不可见物又一次敞开了。

马格利特自己的创作旨趣和理性思辨也使《这不是一只烟斗》来到了这一点,作为一幅1926年的旧作,马格利特不仅在1966年重新赋予它生命,还让它参与到了视觉现代化的关键转变中。马格利特对于观念化与符号化的推崇使人不禁遐想,若有更远的创作空间,两人能否再次相遇于极简主义艺术也未可知。

由福柯和马格利特相遇的可见性的问题可以看出,古典知识型其实早已存在,只不过在近代以来才占据主导地位。可见性问题是由西方哲学观看-凝视传统衍生的问题,哲学史上的探讨已非常全面。柏拉图-亚里士多德传统将凝视视作走出洞穴之后的主体获得的视觉效果,也即对真理的静观;笛卡尔通过视觉实验探讨了观看和观看主体对理性世界的摄取;黑格尔《精神现象学》中的双重凝视暗示了权力关系的宰制与转移——这是视觉的"可见性"与话语的"可述性"权力关系的雏形。

在福柯的语境下,可见性问题始终在知识型的统摄之下。一直以来,知识型不在场,只作为一个统摄性的概念悬浮,使可见性集中和凝结的实际上一直是主体。对福柯而言,"知识是由各种异质力量对光线与语言所造成的曲扭与褶曲,特异的光线褶曲最终布置成属于某时代的知识型……而主体性的历史似乎就是关乎褶曲问题的历史"[1]。主体的转型和转向带来观看的转向,反之,观看范式的转换也意味着主体的位置发生改变。对不可见的揭示与对可见和不可见关系的阐释是一种目光的转向和不断跳跃回返。目光的回返自古有之,中世纪便有"凝视自我"的箴言;但是将观看置于一种流变的运动中,不断转换主体的位置,确是观看的现代性的突破。"重点已不再是单纯的观看,而是观看的回返,其构成主体转型的必要褶曲。"[2]可见与不可见也就交织于这一过程中。这时,更多情况下的不可见物不再意味着不可表象之

---

① 杨凯麟:《分裂分析福柯》,南京:南京大学出版社,2011年,第30页。
② 同上。

物,而意味着"非可见物",即隐藏物。

四、结语

在回到最初的绘画问题,一种新的视觉范式出现了。这种视觉与传统画前的视觉不同,传统视觉意味着目光的"时间化",而在这种视觉下"观者不再被处于永恒现在中的凝视形式所局限,而是在思想上跟随这种表面静止的画面的内容移动而移动"[①]。在我看来,这种视觉范式的转化也意味着目光的"事件化",不被局限的观看脱离了固定的凝视视角而是进入了画面中的场景,想象的视线的移动使观者不间断地处于画面情节的中心。福柯看到的和展示的,是一种想象的移动,也是一种真实的移动。由此,观者可以从画中看到连续的时刻,这种连续性不仅贯通画中人物或主体的关系,更指向可见物与"非可见物"的内在勾连。

福柯在1966年关于布朗肖的文章中说过:"虚构,不在于让人看到不可见物,而是要让人看到可见物的不可见性是多么不可见。"[②]这似乎是对他绘画中分析中可见与不可见关系的最佳概括。绘画究其根本是虚构与虚指,唯可见与不可见的交错,方能敞开其自身。就像道林格雷终与画作中的自己灵肉合一,真实在一瞬间的流变中迸发,进而一切又归于沉寂。

作者简介:徐心童,南京大学哲学系2014级哲学专业本科生,于2016年9月至2017年1月通过学校项目赴加拿大英属哥伦比亚大学进行为期5个月的交流;本科毕业后于伦敦国王学院文化创意产业专业攻读研究生,获硕士学位。

---

① 卡特琳娜·佩雷:《福柯的现代主义》,《马奈的绘画——米歇尔·福柯,一种目光》,谢强、马月译,长沙:湖南教育出版社,2009年,第125页。

② 米歇尔·福柯:《文与言》,转引自《马奈的绘画——米歇尔·福柯,一种目光》,谢强、马月译,长沙:湖南教育出版社,2009年,第45页。

论海德格尔时间性概念的隐秘起源

李成龙

摘　要：时间性概念(Zeitlichkeit)是《存在与时间》中的关键词，它关乎海德格尔对存在问题的最终解决。然而，这一概念的隐秘起源却在有关"宗教现象学导论"的讲座课中。通过对帖撒罗尼迦前后书的现象学阐释，海德格尔将源始基督教的实际生活经验之基本特征理解为一种三态(再临-已成为-瞬间时机)统一的现象整体。而这一基本特征恰好是后来《存在与时间》中时间性概念的基本规定及其形式结构[一种在诸绽出态(将来-曾在-当前)的统一性中的到其时机]的雏形。

关键词：海德格尔；时间性；处境；再临；生存的本真性；死亡

海德格尔从"时间之思"入手来解决古老的"存在之问"，重新激活了西方哲学史上的存在论传统，并以其对存在的深刻沉思影响了整个 20 世纪西方哲学的基本走向。海德格尔的"时间之思"是通过时间性(Zeitlichkeit)概念而展开的，在《存在与时间》的第二部分中他对这一概念做了基本规定，并给出了它的形式结构：在诸绽出态(将来-曾在-当前)的统一性中到其时机。然而在此之前，海德格尔对这一概念的考察经历了一个漫长的酝酿期，为此他撰写过好几个"时间手稿"。① 海德格尔在《历史科学中的时间概念》(1916)中就初

---

① Cf. Theodore Kisiel, *The Genesis of Heidegger's Being and Time*, Berkeley：University of California Press，1993，pp. 315 - 420.

183

步提及了时间概念,随后又在《时间概念》(1924)和《时间概念史导论》(1925)中做了进一步发展,最后在《存在与时间》(1927)中才正式给出时间性概念的形式结构。从文本发生学的角度来讲,海德格尔对这一概念的系统考察却首次出现在 1920/1921 年的宗教现象学导论中,该讲座才是时间性及其形式结构的隐秘起源。另一方面,通达海德格尔对时间性概念的基本规定,我们可以从亚里士多德对时间概念所做的哲学讨论进入[1],也可以从奥古斯丁对时间概念所做的神学沉思进入[2],还可以从康德对时间概念所做的先验考察进入[3],甚至可以从胡塞尔对内时间意识的现象学分析进入[4]。但是,我们不应

---

[1]　亚里士多德在《物理学》第四卷第 10—14 章中对时间概念做了专门的哲学讨论,并且提出了"时间是运动的数目"的观点(Cf. Aristoteles, *Aristoteles' Physik：Vorlesung über Natur*. Erster Halbhand：Bücher I(A)-IV(Δ), hrsg. von Hans Günter Zekl, Hamburg：Felix Meiner Verlag GmbH, 1987, S.203 – 237)。而海德格尔的相关阐释,可参见 Martin Heidegger, GA24, *Die Grundprobleme der Phänomenologie*, hrsg. von Friedrich-Wilhelm von Herrmann, Frankfurt am Main：Vittorio Klostermann, 1989, pp. 324 – 388。关于两者时间观的比较研究,可参见宋继杰:《海德格尔论亚里士多德的时间观》,《世界哲学》2006 年第 6 期。

[2]　奥古斯丁在《忏悔录》第十一卷中对时间概念做了专门的神学沉思,并提出了"时间是心灵的延展"的观点,参见 Augustinus, *Was ist Zeit?*(*Confessiones* XI/*Bekenntnisse* 11), hrsg. von Norbert Fischer, Hamburg：Felix Meiner Verlag GmbH, 2009。海德格尔的相关阐释,可参见 Martin Heidegger, GA80.1, *Vorträge*, hrsg. von Günther Neumann, Frankfurt am Main：Vittorio Klostermann, 2016, pp. 429 – 456;另参见 Martin Heidegger, GA83, *Seminare. Platon—Aristoteles—Augustinus*, hrsg. von Mark Michalski, Frankfurt am Main：Vittorio Klostermann, 2012, pp. 39 – 82。关于两者时间观的比较研究,可参见 C. Agustin Corti, *Zeitproblematik bei Martin Heidegger und Augustinus*, Würzburg：Königshausen & Neumann GmbH, 2006。

[3]　康德在《纯粹理性批判》的"先验感性论"部分中对时间概念做了专门的先验考察,并提出了"时间是直观的形式"的观点,参见 Kant, *Kritik der reinen Vernunft*, hrsg. von Jens Timmermann, Hamburg：Felix Meiner Verlag, 1998, pp. 106 – 127。海德格尔的相关阐释,可参见 Martin Heidegger, GA21, *Logik. Die Frage nach der Wahrheit*, hrsg. von Walter Biemel, Frankfurt am Main：Vittorio Klostermann, 1976, pp. 269 – 397。关于两者时间观的比较研究,可参见王咏诗、张荣:《从先验想象力到本源时间——海德格尔的"时间性"之途》,《中国人民大学学报》,2014 年第 1 期。

[4]　关于胡塞尔对内时间意识所做的现象学分析,参见胡塞尔:《内时间意识现象学》,倪梁康译,北京:商务印书馆,2009 年。有关两者时间观的比较研究,可参见 Günther Neumann, "Phänomenologie der Zeit und der Zeitlichkeit bei Husserl und Heidegger", in Rudolf Bernet, *Alfred Denker und Holger Zaborowski*, hrsg., Heidegger und Husserl. Heidegger-Jahrbuch 6, Freiburg：Verlag Karl Alber, 2012, pp. 153 – 186。

该忽视进入时间性及其规定的宗教路径,而这一点也恰好体现在海德格尔在宗教现象学导论中对保罗书信(尤其是帖撒罗尼迦前后书)的现象学阐释上。而这种情况既没有引起海德格尔学界的足够重视也没有展开充分的研究。

鉴于这一概念在《存在与时间》中的重要性以及研究方面的不足,本文将从海德格尔对帖撒罗尼迦前后书的现象学阐释出发,力图表明如果没有这一隐秘来源,那么对海德格尔时间性概念的理解将是不全面的。与此同时,本文还将从海德格尔对帖撒罗尼迦前后书的核心主题的相关分析中揭示出时间性概念的形式结构之雏形,以及海德格尔是如何从这一结构雏形出发来看待生存之本真性和死亡现象的。

一、赢获处境之为阐释原则

在讲座的第二部分,海德格尔选择释读的基督教原始文献主要包括三份保罗书信,分别是加拉太书、帖撒罗尼迦前书和帖撒罗尼迦后书。经过一个冗长的方法论讨论(第 17—23 节)之后,海德格尔遂即转向了对帖撒罗尼迦前后书的现象学阐释。帖撒罗尼迦前后书是使徒保罗写给帖撒罗尼迦教会的两份书信,大致成书于公元 53 年(十字架事件之后的 20 年),它们是《新约全书》的最早文献。由于涉及基督教的核心教义,即再临事件(Parousia)与终末论(Eschatologie),因此这两份书信历来都是圣经解经学的核心文本,也是保罗神学的教义基础,并被不同时期的神学家(如奥古斯丁、路德以及布尔特曼等人)所重视。在基督教语境中,再临事件与终末论关涉如下信仰:基督徒普遍相信他们正生活在一个"世界之终结"的时代,在早期基督教信仰的终末论背景下,最后的日子是由耶稣基督在尘世中的生活、死亡及其复活所开启的,并最终由祂的再临所完成。与许多神学家的解释不同,海德格尔对这两份书信的阐释更多是哲学的而非神学的,他想从保罗关于再临事件和终末论的阐释中揭示出时间性的形式结构以及在此视域下对生存之本真性和死亡现象的本真理解。海德格尔的阐释主要集中于保罗本人,试图理解处在极端状况之下保罗的自身生活,保罗对于海德格尔而言是一位生存论意义上的哲学家。

关于保罗写作这两份书信时的客观历史处境（die objektgeschichtliche Situation），在《使徒行传》和《帖撒罗尼迦前书》中做了详细记载，记述了使徒保罗在帖撒罗尼迦传道时的经过和所产生的影响，在此不予赘述①。海德格尔认为，对于今天的我们，保罗所处的周遭世界全然是陌生的，因而那种通过"移情"（Einfühlung）的认识论方法根本无法通达这一客观历史处境，我们得到的充其量只是保罗的周遭世界给我们的某种表象②。只有对处境做出一番透彻的理解，上述的周遭世界方能获得其意义。因此在进入具体的文本阐释之前，海德格尔首先提出了赢获诠释学处境（die hermeneutische Situation）的要求。但这一处境并非上面所说的保罗身处其中的客观历史的处境，而是一种"实行历史的处境"（die vollzugsgeschichtliche Situation）③。那么，我们如何才能赢获诠释学的处境呢？海德格尔认为，"对于处境的统一性或多样性的问题而言，重要的是我们只能够在形式显示中赢获它"④。

在海德格尔看来，当我们阐释基督教原始文献时，被阐释的对象并非文献本身而是透过文献所传达出来的基督教的"实际生活经验"（die faktische Lebenserfahrung）。如何阐释基督教原始文献的问题，就变成了如何通达基督教的实际生活经验的问题。什么叫作"实际生活经验"呢？海德格尔首先对现象学的经验概念做了说明，"经验"是指经验着的活动本身和通过这一活动而被经验到的内容⑤。对于海德格尔来说，源初的经验向来就是生活经验或实际生活经验。但"生活经验"要多于认识论意义上的纯粹经验，它意味着人们在面对世界时的完全主动的和被动的姿态。海德格尔认为，我们只能根据被经验到的内容去观审实际生活经验，因此我们只能把被经验到的内容或

---

① 详情可参见《使徒行传》17：1—16；18：5以及《帖撒罗尼迦前书》3：1—6。本文有关《圣经》的所有引用都参照了和合本的中文圣经与 biblehub.com 网站上的古希腊文与英文相对照的外文圣经。

② Martin Heidegger, GA60, *Phänomenologie des religiösen des Lebens*, hrsg. von Matthias Jung und Thomas Regehly, Frankfurt am Main: Vittorio Klostermann, 1995, pp. 85 – 86.

③ Ibid, p. 88.

④ Ibid, p. 91.

⑤ Martin Heidegger, GA60, *Phänomenologie des religiösen des Lebens*, hrsg. von Matthias Jung und Thomas Regehly, Frankfurt am Main: Vittorio Klostermann, 1995, pp. 9 – 12.

被体验到的东西称之为"世界"(Welt),而不能把它标示为某种"客体"(Objekt)。"世界"是某种我们能够生活于其中的东西,它包括三个方面的内容:(1) 我们遭遇到的物质性的周遭世界(Umwelt)、(2) 人际性的共同世界(Mitwelt),以及(3)我的自身世界(Selbstwelt)。通向哲学之路的出发点是实际生活经验,而从客观历史处境向实行历史处境的转变,就存在于这种实际生活经验本身当中①。

海德格尔不仅从内容上对实际生活经验做了先行规定,而且还从形式上给出了实际生活经验的基本结构。什么是现象学(Phänomenologie)? 什么是现象学的现象(Phänomen)? 海德格尔认为,这个问题只能从形式上予以自身显示。每一种经验(既作为经验活动又作为被经验的内容)都可以被纳入现象之中,我们可以从三个方面对经验加以追问:第一,追问源初的"什么"(Was),即就被经验到的内容来问,海德格尔把追问到的结果称之为内容意义(Gehaltssinn)。第二,追问源初的"如何"(Wie),即就经验活动的方式来问,其结果海德格尔称之为关联意义(Bezugssinn)。第三,追问源初的"如何"(Wie),但不是就经验活动的方式而是就这种经验活动的方式本身如何被实行来问,其结果为实行意义(Vollzugssinn)。现象学的现象就是指这三重方向上的意义整体,而现象学则是对这个意义整体的阐明,它给出现象(Phänomen)的逻各斯(λόγος, logos)。在海德格尔这里,经过改造过的现象学就变成了一种理解个体生活或共同体生活的诠释学方法,这就是海德格尔在弗莱堡早期提出的著名的形式显示方法②,只有通过这种方法我们才能够达到一种本真的理解。

下面让我们回到处境概念上来。通常意义上讲,处境指一个人置身于其中的情形、状况或境况(Lage),它涉及人的某种生存活动所发生的处所。但从现象学的意义上讲,海德格尔用这一概念来指称诠释学之理解得以实行的

① Ibid, p. 90.

② Ibid, pp. 62 - 65. 相关的研究性论文可参见朱海斌:《海德格尔形式显示的现象学方法》,《同济大学学报(社会科学版)》,2013 年第 5 期;另参见张柯:《论"形式显示"在海德格尔思想中的实质含义——基于对〈宗教现象学导论〉的文本分析》,《世界哲学》,2016 年第 5 期。

某种东西，或者说，实际生活经验发生于其中的情境。在《论大学的本质和学术研究》中，海德格尔又把生活经验称为"持续变换着的诸处境之联结"（Lebenserfahrung ist ein stetig wechselnder Zusammenhang von Situationen）。所谓的诸处境是指一个人的具体生存活动所处的情境，比如"步入课堂""登山"等的具体活动。处境随着实行方式的变动而变动，诸处境在这种变动中相互渗透、相互勾连。这里的联结（Zusammenhang）一词并不是指各个过程或事物的随机排列与任意组合，而是指诸处境的延展或绵延（Dauern），在其中生活经验的诸要素纷至沓来，因此，诸处境之联结就是指生活本身的绵延性①。但生活本身的绵延性恰恰需要一种向心力来维持自身，以便免于某种漫无边际的绵延之危险，海德格尔把这种向心力称之为体验的居有特征（Ereignischarakter der Erlebnisse）②。海德格尔在这里是从字面意义上来理解Ereignis 这个概念的，即据为己有（er-eigenen）。一切体验都是"我的"体验，这一说法类似于康德所说的"'我思'必然能够伴随着我的一切表象"，但海德格尔强调，这个"我思"之"我"是一种现象学意义上的"历史之我"（das historische Ich），是一种完全具体的、处境化了的自我。因此生活的绵延性就具有了历史性的特征，而历史之我则表示实际的、具体的生存之个体。

　　海德格尔对实际生活经验的三重意义（内容意义、关联意义和实行意义）的区分，同时考虑到了处境的诸要素：(1) 内容意义指向在特定处境中被经验到的内容；(2) 关联意义指向在处境中通达被经验内容的方式；(3) 实行意义则指向经验本身、处境本身的实行。在这里重要的是实际生活经验的实行意义，理论化与客观化的认识往往只注重经验的内容意义，而现象学必须重新发现被理论化和客观化了的经验或现象的实行特征。历史性的生活经验意味着在特定处境中对意蕴的占有，而这一点从根本上要依赖于经验之实行。因此在阐释《帖撒罗尼迦前书》时，海德格尔讲道："生活之实行是决定性的，

---

① Martin Heidegger，GA56/57，*Zur Bestimmung der Philosophie*，hrsg. von Bernd Heimbüchel，Frankfurt am Main：Vittorio Klostermann，1999，pp. 205 - 214.

② Ibid，p. 75.

实行之联结在生活中一道被经验,由此出发便可理解实行之如何具有根本意义。"①现象学的阐释本身就处在一种真实的和历史的经验之实行当中,它同时要求获得现象的历史的、实行的处境。

二、时间性与生存的本真性

给出上述阐释原则(赢获处境)之后,海德格尔这才正式进入对帖撒罗尼迦前后书的现象学阐释,在《帖撒罗尼迦前书》中,保罗集中讨论了再临事件。要想本真地理解这封书信所传达的信息,我们就必须考察保罗写作它时的真实处境。海德格尔认为,保罗当时的处境可以从如下三个方面加以考察。(1)保罗与帖撒罗尼迦会众拥有为何者以及他是如何拥有他们的,即保罗与帖撒罗尼迦会众之间的关联,亦即他们之间的共同世界(Mitwelt)是如何被建构起来的。(2)保罗作为使徒的身份,再临事件如何在他的身上发挥作用,即保罗的自身世界(Selbstwelt)是如何被建构起来的。(3)保罗所持有的源初基督教信仰,即作为基督徒意味着什么。构成处境的上述三个要素得到明确阐释后,再临事件方能获得现象学的把握,我们才能赢获这一现象在实际生活经验中的源初意义。

关于保罗(作为书信的作者)与帖撒罗尼迦会众(作为书信的读者)之间的关联,海德格尔引用了《使徒行传》中关于保罗传道经历的相关记述来予以说明:"他们中间有些人听了劝,就附从了保罗……"②帖撒罗尼迦会众"附从"了保罗,借助于这种托付行为,帖撒罗尼迦会众与保罗便形成了某种本质性的关联。这种托付行为究竟意味着什么呢?海德格尔认为,这种托付可以借助于保罗自己的话来理解:"……正如你们知道(οἴδατε)我们在你们那里,为你们的缘故是怎样为人。并且你们在不幸之中蒙了圣灵所赐的喜乐,领受真

---

① Martin Heidegger,GA60,*Phänomenologie des religiösen des Lebens*,hrsg. von Matthias Jung und Thomas Regehly,Frankfurt am Main:Vittorio Klostermann,1995,p. 80.

② 参见《使徒行传》17:4。

道,成了(ἐγενήθητε)我们与主的效法者。甚至你们成了(γενέσθαι)马其顿和亚该亚所有信主之人的榜样。"①在与帖撒罗尼迦会众的关联中,保罗经验到了两个重要因素,即帖撒罗尼迦会众的已成为(γενηθῆναι, Gewordensein)以及他们对自身已成为的知道(οἴδατε, Wissen)。这就是说,帖撒罗尼迦会众的已成为也是保罗本人的一种已成为,而且保罗也同样遭受了帖撒罗尼迦会众的已成为。

　　海德格尔告诉我们,这种关联也可以从《帖撒罗尼迦前书》中一些反复出现的词中形式地显示出来,比如γενέσθαι(成为、出现)、καθὼς οἴδατε(正如你们知道)、μνημονεύετε(你们记得)以及οὐ χρείαν ἔχετε ὑμῖν γράφεσθαι(不用写信给你们)等。这些形式显示词的重复出现强烈意味着:对于保罗而言,帖撒罗尼迦会众是当下切近的,因为保罗自己与他们通过共同的已成为而互相连接起来了。②帖撒罗尼迦会众对保罗的"附从"正是通过已成为以及对这种已成为的知道而实现的,与此相反,保罗与帖撒罗尼迦会众的关联以及保罗进入他们的生活的方式也是由这种已成为和知道来完成的。而且帖撒罗尼迦会众的已成为是对保罗的效法,保罗在这份书信中不断地提醒帖撒罗尼迦会众要时刻回忆他们曾经一起度过的时光,这种提醒同时也是对自身的提醒,即带有居有特征的帖撒罗尼迦会众的已成为也是保罗的已成为。基于上述事实,帖撒罗尼迦会众与保罗之间的本质性关联就在于基督教实际生活经验的处境联结③。凭借这种联结,作为基督徒生存着的保罗与帖撒罗尼迦会众拥有着共同的实际性(Faktizität)以及对这种实际性的觉知。换句话说,凭借这种联结,保罗与帖撒罗尼迦会众之间的共同世界就被建构起来了。

　　如何取得对这种实际性的规定?如何赢获这种处境之联结?基督教实际生活经验的基本特征是什么呢?基督教信仰的如何又指的是什么呢?海

---

① 参见《帖撒罗尼迦前书》1:5—7。

② Martin Heidegger, GA60, *Phänomenologie des religiösen des Lebens*, hrsg. von Matthias Jung und Thomas Regehly, Frankfurt am Main: Vittorio Klostermann, 1995, p. 94.

③ Martin Heidegger, GA60, *Phänomenologie des religiösen des Lebens*, hrsg. von Matthias Jung und Thomas Regehly, Frankfurt am Main: Vittorio Klostermann, 1995, p. 94.

德格尔仍然从这份书信中对已成为(Gewordensein)的描述来说明:"并且你们在不幸之中蒙了圣灵所赐的喜乐,领受真道,成了(ἐγενήθητε)我们与主的效法者。"①已成为乃对真道的领受(δεξάμενοι τὸν λόγον),而这种领受却伴随着不幸(ἐν θλίψει),但与此同时,在其中也有被圣灵所赐的喜乐(μετὰ χαρᾶς Πνεύματος Ἁγίου)。θλίψει 这个词指不幸、痛苦或困顿,它与 χαρᾶς(喜乐、喜悦)一道构成了领受(或已成为)这一经验的基本特征。领受的对象乃是真道(τὸν λόγον)或神的道(λόγον Θεοῦ)。这种领受发生在与神的作用关联之际,通过这种领受,领受者(帖撒罗尼迦会众)就与保罗一道,获得了(παρελάβετε)基督教之实际生活经验的如何。这种获得意义上的已成为不是某种发生于生活中的偶然事件,而是诚如海德格尔自己所言,"它要不断地一同被经验且如此被经验:他们的现在之所是就是他们的已成为"。②诚然,作为皈依了真神和领受了真道的已成为在帖撒罗尼迦会众的实际生活中是一次性事件,但他们通过这次事件所达到的乃是规定着所有基督徒的实际生活经验的如何。从这层意义上讲,他们的已成为就是他们的存在样式或生存方式。

这种生存方式被帖撒罗尼迦会众在领受中获得的教导所规定。海德格尔明确指出,神的道(λόγον Θεοῦ)这个短语中的属格是一种双重属格:主词属格和宾词属格。这就意味着,道既是由神亲自给出的,同时也是关于神的再临。关于这种双重关系,保罗讲道:"……你们是怎样离弃偶像(ἀπὸ τῶν εἰδώλων),归向神(ἐπεστρέψατε πρὸς τὸν Θεὸν),要服侍(δουλεύειν Θεῷ)那又真又活的神,等候他儿子(ἀναμένειν τὸν Υἱὸν αὐτοῦ)从天降临……"③已成为通过领受来完成,领受则是进入到与神的关联之中,保罗把这种进入称为"归向",即一种绝对的反转(Umwendung)——从偶像中转离(Wegwendung)出来而转向

---

① 参见《帖撒罗尼迦前书》1:6。

② Martin Heidegger, GA60, *Phänomenologie des religiösen des Lebens*, hrsg. von Matthias Jung und Thomas Regehly, Frankfurt am Main: Vittorio Klostermann, 1995, p. 94.

③ 参见《帖撒罗尼迦前书》1:9—10。

(Hinwendung)神①。作为实际生活经验的实行方式,已成为、领受和反转具有决定性的意义:对于基督徒而言,宗教生活从此就变成了两件事,即服侍和等待。上面提到的不幸与喜乐也只能在这个基础上被理解:喜乐是服侍的喜乐,尽管这种喜乐并不能为生活所理解;不幸则是等待的不幸,神并不在场,只能在等待中盼望着神的到场。而保罗也有他自己的不幸与喜悦,即作为使徒身份的不幸与喜悦。

三、从再临事件到时间性的绽出结构

为了赢获上面所揭示的概念的基本含义,海德格尔指出,我们需要进入保罗本人生活的基本联结,需要进入保罗的自身世界。② 作为使徒,保罗的不幸是与众不同的,保罗生活在一种特有的困苦当中,生活在对主的第二次降临的等待之中。这一困苦构成了保罗的真实处境,他的生活的每一个瞬间都被这种困苦规定着。这种困苦如此强烈,以至于保罗在信中两次写道:"我们再也不能忍受了。"(μηκέτι στέγοντες)保罗的困苦一部分源自自身的"不幸"以及对这种不幸的知道,另一部分则源自对帖撒罗尼迦会众的信仰状况的忧虑:"我们昼夜切切地祈求,要见你们的面,补满你们信心的不足。"作为使徒和传道人的保罗试图践行其使命,要让信徒为终末的到来做好准备,但是"撒旦阻挡了我们"(ἐνέκοψεν ἡμᾶς ὁ Σατανᾶς)。海德格尔认为,保罗所说的"撒旦"并不是什么魔鬼,按照旧约圣经,撒旦指的是"敌对者""与上帝意志作对的人",对于基督徒而言,撒旦则指诱惑者(ὁ πειράζων)。让保罗感到困苦的乃是"……恐怕那诱惑人的到底诱惑了你们,叫我们的劳苦归于徒然"。保罗寄予了帖撒罗尼迦会众厚望:"你们若靠主站立的稳,我们就活了";"你们就是我们的荣耀、我们的喜乐"。写给帖撒罗尼迦会众的这封信正是出于这样一种

---

① Martin Heidegger, GA60, *Phänomenologie des religiösen des Lebens*, hrsg. von Matthias Jung und Thomas Regehly, Frankfurt am Main: Vittorio Klostermann, 1995, p. 95.

② Martin Heidegger, GA60, *Phänomenologie des religiösen des Lebens*, hrsg. von Matthias Jung und Thomas Regehly, Frankfurt am Main: Vittorio Klostermann, 1995, pp. 97 – 98.

担忧和期望而作,而担忧和期望乃出于同一个原因,即为了使他们在再临事件发生之时"心里坚固、成为圣洁、无可责备"①。

基于上述理由,保罗回答了再临事件(παρουσία,Parousia)将发生于何时的核心问题。古希腊词 parousia 由 para-(在……旁边)和-ousia(到来、在场)构成,它特指耶稣基督的"第二次到来"。在旧约中,耶稣基督或救主尚未来临;而在新约中,对于保罗及其追随耶稣的人而言,救世主已经降临于人世间了,随着耶稣的死亡,基督徒所面临的问题就是对基督第二次降临的等待。但是,这种对再临的等待究竟意味着什么呢?海德格尔指出:"人们首先想到的是:对再临事件的基本态度乃是一种期待,而基督徒的盼望(ἐλπίς)是它的一个特例。但这全然是错误的!通过对某种未来事件的意识的单纯分析,我们永远也达不到再临事件的关联意义。"②换言之,只要以一种客观时间意义上的"何时"(Wann)来把握再临事件,那么就从根本上误解了这种等待的本源含义。因为基督徒的盼望正是这种对再临事件的关联意义,即如何通达再临这一现象或如何经验再临事件的方式。

关于再临事件的"时间与时机"(τῶν χρόνων καὶ τῶν καιρῶν,Zeit und Augenblick),保罗讲道:"你们自己明明知道"(αὐτοὶ γὰρ ἀκριβῶς οἴδατε),如此一来,保罗就把再临事件的何时问题抛回给了帖撒罗尼迦会众。在这里,不是因为这个问题没有答案,也不是因为保罗不知道这个问题的答案,而是根本不需要回答这个问题。理由就在于:对再临的时间与时机的知道不是一个认识论的问题,而是一种生活实践的问题。这种知道必定是一种特有的知道,它必须是对个人自身的知道、必须建立在个人自己的实际生活之上。而保罗之所以把这个问题抛回去,乃是因为帖撒罗尼迦会众自身的已成为。为了进一步澄清这种已成为的本真含义,保罗列举了两种以不同方式生活着的人们:第一种人寻求实际生活中的和平与安定(Εἰρήνη καὶ ἀσφάλεια,Friede

---

① 参见《帖撒罗尼迦前书》2:18;2:20;3:1;3:5;3:8;3:10;3:13。

② Martin Heidegger, GA60, *Phänomenologie des religiösen des Lebens*, hrsg. von Matthias Jung und Thomas Regehly, Frankfurt am Main: Vittorio Klostermann, 1995, p. 102.

und Sicherheit)。在与世间打交道的过程中所遭遇的事情并不掀起波澜,也不会引起他们操心与忧烦,在世间寻得和平与安定的人沉溺于世界之中,因此,"和平与安定"也就刻画了这类人的生活的关联方式或经验方式。而当灾祸突然临到他们(τότε αἰφνίδιος αὐτοῖς ἐπίσταται ὄλεθρος)之际,他们首先惊恐不已,继而又无动于衷,因为他们一直都生活在对世间之事的期待当中,灾祸也不过是一桩世间之事。海德格尔认为,这些人是无法拯救自身的,因为他们不拥有自身,他们已经忘却了本己的自身,他们并未在一种本真的知道之澄明中拥有自身。因此,他们不能掌控和搭救自己,他们生活于黑暗之中(ἐνσκότει)。与此相反,另一种人则生活在白昼(ἡμέρα, Tag)当中。海德格尔认为,这里的"白昼"有两层含义:一是与黑暗相对的对自身的知道的"光亮"(φωτός, Helle);二是"主日"(Tag des Herrn)或"再临之日"(Tag der παρουσία)。保罗告诫帖撒罗尼迦会众:"所以,我们不要睡觉,像别人一样,总要警醒谨守。"[1]因为在清醒之时,对自身的知道连同与再临事件的关联一道被给出了。保持清醒、警醒谨守就是要背负起自身生命的十字架,就是要背负起再临事件的确定的不确定性和不确定的确定性,而这也意味着要拒绝实际生活中的"和平与安定"。如前所述,保罗说帖撒罗尼迦会众在不幸中领受真道,此处的"警醒谨守"正是对这种"不幸"的承担。

通过这两种不同生活方式的对比,保罗给出了他对再临事件的回答:再临的"何时"必须被还原为个人行为的"如何"。而再临事件如何在个人生活中发生作用,这需要返回对实际生活本身的实行当中。通达再临事件的关联就在于时刻保持警醒,而非期待某个未来事件的到来。基督徒就生活在这种警醒之中,但这样的生活毫无安定可言,海德格尔却提醒我们,这种"持续的不安定性(Unsicherheit)正是对实际生活的根本意义的刻画"[2]。由此我们可以总结出保罗指示出来的源初基督教信仰的基本特征:基督徒的实际生活在

---

① 参见《帖撒罗尼迦前书》5:6。

② Martin Heidegger, GA60, *Phänomenologie des religiösen des Lebens*, hrsg. von Matthias Jung und Thomas Regehly, Frankfurt am Main: Vittorio Klostermann, 1995, p. 105.

于他向来且不断地是他的已成为,持续不断地将自己置身于与再临事件的关联之中,并且这种持续性依赖于保持警醒、保持对自身的知道,通过这种对自身的知道,基督徒活出了自身的实际性。海德格尔的这种阐释类似于克尔凯郭尔的"重复"(Repetition)概念:你的每一瞬间都将生活作为代价,每一瞬间都将失去生活且又重新赢得生活。① 克尔凯郭尔对生活的这种失去/赢得的不确定性的描述与海德格尔对基督徒宗教生活中的不安定性的阐释,指示着同样的现象:本真的生存方式与非本真的生存方式之间的一念之差。本真的生存能够承担起这种不确定性,在自身的已成为与再临的"未来"之间警醒于"现在"。在现在与瞬间时机中,已成为被一道经验,而神就临显为当下在场者。

海德格尔对这种实际生活的基本特征做了如下的形式刻画,即"基督教的宗教性如此地活出时间性(Die christliche Religiosität lebt die Zeitlichkeit als solche)"②。时间性从一开始就处在海德格尔哲学的核心位置,而对《帖撒罗尼迦前书》的现象学阐释则是他对时间性所做的最早且相对完整的描述。但与此同时,从一开始,海德格尔的时间性概念就不能从客观时间的意义上理解,即不能从日常意义上的过去-现在-将来的三维时间观来理解。在《存在与时间》的第二部分中,海德格尔对时间性做了基本规定,并给出了它的形式结构。海德格尔指出,时间性首先表现为一种以将来、曾在与当前为统一整体的现象学意义上的现象,这个具有统一性特征的现象的核心是"将来",将来于"曾在"中呈现并成为"当前"。其次,时间性的这种三维统一结构将自身公开为绽出(Ekstase),这个概念的原意具有"站出来""出离"以及"脱落"等的含义。并且"将来、曾在和当前显示出'向自身''回到''让照面'的现象性质。而'向某处……''回到某处……'以及'在某处……'将时间公开化为绽出。时间性是本源的、自在自为的'出离自身'本身。我们将这种被刻画的将来、

---

① Søren Kierkegaard,*Repetition and Philosophical Crumbs*,trans. by M. G. Piety, Oxford:Oxford University Press,2009.

② Martin Heidegger, GA60,*Phänomenologie des religiösen des Lebens*,hrsg. von Matthias Jung und Thomas Regehly,Frankfurt am Main:Vittorio Klostermann,1995,p. 80.

曾在和当前的现象称之为时间性的绽出"①。简而言之,时间性的形式结构乃是在诸绽出态(将来-曾在-当前)的统一性中到其时机(Zeitigung)。海德格尔对时间性概念所做的这种考察是时间概念史上的里程碑。为了更深刻地领悟海德格尔对这一概念所做的基本规定及其形式结构,我们固然可以从亚里士多德、奥古斯丁、康德以及胡塞尔对时间概念的论述入手,而且海德格尔也确实在这么做过,正如本文一开始指出的那样。但由上述论证可知,在海德格尔对《帖撒罗尼迦前书》的现象学阐释中,关于时间性的基本规定和形式结构就已经初见端倪了。

现在让我们总结一下:已成为不是某种过去维度,而是生存的基本规定,也是实际性的真正内核。作为特殊之"未来"的再临也不是某种尚未到来的事件,而是表示实际生活经验的唯一的确定的不确定性,这种确定的不确定性便构成了实际生活经验的最一般的关联意义。现在与瞬间时机则指向生存之当下的、具体的生活经验,在其中生存总是面临着在黑暗中还是在白昼中的摇摆不定之危险。自身的已成为与再临的"未来"之间的这个"之间"并不是日常生活中的时间序列上的某一区间,而是"通达",已成为就是成为与再临事件的相关者,已成为本身使得通达再临事件得以可能。

源初基督教的实际生活经验首先表现为一种"再临-自身的已成为-瞬间时机"三态统一的现象整体,在这个整体中,处于核心位置的是"再临事件",并且再临事件在基督徒自身的已成为中呈现为当下的、瞬间时机的神之在场。这一统一的现象整体恰恰就是时间性之形式结构的雏形。另一方面,从自身的已成为到再临事件的通达,本身就表现出了一种"曾在的向前到达"的姿态关联;与此相反,从再临事件到自身的已成为的通达,本身也表现出一种"将来的向后到达"的姿态关联。而这两种姿态关联也恰恰表达了时间性概念的绽出状态或绽出性(Ekstatischkeit)。

---

① Martin Heidegger, GA2, *Sein und Zeit*, hrsg. von Friedrich-Wilhelm v. Herrmann, Frankfurt am Main: Vittorio Klostermann, 1977, p. 435.

四、时间性与死亡现象

在上述独特的时间性意义上，海德格尔把基督教关于再临事件的研究称之为终末论问题(das eschatologische Problem)。在海德格尔看来，终末论的真正含义早在公元 1 世纪就被遮蔽了。对终末论问题的探讨不仅仅是对基督教原始文献的一种阐释，甚至也不仅仅是对源初意义上的基督教信仰的讨论，从根本上说，它是对源初生活现象的生存论分析。这种分析的目的在于揭示出源初的实际生活经验的基本结构，因为从最初的基督徒的生活经验中分析出来的实际性同时也是一般生活的实际性。从对再临事件的现象学分析中，海德格尔揭示出了他后来在《存在与时间》中关于时间性及其形式结构的相关论述。同样地，从对终末论以及终末现象的分析中，他又揭示出了死亡在生存论上的意义，这便是海德格尔在对帖撒罗尼迦前后书的现象学阐释中的运思策略。

众所周知，死亡(Tod)概念是《存在与时间》第二部分中的关键词之一。早在 1919/1921 年所写的《评雅斯贝尔斯的〈世界观的心理学〉》一文中，海德格尔就已经提到了雅斯贝尔斯关于"死亡作为临界处境"的说法，海德格尔本可以把死亡现象作为生存论分析的对象而大加发挥，但遗憾的是他并没有这么做。在写于 1922 年的《对亚里士多德的现象学阐释：诠释学处境的显示》(所谓的"纳托普报告")一文中死亡现象才正式登场，随后又在《时间概念》和《时间概念史导论》中被进一步讨论，而最终对死亡的现象学分析构成了《存在与时间》中关键性的过渡环节。

与对时间性概念的分析一样，海德格尔对死亡现象的探讨也是从对再临事件与终末论的现象学阐释中展开的。再临事件与死亡现象的关系也需要从实际生活经验的关联意义上加以理解，面对再临事件的两种生活方式同样也是面对死亡的两种生活方式。正如置身于黑夜中的人期盼着再临的"未来"一样，处在沉沦倾向中的人也期盼着死亡的"未来"，死亡被当成了一种"尚未到来"意义上的将来事件。在日常生活状态中，这种期盼表现为对死亡作为生命之终结的拒斥，即我们终有一死，但不是今天。海德格尔拒绝那种把死亡当作一个过程来把握的方式，对死亡的视而不见根本不是对生活本身的把握，而恰恰成了生活对自身及其本真存在的一种回避。归根到底，死亡的"悬临"不是将来、不是某种捉摸不定的偶然事件，而是确定的。与此相反，置身于白昼中的人拥有这种对确定着的死亡的悬临，与死亡的关联方式乃是一种独具一格的"拥有"。海德格尔进一步指出，这种对死亡的拥有使得人的特殊的时间性得到了明确突显，而这种时间性已经在上文中以基督徒的实际生活方式的根本规定性的形式呈现出来了。对于死亡的拥有，并不要求我们战战兢兢、坐以待毙，而是要求我们时刻保持警醒、勇于承担起死亡的确定性和生活的实际性。

在《时间概念》中，海德格尔讲道："此在的本真存在就是时间性的存在，此在就是'时间'。"[1]从《宗教现象学导论》到《存在与时间》，海德格尔完成了从"基督教的宗教性活出时间性"到"此在活出时间性"的过渡。但反过来也可以说，海德格尔一开始就是从"此在活出时间性"来理解保罗时代的源初基督教信仰的。基督徒与再临事件的关联、此在与死亡的关联，两者从根本上都牵涉到了人的本质特征，即生存的本真性。终末论（Eschato-logie）一词来自古希腊文 τὰ ἐσχατος 和 λόγος 的合成，前者的意思是"最后的、最遥远的、最极端的"事情，人生在世最遥远之处和最极端之事莫过于死亡了。

综上，这些在对帖撒罗尼迦前后书的现象学阐释中零散出现的概念和观点共同构成了海德格尔思想道路上的一块块路标，尽管有些概念在《存在与时间》及其后期的文本中不再出现，另一些则被遗弃或以陌生的面孔重新出现。比如时机（Augenblick，Kairos）这个概念在后来的海德格尔哲学中所占的地位越来越高；再比如对自身实际性的知道（Wissen）在《存在与时间》中以良知（Gewissen）的面貌出现；还比如对两种不同生活方式的区分则预示着《存在与时间》中本真性与非本真性的区分。已成为（Gewordensein）这一概

---

[1] Martin Heidegger, GA64, *Der Begriff der Zeit*, hrsg. von Friedrich-Wilhelm v. Herrmann, Frankfurt am Main: Vittorio Klostermann, 2004, pp. 105 - 125.

念在《存在与时间》中则转化为"已是"(Gewesenheit),海德格尔认为,此在不断地是向来已是(gewesen)者,Gewesenheit 并不表示曾在或某种曾在状态,而是指这种"向来已是",这里的"向来"所蕴含的意思乃是存在论上的先天,海德格尔正是用这个词来表示此在的实际性,即向来已是被抛者。与已成为(Gewordensein)的意思相同,这种向来已是并非某种偶然事件,而是任何时候都将在实际生活中被一同经验到的生存之本质(Wesen)。海德格尔大约在1953/1954 年与日本学者手冢富雄(Tezuka)的一次谈话中曾回忆道:"……倘若没有这一神学来源,我就绝对不会踏上思想的道路。而来源(Herkunft)始终保持在未来(Zukunft)之中……"①由此可以推论,假如没有这一基督教神学的隐秘起源(尽管是被修正了的),那么我们对海德格尔的时间性概念,乃至他的整个思想的理解都将是不全面的。

作者简介:李成龙,南京大学哲学系 2015 级哲学专业博士研究生(导师张荣),于 2017 年 9 月至 2019 年 9 月受留基委资助赴德国弗莱堡大学进行为期2 年的交流。现为上海财经大学人文学院讲师。

---

① Martin Heidegger, GA12, *Unterwegs zur Sprache*, hrsg. von Friedrich-Wilhelm v. Herrmann, Frankfurt am Main: Vittorio Klostermann, 1985, p. 91.

意抉、主观自由与行动哲学

——从当代视角看黑格尔哲学中的自由意志问题

金 昕

摘　要：在黑格尔哲学体系中，从个体到绝对精神，自由起着至关重要的作用。然而黑格尔却往往被批评为与自由主义的理念相左。这其中存在两个层面的问题，一是个体自由与整体优先性之间的关系，另一个则是更为基本的问题，即人的自由意志问题。人们通常更加关注前者而忽视了后者，事实上，是否承认人的自由意志，以及人的自由行动能力在必然世界中起何种作用，往往决定着个体与整体之间的关系，同时也是理解黑格尔法权与国家思想的一个重要基础。本文将在当代视角下，从最基本的人的自由选择能力出发，考察黑格尔哲学中的自由意志问题。

关键词：黑格尔；自由意志；行动哲学；Willkür

关于"自由"的问题最早可以追溯到古希腊，尽管古希腊的哲学家们并没有直接使用"自由意志"这样的术语，但是柏拉图和亚里士多德都在各自的灵魂学说中讨论到了人与一般动物之区分。后来的中世纪哲学，则是将人的自由与上帝意志进行对照，而若是从当代视角来看，自由的问题首先是人的自由意志与自然界因果必然性是否相容的问题。不同的时代均有不同的视角，在黑格尔这里，理性与自由同样是非常重要的话题，可以说贯穿了整个黑格尔的哲学体系。国内黑格尔研究学界一般以阐释黑格尔哲学为研究基础，本文将试图把黑格尔哲学中讨论自由意志的部分从当代视角出发来进行重新审视。

当代自由意志问题主要涉及以下几个方面。人是否具有自由意志？自由意志与决定论是否相容？人的行动能力来源于当下的自身还是一系列过去的因果链？人何以为自己的行动负责？

在黑格尔所生活的年代，当代的这些问题并没有进入哲学家们的视野中，但是自由与必然之间的关系却是任何一位哲学家都无法绕过的。尽管黑格尔没有用当代的术语来描述自由意志的问题，但是由于其哲学理论极其庞大而系统，他对自由问题的阐述完全可以在当代视角下进行讨论，并且给当代自由意志问题提供一些启发。

一、作"任性"之义的意抉

（一）Willkür 的翻译问题

黑格尔的自由理论，或多或少还是受到了康德的影响，比如他们都认为自由分为积极的自由和消极的自由。邓晓芒①认为康德的自由概念更偏向于消极，而黑格尔的自由概念更偏向于积极。这也可以看出二者的自由观虽然总体上比较接近，但是却仍然具有各自的特点。特别是当我们深入考察两者的自由观时，我们会发现，事实上他们在自由的起源问题上就存在着差异，甚至对意抉（Willkür）一词理解都不相同。

"Willkür"一词的翻译不仅在国内存在很大争论，英语世界对该词的翻译亦莫衷一是②。根源在于康德和黑格尔对"Willkür"的理解不同，用法也不相同。康德认为意抉是一种自由选择的能力，包括消极和积极两个层面，而黑格尔将其看作一种为所欲为的自由，并不是真正的自由。这就导致国内学界对"Willkür"的翻译千差万别，并各有道理，不存在孰对孰错。然而同时也造成了一定意义上的理解困难，"Willkür"确实在英语和汉语里都没有与之对应的词。它在字典中的解释是"专断""随意"等，但是从构词法的角度来讲，

---

① 邓晓芒：《康德和黑格尔的自由观比较》，《社会科学战线》，2005 年第 3 期。

② Alan Patten，*Hegel's Ideal of Freedom*，Oxford：Oxford University Press，1999，p. 20.

"Will"可以看作与"Wille""wollen"同根,有"意愿"的意思,而"kür"来源于"küren",有"选择"的意思,因此它从根本上来讲指的其实就是根据自己的意愿进行选择。因而笔者倾向于保留构词法的原貌特征,将其译为"意抉"。在不同的语境下,意抉既可以是一种决断能力,也可能是随意、专断的,既可以是褒义,也可以是贬义。至于它在德文中意义的演变过程更多的则是与语言、文化有关,正如今天的汉语,"纠结"一词与二十年前的用法就已经差别很大了。康德与黑格尔所处的年代不同,他们对其用法不同也属于正常。

(二)黑格尔哲学中的意抉

在康德那里,由于他曾明确表示"Diejenige aber, welche unabhängig von sinnlichen Antrieben, mithin durch Bewegursachen, welche nur von der Vernunft vorgestellt werden, bestimmt werden kann, heißt die freie Willkür (arbitrium liberum)"[①],括号中的"arbitrium liberum"来源于奥古斯丁的自由决断[②],因而他事实上就是在用 Willkür 一词来翻译拉丁文中的 arbitrium,而这个词在中世纪哲学中含有决断力的意思,是人能够脱离上帝意志并根据自己的意愿做出行动的能力,因此将康德哲学中的 Willkür 理解为"决断"是较为贴切的。然而,在黑格尔那里,"Willkür"则是 wählen zu können 的意思[③],直译为"可选择",当然这指的是人能够意识到各种可能性并从而做出选择的能力。这其中包含了两层含义,首先是它要求人对可能性具有意识("意"),其次人对于其意识到的可能性能够做出行动("抉")。黑格尔在使用"意抉"一词时,确实认为存在任意、任性、为所欲为的意思,他在《法哲学原理》中写道:

---

① Immanuel Kant, *Kritik der reinen Vernunft*, 1787, A802/B830.

② 张荣:《爱、自由与责任:中世纪的道德阐释》,北京:社会科学文献出版社,2015 年,第 239 页。

③ 帕藤表示黑格尔明确地为 Willkür 下了定义(Cf. Patten, 1999: 20.),对此可参见 G. W. F. Hegel, *Grundlinien der Philosophie des Rechts*, §14. in *Georg Wilhelm Friedrich Hegel Werke 7*, 1986。后文引用 *Grundlinien der Philosophie des Rechts* 时缩写为 GPR。

Die gewöhnlichste Vorstellung, die man bei der Freiheit hat, ist die der Willkür, … Wenn man sagen hört, die Freiheit überhaupt sei dies, daß man *tun könne*, *was man wolle*, so kann solche Vorstellung nur für gänzlichen Mangel an Bildung des Gedankens genommen werden, in welcher sich von dem, was der an und für sich freie Wille, Recht, Sittlichkeit usf. ist, noch keine Ahnung findet.[①]

为何不能直接将"Willkür"翻译成"任性"呢？因为无论是黑格尔还是康德，这种"Willkür"并非与因果性相对的那种随机性，而是指人突破决定论限制的那种能力。基于这层意思，意抉可以是一种随心所欲、为所欲为的能力（当然和自由完全不在同一个层面），但是人要获得自由，则必须首先具有可以选择的能力，即意抉。"任性"在汉语中虽然可以作"无拘无束"解，但亦有"任由自己的性子"的意思，在这种情况下，无拘无束并非指突破自然界的因果法则或是决定论，而是突破约束，无论这种约束是自然的还是人为的。更多时候是指人为的约束，比如：张三不小心撞到了李四，按说他应该向李四道歉，但是他太任性，头也不回地就走了。这里的"任性"反而有一种在自己本身性格的驱使下，没有做出选择，任凭其发挥作用的意思，与意抉之意相悖。而"任意"则过于强调了任由意志发挥作用，虽然并不是在某种自然的性格或本性的趋势下行动，但在汉语语境里，它也有"随机"的意思，它所包含的范围比意抉要更广，除了现实的可能性之外，还包括了抽象的可能性。黑格尔在这里用了一个负面的例子来说明普通大众对意抉的看法，因为意抉一词在德语民间的使用已经成了"任性""独断"的意思，所以他要强调附释一下，他在文中所讲的作为意抉的"Willkür"并不是普通人所理解的那种为所欲为的任性，并且自由也不等同于意抉。

---

① *GRP*，§15.

二、作为自我决定的主观自由

黑格尔认为意抉是一种意志对于自身规定的基本能力，但并不是真正的自由。在康德那里，真正的自由就是人的自律，人通过理性为自己立法，使其在实践中不受自然律的约束，这就是自我决定。但是在黑格尔这里，自我决定是主观自由的一种表现，它还不是最终真正的自由，真正的自由还要上升到客观精神的高度。也正由于黑格尔将自由的概念不仅仅限定在主体性上，对当今英语世界讨论自由意志问题带来了一些启发。

本节将讨论黑格尔的主观自由问题，尽管国内外学者对该观点的阐释分歧较大，如主观自由是否等同于自我决定等。但从当代视角来看，黑格尔自我决定的理论尽管不能和自由主义相等同，但至少可以用来为自由意志论做辩护。但另一个问题就是，如果黑格尔是一个当代意义上的相容论者，那么他的思想是否能够为意志自由主义辩护？笔者认为黑格尔并非传统意义上的相容论者，相反，他的理论带有意志自由主义的色彩，本节将通过讨论黑格尔关于自我决定的问题来进行论证。

（一）黑格尔的主观自由

在黑格尔这里，主观自由的核心特征究竟是自我决定还是主观认同，很多国内外学者都未能达成一致意见。例如，帕藤①和昆特②均认为黑格尔的主观自由是自我决定，陈浩认为主观自由并非自我决定，而是主体对于对象的"主观认同"③，而邓晓芒倾向于认为黑格尔的主观自由和康德类似但是比康

---

① Alan Patten, *Hegel's Ideal of Freedom*, Oxford: Oxford University Press, 1999, p. 45.

② M. Quante, *Hegel's Concept of Action*, D. Moyar tran, Cambridge, U.K.; New York: Cambridge University Press, 2004, p. 11.

③ 参见陈浩：《论共同体包容个体自由之限度——以黑格尔的"主观自由"概念为例》，《清华大学学报(哲学社会科学版)》，2015 年第 4 期。

德更为积极地"按照自己的法则去行动"①。本文不去比较各位学者之间的观点与论证,还是以主流的自我决定为核心。毕竟黑格尔尽管没有使用康德的"自律"概念,但对于在意抉之上如何达到自由的阐述却与康德是高度类似的:"这一形式的普遍性——自身没有规定而在上述素材中找到其规定性——的真理,乃是自我规定的普遍性,是意志、自由。这种意志是以普遍性——作为无限形式的自身——为其内容、对象和目的,所以它不仅是自在地而且也是自为地自由的意志,即真实的理念。"②也就是说,黑格尔承认自我决定的普遍性,并且这种自我决定是自在自为的自由意志,是在意抉之上的一种类似康德的为自己立法的自由意志。

在《法哲学原理》中,黑格尔将黑格尔的主观自由问题限定为自我决定的好处在于,它可以在同一个概念体系下与当代自由意志理论相联系,并且能够在当代找到很多与黑格尔十分类似的理论。如果用当代术语来讲自我决定,实际上就是以行动者为因的意志自由论(agent-causal libertarianism)。这是一种与决定论不相容的理论,即如果人拥有自由意志,那么因果决定论就是错误的,否则人无法拥有自由意志。

(二)相容论还是不相容论?

黑格尔在自由与自然这两个在当代通常被认为是对立的概念上,将其统一了起来,也就是说,在黑格尔这里并不存在自由与自然的对立,而是将整个自然都纳入了目的论的范畴。事实上黑格尔承认机械论的自然,但是他更承认人类作为自然的一个部分,展现出了最高的形式,这种形式超出于自在的僵化的生命本身,而是自由、自主的、能动的世界③。这并不是人与无机物的二分,而是整个自然界作为一个整体其内部所存在的三个领域。

可以认为,如果把我们当代所讨论的那种因果决定论(哪怕是形而上学

---

① 参见邓晓芒:《康德和黑格尔的自由观比较》,《社会科学战线》,2005年第3期。

② 黑格尔:《法哲学原理》,北京:商务印书馆,2009年,第34页。

③ 黑格尔:《自然哲学》,北京:商务印书馆,2015年,第382页。

的决定论)与自由意志之间的关系交给黑格尔来评论的话,他会认为这种决定论是属于物理学的范畴:"把自然哲学同物理学区别开的东西,是两者各自运用的形而上学的方式。……物理学的普遍东西是抽象的,或者说仅仅是形式的;它不从它本身去的自己的规定,也不向特殊性过渡。"①自然哲学是包括了物理学但要远远超出其范围的,与当今主流的还原论相反,黑格尔事实上是主张着一种非还原论。换言之,黑格尔不认同自然世界是可以用物理的语言来描述的,尽管黑格尔用了很大的篇幅来讲自然界中的各种自在现象,但是正如黑格尔所言,物理世界的普遍性是抽象的。因此,可以说黑格尔持有的观点是与当代物理主义对立的。

当代相容论的代表者们,诸如丹尼尔·丹尼特、费舍尔等,尽管他们并未明确表示是否赞同决定论的观点,但是他们都认为即便决定论为真,人也可以拥有自由意志。这是相容论的核心观点。在黑格尔这里,他不会认为决定论可以为真,因为他已经明确表示了"法的基地一般说来是精神的东西,它的确定的地位和出发点是意志。意志是自由的,所以自由就构成法的实体和规定性"②,并且"自由既不存在于无规定性中,也不存在于规定性中,自由同时是它们两者"③。相容论者们会认为自由可以存在于规定性中,特别是传统相容论者,他们仅仅将自由看作不受胁迫的行动,对于一个行动是否真正具有多重可能性并不太关注。但是与此同时,霍耐特则引用了另一段话,即"自由是希求某种被规定的东西,但却在这样一种规定性中:既守在自己身边而又重新返回到普遍物"④,并试图将黑格尔描述为法兰克福式的相容论者⑤。法兰克福认为欲望可以分为多种级别,其中一级欲望将行动作为对象,生物体

---

① 同上,第 382 页。

② 黑格尔:《法哲学原理》,北京:商务印书馆,2009 年,第 12 页。

③ 同上,第 22 页。

④ 同上。

⑤ A. Honneth, *The Pathologies of Individual Freedom: Hegel's Social Theory*, Princeton University Press, 2010.

都具有一级欲望。但是人类还具有二级欲望,是人对一级欲望的欲望①。例如,小红想喝奶茶,这就是一个一级欲望,但是她又觉得喝奶茶会发胖,于是她不想产生喝奶茶的一级欲望,这种不想产生一级欲望的欲望就是二级欲望。对法兰克福来说,人的特征是特殊的高阶欲望。简言之,一级欲望就是一种生物本性,而二级欲望是对自身本性的认识,并且是对这种一级欲望的欲望。霍耐特将黑格尔的自由意志归结为:自由意志要能够成为自由意志,它必须将其规定为那些诸如需求、动机等的一级欲望,然后它将其作为一级欲望自身视为对象,这样才可获得自由。这种法兰克福式的阐释尽管确实在某种程度上可以符合相容论的观点,但是事实上对于黑格尔来说,自由是要超出于规定性的,因为"自由不在规定性中"。尽管可以用法兰克福式的理论来将黑格尔的自由意志进行定位,但是对于法兰克福而言,二级欲望是可以与规定性相容的,也就是说,二级欲望也可以"别无选择"。② 但是对黑格尔而言,自由同时是无规定性和规定性两者,并不等于自由可以与规定性相容,它同时也与无规定性相容。这也无怪乎耶欧曼斯会将黑格尔定位成相容论与非相容论的相容论者。

此外,相容论者所认为可以与决定论相容的自由,往往是在自由行动层面。但是在黑格尔这里,最低程度的自由是意抉,这是一种突破传统因果决定论的能力,而且它不在行动层面上,反倒是一种抽象的人类选择可能性的能力。后文将会详细比较意抉在相容论与意志自由论者之间的差异。

(三) 自我决定的无穷递退问题

除了霍耐特,皮平也认为黑格尔是一位当代意义上的相容论者,他的理由是:由于在黑格尔看来,我不需要将我看作是一个没有原因的原因才能成为一个自由的主体,我不需要建立任何超出自然决定论范围的形而上学或是

---

① H. Frankfurt, "Freedom of the Will and the Concept of a Person", *The Journal of Philosophy*, 1971, Vol. 68, pp. 5 - 20.

② 法兰克福认为,人类行为的道德责任并不必然需要多重可能性,或曰可供取舍的可能性(alternate possibilities)。(Cf. Frankfurt, 1969)

作为实践条件的领域①。也就是说,对皮平而言,非相容论的基本条件是行动者主体要是自因的,不能存在于因果链之中。这种观点被盖伦·斯特劳森驳斥过,斯特劳森认为,一种完全出于自因的自由意志是不可能的,他的论证如下:(1) 人做出某个行动是因为人是其所是;(2) 人要为其行动负责,那么就要为其所是负责;(3) 人要为其所是负责,就要为其所是的准则负责,以此类推。② 这会导致无穷递退,因而人是不能对人的行动负责的。这个论证最早可以追溯到霍布斯的版本,但根据耶欧曼斯的研究,他认为把黑格尔和斯特劳森放在一起进行对比并非不合时宜,事实上黑格尔在《逻辑学》里面就已经对这个问题做出了详细的阐释:

> 原因作为原始的事实,具有绝对独立性的规定和一个相对于结果而保持自身的持续存在的规定,但原因在那种以自己的同一性构成原始性本身的必然性中,却仅仅过渡到结果。……在结果中,原因的原始性得到扬弃,而使自身成为一个被设定的存在。不过原因并不因此而消逝,以致现实事物似乎只是结果。……只有在结果里,原因才是现实的,原因才是原因。因此,原因自在自为地是 causa sui(自因)。
>
> ……
>
> 在有限性里我们停留在因果关系的形式规定的差别上,所以我们可以颠倒过来,也把原因规定为一种被设定的东西或结果;这个结果又有另一个原因,于是也在这里产生了从结果到原因的无限递进的过程。同样也会产生从原因到结果的递退过程,因为结果就它与原因本身由同一性而言,即可以被规定为这个原因,也可以被规定为另一个原因,而这另一个原因又有另一个结果,如此递推,以至无穷。③

---

① R. B. Pippin, *Hegel's Practical Philosophy: Rational Agency as Ethical Life*, Cambridge, UK; New York: Cambridge University Press, 2008, p. 41.

② G. Strawson, "The Impossibility of Moral Responsibility", *Philosophical Studies*, 1994, Vol. 75(1-2), pp. 5-24.

③ 黑格尔:《逻辑学》,梁志学译,北京:人民出版社,2003年,第282—283页。

耶欧曼斯认为,导致无穷递退的原因是我们在对行动进行解释,解释则是需要用一个外在的东西来描述另一个东西。在黑格尔这里,对解释的外在性的期望需要与解释的内在性相平衡。首先,解释项必须至少部分地内在于被解释项,因为解释项并不是简简单单地将一个无关的事实摆放在被解释项的旁边;其次,解释项必须内在于其自身,这样它将不再需要另一个解释项来解释自己。因此黑格尔就是在创造一种平衡解释的内在性与外在性的结构,因为在斯特劳森或霍布斯看来,那种人是其所是的准则是外在于人的,不断地通过一种外在的解释项来解释,就会产生无穷递退。黑格尔说:"原因与结果两者具有同一个内容,它们的差别首先仅仅是设定的活动与被设定的存在的差别。"①

因此斯特劳斯式的对自因的反驳在黑格尔这里是无效的,首先,黑格尔并不会否认行动者不可以是自因的,相反,他会将意志的所希求的对象限定为其自身,因而自我决定可以同时是内在性和外在性相同一的。如果按照皮平的理解,黑格尔将自由意志自身作为自由意志的对象是一种外在性的话,那么就会落入斯特劳森的陷阱中。显然,黑格尔已经对这个问题作出了回应,并且阐释了何为黑格尔意义上的自我决定,它既是外在的,又是内在的,所以皮平关于黑格尔可以被认为是相容论的论证也不能成立。

综上可见,无论是从哪个角度,看起来黑格尔似乎与当代相容论者的观点有些近似,并且尽管很多当代哲学家将黑格尔视同相容论者,我们仍然有理由相信黑格尔的观点超出相容论之外,甚至可以说带有意志自由主义者的色彩。下面将讨论当代意志自由主义的代表者罗伯特·凯恩的理论并说明为何耶欧曼斯认为他是当代最接近黑格尔自由意志思想的哲学家。②

---

① 同上,第 284 页。

② C. Yeomans, "Georg Wilhelm Friedrich Hegel", in *The Routledge Companion to Free Will*, Kevin Timpe, Meghan Griffith and Neil Levy eds., Abingdon: Routledge, 2007.

三、以行动者为因的意志自由论与多重选择

黑格尔耶欧曼斯反对将黑格尔定位成相容论或是非相容论者,因为他认为黑格尔承认自由与必然性是相容的,而黑格尔尽管没有讨论决定论是否为真,但是他特别强调了自由意志的重要性,当然也就是否定了自由意志与决定论的相容性。如果说耶欧曼斯认为黑格尔的观点是一种将相容论与非相容论相容的理论,那么事实上黑格尔会更偏向于意志自由论。黑格尔当然没有在分析哲学框架中讨论自由意志问题,但是却采取了自由意志论者的立场来构建自己的体系,而且要将真正的意志自由要上升到伦理和国家,尽管需要一系列复杂的条件,但却可以为当代自由意志问题的讨论提供一个更高的视角。

(一)罗伯特·凯恩的意志自由论

罗伯特·凯恩是当代西方自由意志论的有力辩护者,他反对自由意志与决定论是相容的观点,并认为我们不应当接受决定论,决定论使得自由意志失去了它应有的地位。对我们而言,我们真正想要的并不是那一种在自然的世界中似乎存在自由意志的那一种幻觉,而是一种真正的能够主宰自己命运的自由意志。凯恩同时也是一个自然主义者,他接受当代科学对人类认知活动的解释,提出了一种在科学图景下人类自由意志的可能性。

按照凯恩的观点①,人类大脑中的神经元之间相互连接,存在着各种不确定性,当人面对多重选择时,其结果是未确定的。比如当一个赶着去上班开会的白领路过巷口发现一名路人正在遭遇抢劫时,他内心十分纠结:是装作没有看见,继续赶去上班,还是停下来帮助这名路人。做出决定前的这位白领也并不知道自己后来将会作出怎样的结果。他从思索到作出决定的整个过程事实上就是他大脑中各个神经元克服各种不确定性的噪声形成一个特

---

① R. Kane, *The Significance of Free Will*, New York: Oxford University Press, 1998.

定结果的过程。凯恩将这个过程称为"自我形成行为"(self-forming action)。凯恩虽然在分析哲学界往往被贴上以事件为因的意志自由论者(event-causal libertarianism)的标签,但是凯恩本人认为这是对他的误解,他本人倾向于一种"以事件为因/以行动者为因的意志自由论(event-causal/agent-causal libertarianism)",因为尽管凯恩花了大量的篇幅来描述科学图景下人的大脑如何做出选择的决定,但是他更强调的是这些决定是归因于行动者自身。凯恩区分了意志设定行动(will-setting action)和意志既设行动(will-settled action)。用凯恩自己的例子来讲,假设有一个行动者,想要举起枪去射击远处的某一棵树,当他做出想要去射击的这个决定时,所完成的就是意志设定行动,而射击这个动作就是意志既设行动。至于他是否能够成功射中那棵树与他是否能够成功做出想要去射击的决定,是两个不同层次的问题。意志既设行动可以是与决定论相容的,也就是那种传统相容论者们所倡导的不受胁迫或者高阶欲望。但是意志设定行动是属于自由领域的,也就是意抉。如果按照相容论者的观点,自由是可以与决定论相容的,那么意抉也是与决定论相容的。这就导致人事实上无法为自己的意志进行设定,或者说人无法规定、掌握自己的意志,显然与黑格尔的意图相违背。这也解释了为何笔者倾向于认为黑格尔是非相容论者的原因。

在黑格尔看来,意抉同时存在于意志设定行动和意志既设行动之中,并且还包括了意志自由论所遭遇的"运气反驳论证"[1]。因为黑格尔承认,"意抉是作为意志表现出来的偶然性"[2],"意抉的含义指内容不是通过我的意志的本性而是通过偶然性被规定成我的;因此我也就依赖这个内容,这就是意抉中所包含的矛盾"[3]。

---

[1] 运气反驳论证是相容论者对意志自由主义的一种反驳。由于意志自由主义否认因果决定论,那么会导致人的行动有时候缺乏原因,即因为偶然因素所导致的行动。这种情况下,就无法将行动责任归因于行动者自身,而是一种"运气"。详见梅里(Mele, 1999)。

[2] 黑格尔,《法哲学原理》,北京:商务印书馆,2009年,第29页。

[3] 同上,第30页。

（二）黑格尔对于偶然性的解决

如果说运气反驳论证对于当代意志自由论来说是一个十分困难的问题，因为它触及意志自由论的立论根据，即自由意志是一种需要超出自然界因果关系的东西，那么黑格尔的理论在这方面就会显示出其优势来。对于当代意志自由论而言，特别是以事件为因的意志自由论，首先要预设非决定论，非决定论的前提就是决定论是错误的，至少存在某些结果是没有原因的。在黑格尔这里就会变成，至少存在某些结果是没有外在原因的，这些原因是内在于自身的。这样一来，意抉同时作为一种既能够超出自然律的选择能力，又能够包含并指向自身，就解决了那种外在的运气反驳理论。

这样一种解决方案可能还不能令人十分满意，黑格尔补充道："行为的普遍性质不仅是自在地存在，而且是为行为人所知道的，从而自始就包含在他的主观意志中。……正像行为在其外部定在方面包含着种种偶然后果一样，主观的定在也包含着不确定性，而其不确定程度是与自我意识和思虑的力量之强弱有关。"①也就是说，黑格尔承认行动者的行为存在着外部的偶然性，但是一方面这与自我意识的强弱有关，另一方面由于行动者知道自己所要做出的行动，他可以使得这个行动继续进行下去，也可以及时停止这种行动，因而他对自己的行动是负有责任的。这个解释凯恩同样也会赞同，因为凯恩否认运气对人会造成一种不可控的后果，任何具有清醒意识的行动者都会承认自己所做的行动是归因于自身的，而不是被他人操控着完成。② 就像人的意志既设行动可以失败（没有击中要打的那棵树），但是人的意志设定行动（做出射击的决定并认为可以将其付诸实际行动）却不可能是偶然的。

---

① 同上，第 142 页。

② 当代也有一些认知神经科学家通过实验发现，有时候人认为是自己通过自由意志做出的行动实际上是在接受暗示的情况下做出的，人误以为是自己所做的行动，从而否认自由意志。这个论证超出本文所要讨论的范围，笔者将另行撰文讨论。

（三）多重选择

耶欧曼斯认为凯恩与黑格尔相似的另一个方面在于他们都将人自身作为自己行动的来源，这一点非常重要，因为它能够产生多重可能性。如果人不能够意识到自己的行动具有多重可能性，仅仅只是随着自然因果律或是跟随自己的本性不受拘束地为所欲为，均不能被视作"自由"。

在黑格尔的理论中，一方面人类的理性意志能够使人认识到无数种可能性，另一方面人又会因为在实际生活过程中遇到各种各样的困难而使得行动受到一定的限制。人在这种两难的环境中生活，与内部的自我进行斗争，最终认可了其中一种可能性并将其作为自身的目标而行动。这是一个充满不确定但是却又完全归因于行动者主体的过程，也就是行动者为其行动要负的"终极责任"。

可以看出，黑格尔的自由意志理论虽然与当代自由意志问题的讨论方式完全不同，但是至少在行动者主体层面，与凯恩的理论具有内在的一致性。然而，黑格尔却并没有止步于行动者主体层面，而是将主观自由继续提高，从行动者主体继续向上帝的绝对精神推演，最终形成一幅完整的图景。

结语：黑格尔对于当代意志自由论的启发

黑格尔的自由意志理论首先是预设了意抉的自由，即人面对多重可能性的选择能力，这种能力对黑格尔而言并不是真正的自由，因为它还没有进行自我规定。真正的主观自由是意抉意识到自身，并将自身作为对象而意愿时，它才是一个真正自由的意志。由于黑格尔本人并没有明确表示决定论是否正确，从而为他是会肯定相容论还是非相容论留下了空间，但是仔细考察黑格尔的文本后，我们发现黑格尔会否认意抉在本质上能够与决定论相容，并且黑格尔的自我决定既不是传统相容论意义上的将自我作为外部对象，也不是完全随机没有限制的那种偶然性，意抉是意志突破自然律的能力，而自由则是意抉进行自我规定的结果。因而我们有理由相信黑格尔的自由意志理论可以被看作当代以行动者为因的意志自由论的一种。

黑格尔并没有止步于此,在主观自由层面之上还有客观自由。这是当代自由意志问题所未曾涉及的领域,黑格尔将自由从人的主体性方面上升到了国家的层面,也就是说,在个体自由的上面还有更高一层的自由。当所有的个体相互交织形成一个统一的整体时,整体的系统性则会突现出来。这种更高一层的系统也有其自身的发展规律与自由,倒并不是说它会限制个体的自由,而是由于它的突现性,呈现出另外一幅完全不同的图景。这是当代意志自由论者们没有考虑的图景,因为当代学界对自由意志问题的讨论一般限于主观自由的层面,并且更多的是与自然科学、认知科学相结合。既然凯恩的意志自由论是可以沟通自然科学与自由意志的,并且在某种程度上与黑格尔的理论相互映照,那么我们有理由相信,黑格尔对于历史理性、绝对精神的论述同样可以为当代自由意志问题提供一个更加广阔的思路。

作者简介:金昕,南京大学哲学系外国哲学专业 2015 级硕士研究生(导师张荣)、2017 级哲学专业博士研究生(导师张荣),于 2016 年 1 月至 2016 年 5 月通过南京大学国外短期访学资助项目赴加拿大劳里埃大学进行访学交流。

论乔伊斯的道德虚构主义

黄伟韬

摘　要：在元伦理学讨论中，由于否认道德属性的存在，错论通常被认为会导致道德取消主义。乔伊斯指出，在接受错论的前提下，将道德视为"实用的虚构"可以避免走向道德取消主义。他旨在论证，认知上持有道德信念并不是接受道德论说的必要条件，道德虚构依然可以补充并强化行动者的慎思推理，使其按照道德要求行动。道德虚构主义不仅犯了类比不当的逻辑谬误，而且会导致道德权威缺失的问题，此外还面临虚构内容的解释问题。因此，道德虚构主义并不能避免道德取消主义，这也意味着虚构主义并不是拯救错论的良方。

关键词：错论；道德属性；道德信念；道德取消主义；道德虚构主义

日常道德论说(moral discourse)(如"偷窃是错误的")往往断言了客观道德价值的存在，即存在道德事实和道德属性。人们通常会把这些事实和属性视为独立于人们的个人看法和主观感受的存在。通过对道德事实和道德属性的认识，人们就可以获得道德知识，进而运用道德知识指导行动。1977年，澳大利亚哲学家约翰·L.麦凯(John L. Mackie)提出了著名的道德怀疑主义论证，指出不存在客观的道德价值，全部道德论说都是错误的。麦凯的"错论"(error theory)否定道德价值和道德知识的存在，威胁到了伦理学的客观基础。如果行动者被麦凯的论证所说服，进而相信所有道德论说都是错误的，那么在行动上则倾向于放弃道德论说，这将导致道德取消主义(moral eliminativism）①。理查德·乔伊斯（Richard Joyce）则指出，接受错论并不必然走向取消主义，还有一个选项——虚构主义。道德虚构主义旨在将道德论说视为实用的虚构而予以保留，使其发挥指导人们日常生活的作用。

本文的第一部分将对错论进行分析，介绍错论和道德取消主义的基本论点；第二部分根据乔伊斯的文本对虚构主义的理论来源和基本观点进行介绍和分析；第三部分将论述乔伊斯对道德虚构主义的辩护，即虚构主义如何在接受错论的前提下避免走向取消主义；最后将考察乔伊斯虚构主义的理论困境，在此基础上表明，道德虚构主义不能完全消除走向道德取消主义的可能性。

一、"错论"与道德取消主义

麦凯在其代表作《伦理学：发明对与错》中提出了"错论"思想。在他看来，错论指的是这样一种理论："大多数人在做出道德判断时，除了别的事情以外，都暗自断定是在指向具有客观规定性（objectively prescriptive）的某个东西，但这些断言全都是错误的。"②错论的主要思想包括两点：第一，语义上，道德论说是断言性的（assertoric），道德判断蕴含了存在客观规定性的事实；第二，由于现实中不存在所谓客观规定性的事实，全部的道德断言都是假的。换言之，在关于道德论说语义的理解上，错论与实在论一致，都主张道德论说断言了必然为行动者提供行动理由的道德事实的存在；二者的区别在于，错论指出道德事实并不属于经验世界的一部分，人们没有相信其存在的理由。麦凯进而提出了对元伦理学产生重大影响的"怪异性"论证（the argument from queerness）。下面是对该论证的考察。

---

① Nadeem J. Z. Hussain, "The Return of Moral Fictionalism," *Philosophical Perspectives*, 2004, 18(1), pp. 154-158.

② J.L. Mackie, *Ethics: Inventing Right and Wrong*, Harmondsworth: Penguin Books, 1977, p. 35.

"怪异性"论证由两部分组成,首先来看形而上学论证:[①]

(1) 如果存在客观价值,那么它们将是完全不同于宇宙中其他事物的非常怪异的实体(entities)、性质或关系。

(2) 如果我们不能用经验解释客观价值存在的怪异性,那么我们就没有充分理由相信宇宙间存在客观价值。

(3) 我们不能用经验解释客观价值存在的怪异性。

(4) 因此,我们没有充分理由相信存在客观价值。

其次是认识论论证:[②]

(1) 如果存在客观价值,那么人们应该能够察觉到它们。

(2) 如果人们能察觉到它们,一定是通过某种完全不同于我们日常认知官能的怪异的官能(道德知觉或直觉)。

(3) 如果我们不能用经验解释我们获得道德知识的怪异性,那么我们就没有充分理由相信存在这种怪异的官能。

(4) 我们不能用经验解释我们获得道德知识的怪异性。

(5) 因此,我们没有充分理由相信存在客观价值。

通过怪异性论证,麦凯指出,全部道德论说都是错误的。如果错论成立,我们将陷入一个两难:要么继续坚持我们的道德信念,即明明知道道德论说都是错的,但仍然将其看作真信念来接受和使用;要么走向道德取消主义,完全放弃道德论说,不再谈论道德上的对与错。前者牺牲了真理的价值,不仅在认知上陷入不理性的窘境,同时在行动上也会遭遇很多困难;后者会导致

---

① J.L. Mackie, *Ethics：Inventing Right and Wrong*, Harmondsworth：Penguin Books, 1977, p. 38.

② J.L. Mackie, *Ethics：Inventing Right and Wrong*, Harmondsworth：Penguin Books, 1977, p. 38.

放弃道德论说的作用,使我们完全失去道德论说在人类历史上的一系列好处。上述两个选项都不令人满意,一方面,出于维护知识价值的目的,我们不愿意承认作为怪异实体之道德事实的存在;另一方面,我们也不愿意完全放弃道德论说在指导人们行动上发挥的作用,因为道德论说在调节人类生活中扮演了非常重要的角色。①② 那么是否存在第三个选项? 乔伊斯给出了肯定的回答。他认为,在接受错论的前提下③,通过将道德视为"实用的虚构"(useful fiction)可以保留道德论说在指导实践上的好处。

二、道德虚构主义的理论来源与基本观点

乔伊斯尝试用虚构主义方案解决错论遇到的问题。按照错论,道德论说在语义上承诺了道德价值的存在,而这些价值是无法进入自然序列的怪异实体。乔伊斯旨在不承诺道德价值存在的前提下,保留道德论说在实践上的好处。在他看来,"没必要从我们的思想和语言中将道德完全消除;我们可以将其视作一种实用的虚构而保留其用途"。④ 乔伊斯重构了从错论到道德取消主义的论证⑤:

(1)如果行动者 x 道德上应该做某事 φ,那么不管 x 的欲望和利益如何,x 都应该做 φ。

---

① J.L. Mackie, *Ethics: Inventing Right and Wrong*, Harmondsworth: Penguin Books, 1977, p. 43.

② Daniel Nolan, Greg Restall, Caroline West, "Moral Fictionalism versus the Rest", *Australasian Journal of Philosophy*, 2005, 83(3), p. 307.

③ 乔伊斯指出,道德虚构主义方案假定了麦凯的论证是令人信服的,"这意味着假定了两件事:第一,道德论说是断言性的(即道德判断陈述了信念状态);第二,所有道德断言都是假的(untrue)"。参见 Richard Joyce, *Essays in Moral Skepticism*, Oxford: Oxford University Press, 2016, pp. 219 - 220。

④ Richard Joyce, *Essays in Moral Skepticism*, Oxford: Oxford University Press, 2016, p. 11.

⑤ Richard Joyce, *The Myth of Morality*, Cambridge: Cambridge University Press, 2001, p. 77.

（2）如果 x 在道德上应该做 φ,那么 x 具有一个做 φ 的理由。

（3）因此,如果 x 在道德上应该做 φ,那么不管 x 的欲望和利益如何,x 都具有一个做 φ 的理由。

（4）但是 x 持有这样的理由是不合理的。

（5）因此,x 不受道德责任的约束。

上述论证中,将错论引向道德取消主义在于前提(4)。麦凯和乔伊斯都同意,不存在能提供绝对的行动理由的道德规范。如果接受错论,那么行动者 x 不具有继续持有认知上的道德信念的理由。在此意义上,前提(4)预设了 x 能否按照道德要求行动应取决于 x 在认知状态下是否具有道德信念,即如果 x 认为错论是成立的,那么 x 会质疑道德信念的合法性,进而 x 可以不承认道德论说能够给出这种规范性理由,从而走向道德取消主义。乔伊斯认为虚构主义方案可以避免走向道德取消主义,从而在实践中保留了道德论说的好处。

乔伊斯采用了一种"语力道德虚构主义"(force moral fictionalism)[1]的方案,即认为虚构主义的道德论说在内容上与日常道德论说在内容上完全一致,二者的区别在于言外语力(illocutionary force)[2]的差异。该版本虚构主义

---

① 奥尔森(Jonas Olson)将道德虚构主义分为"语力道德虚构主义"和"内容道德虚构主义"(content moral fictionalism)两种。后者以刘易斯(David Lewis)为代表,通过逻辑上的虚构算子(fiction operator),将日常道德论说与虚构主义版本的道德论说的陈述内容区别开来。乔伊斯拒绝内容道德虚构主义,在他看来,虚构主义版本的道德论说应与日常道德论说在内容上一致,二者的区别主要在于道德表达的言外语力不同:在日常道德论说中,当有人说出"偷窃是错误的"时表达的是说者的信念状态,说者是真挚地想做出这样的陈述;而当道德虚构主义者说出"偷窃是错误的"时则不表达其信念状态,只意味着说者假装做出这个断言。参见 Jonas Olson, *Moral Error Theory: History, Critique, Defence*, Oxford: Oxford University Press, 2014, p. 182。

② 言外语力主要通过言谈来表达说者言外意图所能够产生的语言力量。这个术语来源于奥斯汀(J. L. Austin)言语行为理论对言外表现行为(illocutionary act)的解释。按照奥斯汀的观点,言外表现行为指行动者在言谈中实施了下命令、发警告、做许诺等言外之事,即"在说 x 当中,我在做 y"(In Saying X, I was doing Y)。在本文的讨论中,尽管乔伊斯版本的道德虚构主义和日常道德论说分享相同的语言内容,但二者属于两个完全不同的以言行事行为,即二者对应不同的意图,因此相应的言外语力也有差异。参见 J. L. Austin, *How to Do Things with Words*, Oxford: Oxford University Press, 1962, pp. 94 - 119。

的灵感来自颜色虚构主义,后者主要指人们在认知上不相信存在颜色属性,但在行动上仍出于实用的目的将颜色视为虚构加以接受并使用颜色论说的观点。颜色虚构主义旨在协调日常颜色论说的语义解释与现代科学对颜色属性的解释不符的情况。在日常生活中,具有正常视觉的人们通过观察可以做出如"草是绿的"的断言,这些断言表达了说者的信念状态,蕴含了人们相信颜色是可以直接察觉的物理属性。现代科学的研究指出,物体本身并不存在独立于观察者的颜色属性①,颜色是我们注视物体时获得的视觉经验的心理属性,而非物体本身具有的物理属性。② 基于此,我们可以得出关于颜色的错论:一方面,日常颜色论说断言了物体表面具有颜色属性;另一方面,事实上,物体表面并不具有所谓颜色属性,因此,所有的日常颜色论说都是错误的。即使接受了关于颜色的错论,人们在生活中仍倾向于选择使用原来的颜色论说。

为了进一步阐述颜色虚构主义,乔伊斯区分了两类语境:批判性语境(critical contexts)和日常语境。前者是指哲学讨论中,出于追求真理的目的,人们会指出颜色论说是错误的;后者是指日常生活中,出于实用和方便的考量,选择将其视作一种"实用的虚构"而继续使用颜色论说。③ 根据这种划分,乔伊斯指出,在大多数情况下,尽管在认知上关于颜色的信念是错误的,人们仍会不假思索地做出如"草是绿的"的颜色判断,但这种判断并非基于存在颜色属性的信念,而是假扮(make-believe)的、虚构的判断。只有处在批判性语境下的人们才会指出物体表面根本不存在颜色属性。根据颜色虚构主义,接受了颜色的错论,并没有导致人们在日常生活中放弃颜色论说。

---

① 这是当前学术界关于颜色讨论的一种观点,即认为当前关于颜色的科学研究已直接证明物体本身并不具有颜色属性。比如,"番茄"本身并不具有红色,所谓红色是番茄表面具有的反射可见波的能力作用于观察者视觉产生的感觉。参见 Alex Byrne & David R. Hilbert, "Color Realism and Color Science," *Behavioral and Brain Sciences*, 2003, 26(1), pp. 6 – 7。

② Stephen E. Palmer, *Vision Science: Photons to Phenomenology*, Cambridge: The MIT Press, 1999, pp. 95 – 97.

③ Richard Joyce, *Essays in Moral Skepticism*, Oxford: Oxford University Press, 2016, pp. 221 – 222.

通过类比颜色虚构主义,乔伊斯阐述了道德虚构主义方案。在他看来,一方面,道德论说与颜色论说相似,本质上都是错论;另一方面,二者在人们实际生活中都扮演了重要的角色。他指出,人们在日常生活中经常做出道德判断,如"偷窃是错误的",该判断蕴含了在偷窃行为上存在"错误的"道德属性。但如果接受麦凯的错论,人们只能承认不存在所谓"错误的"道德属性,进而放弃持有道德信念。当人们不具有道德信念时,他们究竟会像抛弃燃素学说一样抛弃道德论说,还是以某种方式继续使用道德论说?乔伊斯认为,虚构主义方案可以帮助人们在生活中保留道德论说。道德虚构主义也区分了批判性语境和日常语境。根据道德虚构主义,在日常语境下做出如"偷窃是错误的"的道德判断时,行动者并没有断言在偷窃行为上存在"错误性",而是做了类似假扮的事情,即行动者像演戏似的假装说出"偷窃是错误的",并通过这种虚构的判断来影响思维和行动。通过将道德视作虚构的,进而通过假扮的方式作出道德判断,乔伊斯试图建构起道德虚构主义的基本框架。

虚构与行动的关系问题是道德虚构主义的关键。乔伊斯指出,虚构与行动具有因果联系(causal links),虚构可以影响行动者的情绪状态(emotional states),进而情绪状态可以通过影响动机来影响行动。[1] 在他看来,在看电影、读小说或者只是沉醉在想象中时,尽管我们不具有相应的信念,但仍会产生真实的情绪,同来自信念的情绪一样,这些情绪也可以直接影响到行动的动机。更重要的是,相较于理性计算,心理意象(mental images)可以更有效地激起行动的动机。[2] 例如,广告通常以一种夸大的、理想化的虚构形式呈现,尽管消费者可能并不相信其展示的内容,但不可否认,他们会被其吸引,不断在脑海里重复这些画面将可能产生真实的想要购买的动机,进而引发购买的行动。

根据上述联系,乔伊斯认为,行动者在缺少道德信念的前提下,仍会接受并使用道德论说。有两点需要注意:其一,道德虚构主义不是宣教主义(prop-

---

① Richard Joyce, *Essays in Moral Skepticism*, Oxford: Oxford University Press, 2016, p. 233.

② Richard Joyce, *Essays in Moral Skepticism*, Oxford: Oxford University Press, 2016, p. 234.

agandism)。宣教主义指善于摆布大众的人出于让大众安分守己的考量,在明明知晓道德论说只是一堆错误的前提下,却拒绝将这个事实告诉大众,还做出各种道德判断。乔伊斯认为,尽管虚构主义者在缺少道德信念的前提下做出道德判断,但这并非有意要欺骗任何人。之所以采用这种做法,是由于他们相信无法辩护道德价值的存在,但同时不想因此失去了道德论说的实用好处。其二,道德虚构主义有助于解决群体甚至是所有人该如何行动的问题。乔伊斯指出,尽管哲学家们试图鼓励人们抛弃错误的观念,但这个计划并不总是能成功实现,正如当前仍有很多人选择相信占星术之类的错误理论,人们也可能会选择相信道德论说这种错误的理论。尽管道德虚构主义者将道德视为虚构,但这并不影响他们与具有道德信念的人使用相同的道德论说,在此意义上,乔伊斯认为,对于群体而言,虚构主义是稳定且可行的策略。[1]

基于以上论述,乔伊斯的虚构主义方案可以表达如下:

(1) 不存在客观的道德价值,全部道德论说都是错误的。

(2) 道德论说具有指导行动的价值,在日常生活中应该予以保留。

(3) 对于行动者 x 而言,在批判性语境下,x 不相信相关道德信念为真,因此,x 不会持有相关道德信念。

(4) 在日常语境下,x 将道德论说视为虚构而予以接受并使用。

(5) 因此,即使 x 不会持有相关道德信念,x 在日常生活中也有理由接受并使用道德论说。

三、乔伊斯对道德虚构主义的辩护

为了论证虚构主义方案可以避免道德取消主义,乔伊斯进一步明确了道德的价值。他认为,道德信念的重要价值就是补充并强化慎思推理

---

① Richard Joyce, *Essays in Moral Skepticism*, Oxford: Oxford University Press, 2016, pp. 228－229.

(prudential reasoning),抵御实践上的不理性(特别是意志软弱问题)。①② 因此,在道德虚构主义和道德取消主义之间,只要能保留道德论说的某些好处,道德虚构主义就能在这个"两强之争"中胜出。③ 为了说明虚构主义方案的可行性,乔伊斯先论述了虚构对非道德行动的作用,进而论述其对道德行动的作用。

乔伊斯首先指出,虚构主义有助于行动者战胜非道德层面的意志软弱问题。他举了一个例子,假设一个行动者出于保持身体健康的需求,做出了"每天必须做 50 个仰卧起坐"的决定。根据乔伊斯的语境,"只有每天做 50 个仰卧起坐才能保持身体健康"是个假命题,但是这个错误观念有助于行动者摆脱懈怠心理。为了坚持规律健身,行动者并不一定要相信这个命题,他们需要的是在感觉疲惫想要放弃时脑海会不自觉地想起"必须做 50 个!",虚构就提供一个将其坚持下去的理由。④ 但是在其他场合下,行动者无须指出必须做 50 个仰卧起坐。在此意义上,在个人行动层面,虚构主义可以对抗意志软弱问题。

乔伊斯进而指出,道德虚构主义有助于行动者在实践中避免意志软弱导致的不理性行动。他将道德虚构主义方案视作一种先定约束(precommitment),即把道德视为虚构是人们事先有意识地对行动进行约束的策略。⑤ 对

---

① Richard Joyce, *The Myth of Morality*, Cambridge: Cambridge University Press, 2001, p. 215.

② Richard Joyce, *Essays in Moral Skepticism*, Oxford: Oxford University Press, 2016, pp. 229 - 232.

③ 在乔伊斯看来,要证明道德虚构主义优于道德取消主义,道德虚构主义并不需要提供与持有道德信念相同的所有实践上的好处。他只需要说明道德虚构主义可以保留某些道德信念的工具价值,而道德取消主义却无法保留这些价值,这就可以证明道德虚构主义优于道德取消主义。参见 Richard Joyce, *The Myth of Morality*, Cambridge: Cambridge University Press, 2001, p.214. 亦可见 Richard Joyce, *Essays in Moral Skepticism*, Oxford: Oxford University Press, 2016, p. 232.

④ Richard Joyce, *Essays in Moral Skepticism*, Oxford: Oxford University Press, 2016, pp. 233 - 234.

⑤ Richard Joyce, *Essays in Moral Skepticism*, Oxford: Oxford University Press, 2016, pp. 235 - 236.

于行动者而言,这种策略将会贯穿其一生:当处在孩童时代,父母长辈培养他们以道德术语进行思考,通过一些善意的谎言使得他们以信念的方式接受道德论说,进而习惯运用该思维进行思考。① 随着成长,这种思维模式变得自然而牢固。即使他们长大后接触到错论,但这种思考模式可能已经根深蒂固了,并且在生活中非常方便和有效,因此他们仍然接受和使用道德论说。乔伊斯指出,通过这种先定约束的策略,对于一个行动者而言,当他进入一个商店时,"偷东西"的念头根本不会出现在行动的想法里。如果一个坏蛋对他说:"为什么不偷东西?"这个行动者会毫不犹豫地回答:"不! 偷东西是错的!"当行动者做出这个回答时,他脑海中的想法与具有道德信念的人一致。即使被置于批判性语境,行动者仍有非道德理由②避免产生偷窃的想法。乔伊斯认为,通过这种贯穿一生的先定约束,道德虚构主义有助于行动者免于意志软弱导致的实践上不理性的问题。

为了避免对道德虚构主义的误解,乔伊斯强调了先定约束与习惯的区别。在他看来,相较于习惯,先定约束可以促进行动者形成更加健全的自我指责形式,进而有助于行动者强化道德思考。乔伊斯指出,习惯固然可以强化慎思推理,但对于行动者而言,违背习惯和违背先定承诺的感受是截然不同的。行动者违背习惯会产生惊讶、失望、苦恼甚至是后悔等情绪,但是这不足以使其产生负罪感;但如果违背先定约束,行动者会产生负罪感,即他做了错事,必须改正,他不仅会受到惩罚并且应该受到惩罚。③ 在此意义上,基于先定约束形成的理由是可靠的,并且该理由对行动者而言也有助于形成不那么做的反向欲望。

---

① Richard Joyce, *Essays in Moral Skepticism*, Oxford: Oxford University Press, 2016, p. 237.

② 乔伊斯明确指出,对行动者而言,存在许多非道德理由使其按照道德要求行动,比如害怕惩罚、渴望好名声、同情同胞等。尽管这些理由是相对稳定的慎思推理,但它们并不足以保证行动者一定按照道德要求行动,因此需要道德化的思考(moralized thought)加以补充和强化。参见 Richard Joyce, *Essays in Moral Skepticism*, Oxford: Oxford University Press, 2016, pp.230 - 231, pp. 237 - 238.

③ Richard Joyce, *Essays in Moral Skepticism*, Oxford: Oxford University Press, 2016, pp. 237 - 238.

综上,乔伊斯认为,即使在不具有道德信念的情况下,行动者通过将道德论说视为"实用的虚构"也能有效补充并强化慎思推理,不仅保留了道德论说指导行动的作用,而且无须纠缠于道德形而上学问题。

四、对道德虚构主义的反驳

乔伊斯的道德虚构主义主要面临三个问题。首先,道德虚构主义的颜色虚构类比论证犯了类比不当的逻辑谬误。上文已经指出,乔伊斯的道德虚构主义来自与颜色虚构主义的类比。笔者认为,乔伊斯的论证犯了类比不当的逻辑谬误。在涉及颜色的审美活动和日常生活中,人们具有对颜色的知觉,并且在潜意识中也有关于颜色的信念(相信观察对象确有颜色)。现代科学的解释并不必然破坏日常颜色论说,因为科学研究仅指出颜色并非物体本身具有的物理属性,这与颜色作为一种倾向性属性(dispositional property)的观点并不冲突。根据该学说,颜色属性指称的是标准条件下具有正常视觉的观察者产生颜色感觉的倾向。倾向论用对观察者视觉系统施加影响的倾向来定义颜色,即对于具有正常视觉的行动者 x 而言,红色就是能在标准光照环境下产生红色感觉的倾向(disposition)。[1] 颜色倾向论的理论预设是两个"标准条件",即标准的光照条件以及具有正常视觉的观察者。人们可以通过标准条件来确定颜色判断的真值,在此意义上仍然具有客观的标准来使用原有的颜色论说,解释非标准条件下的视力和感知。尽管承认在批判性语境下日常颜色论说是错误的,但是人们仍可以按照原有的颜色论说做出颜色判断,如"苹果是红色的",只是"红色"指称的是"在标准条件下引起具有正常视觉的观察者红色感觉的倾向"。即使将这个红苹果置于蓝光下引起了观察者紫红色的感觉时,我们仍然说"苹果是红的",因为在标准光照条件下它会引起红色的感觉。但在道德领域,情况大不相同。在日常语境下,人们往往具有一

---

① Jonathan Cohen, "Color," in *The Routledge Companion to Philosophy of Psychology*, edited by Sarah Robins, John Symons, Paco Calvo, New York: Routledge, 2009, pp. 568 - 576.

些道德信念,这些信念与人们道德实践的行动倾向密切相关。当遭遇批判性语境下的错论,我们可以类比颜色倾向论而采用道德倾向论,即认为道德属性指称的并非道德行动本身具有的属性,而是行动者面对道德事件时产生某种道德反应(赞同或不赞同)的行动倾向;在此意义上,面对相似的道德事件时,人们应做出相似的道德反应。然而,与颜色的感知不同,道德并不存在与之对应的"标准条件":一方面,人们并不具有知觉意义上的道德官能,当我们面对相同的道德事件时,现实中人们道德反应存在很大差异,并不存在颜色判断意义的道德共识;另一方面,我们也很难辩护存在可以确定道德判断真值的标准情境。因此,道德问题和颜色问题不具有充分的相似性,不能简单地将道德虚构主义类比于颜色虚构主义。

其次,道德虚构主义会导致道德权威缺失,进而严重削弱道德论说的规范性效力,甚至会走向道德取消主义。乔伊斯认为,行动者会出于实用的理由继续接受并使用道德论说,结合语言表达的力量,道德论说仍可以为行动者提供压倒性的理由使其按照道德要求行动。但事实上虚构主义并不能做到这一点。其一,相比道德信念,虚构主义很难提供类似的行动上的期待(expectation)。人们选择怎样行动取决于已掌握信息的可信度(credence),很显然,相对于虚构而言,真信念更具有可信性,也更适用于指导人们的实践。① 道德虚构主义否定了道德信念的存在,而代之以"道德虚构",对于行动者而言,二者不仅在认知状态上存在区别,在行动上的期待也完全不同。比如说,一个人在看报纸时,当读到恐怖组织残杀无辜百姓的报道时,他可能会自然地做出这样的期待:我们应该阻止这群恐怖分子滥杀无辜;而在这个人读一本虚构的小说时,当看到描述恐怖组织滥杀无辜的情节时,他不一定会因为相关情节而期待去制止这群恐怖分子的恶行。道德行动的期待和动机与道德信念密不可分,将道德视为虚构并不必然能提供相应的期待和动机。其二,虚构主义方案在实践上无法保证道德要求的权威性和优先性。道德虚构

---

① Zhen Chen, "Why We Care Whether Our Beliefs Are True: An Answer to Stephen Stich," *Frontiers of Philosophy in China*, 2012, 7(1), pp. 142 - 153.

主义是试图在牺牲道德信念的代价下试图保留道德论说实用功能的折中方案,因此乔伊斯专门区分了日常语境与批判性语境。按照道德虚构主义,日常生活中行动者不具有道德信念,只是接受并使用道德论说。但他同时也指出,行动者在童年时期的道德学习通常以信念的形式来接受各种道德规范。根据他的观点,尽管行动者长大后可能会抛弃道德信念代之以道德虚构,但这种由道德信念形成的思维方式和行动倾向仍会继续保持。当虚构主义者需要克服意志软弱问题时,行动者需要压制(suppress)已有的信念(道德仅仅是种虚构)从而获得道德虚构的情感支持。当行动者暂时忘记"道德只是虚构"的观点,重新按照原有的行为倾向去行动时,在某种意义上已经偏离了将道德视为虚构的观点,重新持有了道德信念。① 而行动者如果意识到道德只是为慎思推理提供一种情感支持的话,可能会倾向于直接抛弃道德的神话,直接采用其他论说去权衡慎思理由并做出相应的行动,因为行动者如果"清楚地理解它是什么的话,虚构化的道德不可能对理性人的行动产生指导作用"② 。因此,当面临在符合长远利益的道德要求和短期的个人利益的诱惑之间进行选择的处境时,行动者并不一定选择按照道德要求行动。相比道德这种虚构的观念,个人利益可能是更具有可信性的可靠选择。可见,当行动者意识到道德只是虚构会导致道德权威的缺失,严重削弱了道德论说的规范性效力,进而有可能重新导致道德取消主义,这自然就背离了道德虚构主义的初衷。

最后,道德虚构主义还面临如何解释虚构内容的选择问题。也就是说,在那么多的虚构中,为什么选择这一个虚构而不是其他虚构作为道德虚构内容的问题。从古至今,道德要求的内容产生了很多变化,比如,19 世纪前的印度寡妇会受到娑提(sati,即寡妇殉夫)的约束,在丈夫的葬礼上自焚表达自己对丈夫的忠贞。这个习俗后来被废止。道德虚构主义自身很难解释为何 19

---

① Jonas Olson, *Moral Error Theory*: *History*, *Critique*, *Defence*, Oxford: Oxford University Press, 2014, p. 189.

② R. M. Sainsbury, *Fiction and Fictionalism*, New York: Routledge, 2009, p. 203.

世纪以前印度会选择娑提作为女性必须遵守的道德规范,以及为何后来又立法废止娑提的实践。要想回答该问题,乔伊斯只能诉诸虚构主义以外的考量,例如娑提侵犯了女性的生命权、娑提体现了印度社会对女性的压制、娑提不利于社会的长远发展,等等。但这些回答都属于支持实在论的理由,因为"除了实在论的根据,我们没有别的根据在相关的可能虚构中进行选择"。[①]如果道德虚构主义者需要诉诸实在论的根据来回答上述问题,那么为何还大费周章采用虚构主义而非实在论的立场来解释道德规范性的来源?在此意义上,道德虚构主义是一个自我否定的方案。

结论

乔伊斯旨在通过虚构主义方案避开道德实在论面临的问题,同时保留道德论说的实用价值。然而,由于拒绝承认道德属性的存在,道德虚构主义在实践层面依然有可能导致道德取消主义,因而在客观主义和取消主义之外并不存在第三个选项。可见,道德规范不仅是人类长久以来根深蒂固的心理习性,更是我们的坚定信念。因此,要想从根本上摆脱道德取消主义,道德虚构主义并非明智之选,建立起道德的客观性才是我们应该努力的方向。

(原载《道德与文明》2019 年第 5 期)

作者简介:黄伟韬,南京大学哲学系 2016 级哲学专业博士研究生(导师顾肃),于 2017 年 9 月至 2019 年 9 月受国家留学基金委资助赴美国密西根大学安娜堡校区进行为期 2 年的联合培养。现为中南大学马克思主义学院讲师。

---

① R. M. Sainsbury, *Fiction and Fictionalism*, New York: Routledge, 2009, p. 204.

联导论证的逻辑透视：
从合法性争议到"第三类论证"

廖彦霖

摘　要：联导论证是不是独立的论证类型及其与"第三类论证"的关系，是非形式逻辑与论辩理论的前沿热点。首先，通过重构近年来联导论证的合法性论战，本文发现了其合法性的症结所在并提供了新的辩护路径。随后，借由考察"演绎-归纳"二分法的相关争议，对"第三类论证"这一流行已久的概念提出批评。基于此，联导论证是独立的论证类型。而"第三类论证"这一概念暂时缺乏足够的理据支撑，尤其值得学界重视。

关键词：联导论证；权衡论证；第三类论证；演绎-归纳

一、引论

在日常生活乃至科学研究中，人们经常需要权衡正反意见并做出决定。逻辑学家把同时包括正面的、支持结论的理由以及反面的、反对结论的理由的论证，称为"联导论证"（conduction）或"权衡论证"（pro-con arguments）。① 例如：尽管这所大学的学费昂贵，但它的教研实力极强，所以是一所值得选择的大学。

2011 年，布莱尔（J. A. Blair）和约翰逊（R. H. Johnson）出版了论文集《联

---

① 严格来说，根据前提集的不同组成，联导论证包含三个子类。然而学界近年的讨论聚焦于第三类联导论证——包含正反理由的权衡论证。本文所述的"联导论证"仅取其狭义，即指权衡论证。

导论证：一类被忽视的可废止推理》，引领了联导论证的讨论热潮。① 其中，占据根本重要性地位的联导论证合法性问题，尤其为学界密切关注，如阿德勒（Jonathan Adler）②、布莱尔（J. A. Blair）③、坡辛（Kevin Possin）④、谢耘与熊明辉⑤⑥、岑克尔（Frank Zenker）⑦等学者，近年来纷纷就此展开激烈论战。然而，联导论证的合法性问题至今依旧聚讼纷纭。正如坡辛所言，多年的论战似乎不但没让联导论证的本质"越辩越明"，反倒让其"越辩越糊"（progressively less clear）了。⑧ 为改善此"迷糊"局面，本文力图对联导论证合法性争议的核心交锋进行梳理和评析，为其合法性之证立提供新的视角与依据。同时，本文还将对"第三类论证"这一概念进行系统考察，并对其合法性提出批评。

二、联导论证的合法性争议

率先向联导论证合法性发难的是阿德勒。他认为联导论证的概念蕴涵

---

① Cf. J. A. Blair and R. H. Johnson eds., *Conductive Argument: An Overlooked Type of Defeasible Reasoning*, London: College Publications, 2011.

② Cf. J. E. Adler, "Are Conductive Arguments Possible?", *Argumentation*, 2013, 27, pp. 245 – 257.

③ Cf. J. A. Blair, "A Defense of Conduction: A Reply to Adler", *Argumentation*, 2016, 30, pp. 109 – 128.

④ Cf. Kevin Possin, "Conductive Arguments: Why Is This Still a Thing?", *Informal Logic*, 2016, 36, pp. 563 – 593.

⑤ Cf. Yun Xie and Minghui Xiong, "Commentary on: J. Anthony Blair's 'Are Conductive Arguments Really Not Possible?", in D. Mohammed and M. Lewiński eds., *Virtues of Argumentation: Proceedings of the 10th International Conference of the Ontario Society for the Study of Argumentation*, Windsor, ON: OSSA, 2013, pp. 1 – 6.

⑥ Cf. Yun Xie, "Conductive Argument as a Mode of Strategic Maneuvering", *Informal Logic*, 2017, 37, pp. 2 – 22.

⑦ Cf. Frank Zenker. "Deduction, Induction: Conduction: An Attempt At Unifying Natural language Argument Structures" in J. A. Blair and R. H. Johnson eds., *Conductive Argument: An Overlooked Type of Defeasible Reasoning*, London: College Publications, 2011, pp. 74 – 85.

⑧ Kevin Possin, "Conductive Arguments: Why Is This Still a Thing?", *Informal Logic*, 2016, 36, p. 564.

了两个相互冲突的命题,这将无法让联导论证"成为可能",遑论成为"第三类论证"。本文名之为"阿德勒疑难"。经过学者们的反复讨论与澄清①②③,该疑难可简要塑述如下:

(a) 联导论证的反面理由始终对结论保有拒斥的作用;

(b) 联导论证的结论须不含任何限定,如"大概""一般而言"等。

以上两个命题在直觉上确实互相冲突。若要化解,关键在于回答:在反对理由拒斥结论的情况下,不含任何限定的结论要如何可能? 笔者认为,谢耘等人和布莱尔分别主张的修辞视角与逻辑视角,可视为对该问题的两种解答路径。

谢耘与熊明辉认为,所谓反面理由拒斥结论的情形,其实仅发生在人们对问题的思考(thinking)和反省(reflecting)阶段,这是先于论证的。在这个阶段,人们会在心理层面经历正反面理由的权衡(考虑正面理由对结论的支持能否胜过反面理由对结论的拒斥),以此获得一个确定的、不加限定的结论。之后,才进入构造论证的阶段。在进行论证时(arguing),由于反面理由拒斥结论之作用已在思考和反省阶段发挥并被终结(被正面理由胜过),故此时它将不再对结论保有拒斥。④⑤ 那么,既然反面理由在联导论证中不再起拒斥作用,其作用究竟为何? 谢耘进一步基于修辞学视角,认为反面理由的作

---

① J. E. Adler, "Are Conductive Arguments Possible?", *Argumentation*, 2013, 27, pp. 248 - 251.

② J. A. Blair, "A Defense of Conduction: A Reply to Adler", *Argumentation*, 2016, 30, p. 116.

③ Yun Xie and Minghui Xiong, "Commentary on: J. Anthony Blair's 'Are Conductive Arguments Really Not Possible?", in D. Mohammed and M. Lewiński eds., *Virtues of Argumentation: Proceedings of the 10th International Conference of the Ontario Society for the Study of Argumentation*, Windsor, ON: OSSA, 2013, pp. 3 - 5.

④ Ibid, pp. 5 - 6.

⑤ Yun Xie, "Conductive Argument as a Mode of Strategic Maneuvering", *Informal Logic*, 2017, 37, p. 18.

用或许不在于提升论证的证明力,而在于增强其说服力。[1]

由此可知,通过引入修辞视角,"阿德勒疑难"可得到如下解决:在联导论证中,反面理由作为纯粹的修辞工具而不起拒斥结论之作用,因而结论不含任何限定也就顺理成章。然而,此方案必须以牺牲联导论证最基本的合法性("联导论证是论证")为代价:倘若权衡仅仅是构造论证前的一段心理过程,那么通常所说的"联导论证"就只是一种推理(reasoning),而算不上一种论证。[2]

作为逻辑视角的支持者,布莱尔提出了另一种方案。他指出,反面理由除了出现在推理中,也可"正当地"出现在论证中。因为反面理由在论证中不仅有修辞作用,其逻辑作用同样显著,具体表现为:当一个论证引入了反面理由后,论证强度将变弱。示例如下:[3]

(A1)由于她笔下的人物有趣且情节巧妙,所以她应在文学竞赛中获一等奖。

(A2)虽然她的行文风格并不突出,但她笔下的人物有趣且情节巧妙,所以她应在文学竞赛中获一等奖。

如上,A1为原论证,A2为加入反面理由后形成的联导论证。据经验认知,行文风格决定了一篇文章的辨识度,而一篇文章的辨识度高低与其能否脱颖而出以致获奖往往存在一定的正相关。这说明,A2的反面理由具备相当的拒斥力。大概正因如此,当引入一个颇具"分量"的反面理由后,布莱尔便认为A2的论证强度要弱于A1,这的确与我们的理性直觉契合无碍。也就是说,逻辑论者通过把结论的限定转变为论证强度(前提对结论支持度)的限定,成功化解了矛盾。

由此观之,诉诸论证强度确实能解决"阿德勒疑难"。然而,这是否足以

---

① Ibid,p. 6.

② J. A. Blair, "A Defense of Conduction: A Reply to Adler", Argumentation, 2016, 30, pp. 122 - 123.

③ Ibid, pp. 122 - 125.

证明反面理由的逻辑地位？亦即是否足以让联导论证成为"论证"（而非"推理"）？笔者认为，这里存在着一种不容忽视的"特殊"情况，兹考虑以下论证：

（A3）虽然她的文章篇幅较短，但她笔下的人物有趣且情节巧妙，所以她应在文学竞赛中获一等奖。

纵使我们承认，A2 的论证强度在直觉上比 A1 要弱，但 A3 的论证强度比 A1 弱吗？比起人物塑造与情节设计这两大因素，文章的篇幅长短对于其能否获奖显得"无关紧要"。换言之，当某个联导论证的正面理由可远胜反面理由时，反面理由削弱论证强度之直觉就变得非常微妙且可疑。讨论这种"特殊"情况是十分必要的，因为在一些逻辑学家眼中，这甚至才是联导论证的典范。如弗里曼（James Freeman）就认为，只有在正面理由远胜反面理由时，才算是真正的权衡论证。因为从论证者的角度看，反面理由是如此"微弱"，以致我们只需将他们列在论证中并承认其与结论负相关，而无须列明具体反驳。①

更重要的是，与所谓"非全即无"（all or nothing）的有效性概念不同，论证强度本就是一个相对模糊的概念。尽管学者们提出了一些评估论证强度的方法②③④⑤，但遗憾的是，它们似乎仍难以处理 A1 与 A3 的强度比较。因此，

<hr>

① ［美］詹姆斯·弗里曼.《论证结构——表达和理论》，王建芳译，北京：中国政法大学出版社，2014，第 31—32 页.

② Trudy Grovier, *A Practical Study of Argument* (Enhanced 7th edition), Boston: Wadsworth Cengage Learning, 2013, pp. 361 - 363.

③ Cf. Thomas Fischer, "Weighing Considerations in Conductive Pro and Con Arguments", in J. A. Blair and R. H. Johnson eds., *Conductive Argument: An Overlooked Type of Defeasible Reasoning*, London: College Publications, 2011, pp. 86 - 103.

④ Cf. Robert.C. Pinto, "Weighing Evidence in the Context of Conductive Reasoning", in J. A. Blair and R. H. Johnson eds., *Conductive Argument: An Overlooked Type of Defeasible Reasoning*, London: College Publications, 2011, pp. 104 - 126.

⑤ Cf. Robert.C. Pinto, "Weighing Evidence in the Context of Conductive Reasoning", in J. A. Blair and R. H. Johnson eds., *Conductive Argument: An Overlooked Type of Defeasible Reasoning*, London: College Publications, 2011, pp. 104 - 126.

若要在上述情形中为反面理由的逻辑地位辩护,诉诸论证强度的方法明显力有未逮。

为此,笔者尝试转换思路,从"论证评估"的角度为反面理由的逻辑地位提供辩护。作为一个单前提的可废止论证,A1 的论证评估标准是看单一前提是否为结论提供了充分支持。而加入反面理由构成 A3 后,评估标准则变为两项:(a) 正面理由战胜反面理由;(b) 正面理由为结论提供充分的支持。只有这两项条件全部达成时,某个联导论证才会被视为好论证。吊诡的是,很多论述似乎只强调标准 a,而忽视标准 b。譬如韦尔曼在谈及联导论证时,称"人们通过权衡正面理由胜过反面理由来判定论证成立";①晋荣东也持类似说法,认为"在权衡论证中,结论得以证成的依据在于正面理由的逻辑力量经过权衡胜过了反面理由"②。

然而,只满足 a 并不足以成为好的联导论证。譬如当正面理由非常弱(无法达到充分性要求),而反面理由却更加弱时,即使正面理由能"完胜"反面理由,该论证仍不能算是好论证。由此可知,反面理由的引入能够改变原有论证的评估标准,使评估标准由原有的一项变为两项。

不难看出,上述的论证评估并未涉及修辞层面的讨论,而只单纯在逻辑层面,即就前提对结论的支持程度进行分析。这说明,尽管诉诸评估标准之策略看似简单,但它的确直接有力地体现了反面理由的逻辑地位或功能,使论证的评估标准由一项变为两项。

综上所述,联导论证所面对的两大合法性问题皆得以解决。第一,在反面理由对结论存在拒斥的一般情况下,我们可诉诸论证强度变化来处理"阿德勒疑难";第二,对于反面理由看似微不足道的"特殊"情况,我们可更根本地诉诸评估标准的变化给予回应。由此可得,联导论证确实是一个独立的论证类型。需要强调的是,这并不意味着笔者拒斥联导论证的修辞视角。相

---

① Carl Wellman, Challenge and Response: *Justification in Ethics*, Carbondale, IL: Southern Illinois University Press, 1971, p. 57.

② 晋荣东:《权衡论证的结构与图解》,《逻辑学研究》,2016 年第 3 期,第 14 页。

反，联导论证之所以独特，或许正是因为其反面理由兼具逻辑与修辞的功能。

三、"第三类论证"的迷思

作为一个独立的论证类型，联导论证最基本的合法性已在上一节得到辩护。接下来的一个重要问题便是，它属于"第三类论证"吗？要回答这个问题，有必要对此概念进行简要的学术史回顾。

第三类论证意指演绎与归纳之外的论证类型，是对"演绎-归纳"二分法展开质疑的直接产物。韦德尔（Perry Weddle）举证，在大量的逻辑学教材中，演绎常被定义为"从一般到特殊的推理"，归纳常被定义为"从特殊到一般的推理"。①② 当这样的定义出现在逻辑学教材里，无疑具有极大的误导性，因为其没有对逻辑学与认识论作出清楚的区分。通常所说的"从一般到特殊"与"从特殊到一般"，是认识论意义（人的认识进程）上的演绎推理与归纳推理。③ 而逻辑学意义上的演绎推理，当然不是指"从一般到特殊"，否则换质法和许多典型的有效三段论便不能是演绎的。同理，逻辑学意义上的归纳推理也不是指"从特殊到一般"，否则如"绝大多数 M 是 P，这个 S 是 M，故这个 S 是 P"这类"概率三段论"也不能算是归纳。然而，并非所有的"演绎-归纳"定义都混淆了逻辑学与认识论。例如柯匹（I. M. Copi）、赫尔利（Patrick Hurley）等人在教材中给出的定义（下文简称为"C－H 定义"），"一个断言其前提为结论提供决定性（conclusive）支持的论证即演绎论证，而一个断言其前提为结论提供某些支持而非决定性支持的论证，即归纳论证"。④ 此时，演绎和归纳成了一组语用概念，其区别在于论证的意图（intentions）。由于任何论证都断言其前提支持结论，故这个区分穷尽了所有论证的可能，且不会存在"一般-特殊"区分所具有的缺陷。事实上，这也是当今逻辑学界对演绎与归纳采取的主

---

① Perry Weddle，"Inductive, Deductive"，*Informal Logic Newsletter*，1979，1，p. 2.

② George Bowles. "The Deductive/Inductive Distinction"，*Informal Logic*，1994，16，p. 160.

③ 王习胜、张建军：《逻辑的社会功能》，北京：北京大学出版社，2010 年，第 79 页。

④ S. D. Fohr，"The Deductive-Inductive Distinction"，*Informal Logic*，1979（2），p. 6.

流定义。不过,C－H定义多年来仍然遭到过不同角度的挑战。美国学者鲍尔斯(Bowles)对这场"演绎-归纳"二分法的论战进行了全面深入的考查,[1] 笔者认为其中有两项对于C－H定义的批评最具代表性,以下将作简要阐释。

第一,我们总会遇到论证意图难以明确的情况(例如论者无明显表态,论证内容无明显指示词等),据此定义,这时就无法判定某论证为演绎还是归纳。所以,该演绎与归纳的二分法并不全面。对此,鲍尔斯提出两层反驳:一,即使论者未明显表态或论证内容无明显指示词,我们也可依据一些间接的信息(如论者的推理习惯)去判断其论证意图;二,若实在难以判定,就根据宽容原则(principle of charity),将该论证视为归纳。

第二,C－H定义可能让一个有效的三段论成为归纳论证,或让一个从特殊到一般的经验概括(不包括完全枚举归纳)变成演绎论证,这明显违反直觉。鲍尔斯指出,根据C－H定义,演绎或归纳仅仅取决于论证意图。上文的前者不过是论证强度超出了论者的预期,后者则是论证强度不如预期。这在论辩实践中完全可以理解,并无悖谬之处。

除鲍尔斯总结的批评外,戈维尔还对演绎与归纳的二分法进行了如下攻击:她认为,虽然把归纳定义为非演绎能构造一个完备且互斥的二分法,但却让归纳变成一个"混杂的大布袋(grab-bag)",把科学确证、统计三段论、类比论证等特点各异的论证统统纳入其中。此时说某个论证是归纳论证,不过是做了一个非常空泛的描述,而这些论证本身的特点将被遮蔽。因此,C－H定义需要被舍弃。[2][3] 笔者认为,我们可对此作两点回应:第一,纵使C－H定义

---

① Cf. George Bowles, "The Deductive/Inductive Distinction", *Informal Logic*, 1994, Vol. 16, pp. 159－184.

② Trudy Govier, "More on Deductive and Inductive Arguments", *Informal Logic*, 1979 (3), p. 8.

③ Trudy Govier, "More on Dichotomization: Flip-Flops of Two Mistakes", in OSSA Conference Archive, 2009, Paper 63, p. 5.

下的归纳包含许多不同的论证类型，的确像一个"大布袋"，但该定义仍然成功刻画出论证强度的基本分野，即论证断言其前提对结论提供的支持是决定性还是非决定性的。这一定义非常契合逻辑学的学科关切，具有根本的理论重要性。第二，在某语境下，若把一论证说成是归纳论证显得空泛，只需进一步点出其具体类型即可（如联导论证）。就好像若你觉得把某细长状、常见于书桌上的物体称为"文具"显得太过宽泛，那只需具体说明其为"钢笔"即可。"归纳"标签的存在并不会遮蔽"联导"的特点，正如"文具"不会遮蔽"钢笔"一样。换言之，C－H 定义并不妨碍具体论证类型对各自特点的展现。

值得一提的是，瑞典学者岑克尔近年基于信息内容（information content）与支持动力学（support dynamics）的新颖视角，提出了演绎、归纳与联导的三分架构。① 这能否为第三类论证正名？首先对该架构作简要介绍：

基于信息内容的维度，可区分出演绎、归纳与联导。对于演绎论证，前提集的信息内容 $I(Pn)$ 与其前提集和结论联合体的信息内容 $I(Pn \wedge C)$ 相等，即 $I(Pn) = I(Pn \wedge C)$，以表明其不产生新信息。对于归纳论证，则是 $I(Pn \wedge C) \geq I(Pn)$，以说明其可能产生新信息。对于联导论证，是 $I(Pn \wedge C) > I(Pn)$，说明其必然产生新信息。

基于支持动力学角度，可以区分出演绎、归纳与联导。所谓支持动力学，是指前提的变动（增加或撤除）对于支持程度的影响。对于演绎论证，增加前提对支持程度无影响，以刻画其单调性。相反，若撤除前提（在前提集不含无关前提的情况下），则将"摧毁"该演绎论证。对于归纳论证，不论是前提的增加或撤除（仅指相关前提）都必然影响其支持程度。岑克尔以一个统计三段论作为例证：彼得出生在瑞典；90％的瑞典人是新教徒；所以，彼得是一名新教徒。若对该论证增加一项新前提"彼得的父母于 15 年前从中国移民过来"，

---

① Cf. Frank Zenker, "Deduction, Induction, Conduction. An Attempt at Unifying Natural Language Argument Structures", in J. A. Blair and R. H. Johnson eds., *Conductive Argument: An Overlooked Type of Defeasible Reasoning*, London: College Publications, 2011, pp. 74 - 85.

那么论证强度将被严重削弱。但对于联导论证,前提的增加或撤除(仅指相关前提)可以但不必然影响其支持程度。岑氏认为,归纳与联导论证在支持动力学上有所区别的关键在于:在联导论证中,当前提增加或撤除时,现有前提集所涉的权重(weight)可以改变或保持不变。以第一节中的论证 A3 为例,假设现增加一项新前提"行文风格不突出",则形成新论证 A4"虽然她的文章篇幅较短,且行文风格不突出,但她笔下的人物有趣且情节巧妙,所以她应在文学竞赛中获一等奖"。然而,A4 不一定弱于 A3。因为在评估 A4 时,各项理由的权重可以发生改变。假如提升正面理由的权重,那么 A4 的论证强度就可能与 A3 保持一致。

概言之,与演绎和归纳的主流定义不同,岑克尔基于信息内容与支持动力学的维度,重新将所有论证划分为演绎、归纳与联导三大类。然而,关于该架构能否自圆其说,学界争议较大。[1][2]。本文无意对此深入探讨,对其合理性以开放态度观之,但必须要指出的是:从分类方法论来看,简明性是评价分类方法的重要维度。由于岑氏三分法的分类标准明显比主流的 C-H 定义复杂不少,这意味着即便岑克尔可以回应所有争议,能自圆其说,也仍欠一步论证:相比于主流的二分法,该三分法究竟有何特别优势,为什么人们要弃简就繁呢?

综上,通过考查"演绎-归纳"二分法面临的主要批评及其新近竞争者("演绎-归纳-联导"三分法),可得如下结论:相较而言,基于 C-H 定义的"演绎-归纳"二分法已得到充分证立,而"第三类论证"的概念则缺乏坚实的理性基础。

---

[1] Kevin Possin, "Conductive arguments: Why Is This Still a Thing?", *Informal Logic*, 2016, 36, pp. 570–572.

[2] Trudy Govier, "Conductive Arguments: Overview of Symposium", in J. A. Blair and R. H. Johnson eds., *Conductive Argument: An Overlooked Type of Defeasible Reasoning*, London: College Publications, 2011, p. 264.

四、余论

作为一个独立的论证类型时至今日，第三类论证依然被视为非形式逻辑的主要研究对象，该概念也被中外学者们频繁使用。①②③ 这说明，"第三类论证"的合法性问题远未得到足够重视。

有鉴于此，本文的主要诉求可归结为两点：其一是为联导论证的基本合法性辩护，肯定其作为一个独立的论证类型；其二是在承认联导论证合法性的基础上，对其与所谓"第三类论证"的关联进行切割，并对这一流行概念发起挑战，进而捍卫"演绎-归纳"二分法的合理性。作为非形式逻辑运动早期的概念口号，"第三类论证"大概在当时的理论语境下有其特殊的修辞考虑，即强调逻辑的"实践转向"，提倡学界更多关注假设论证、似真论证或联导论证等生活中常见的论证类型，并试图发展出一套有别于形式逻辑的研究进路。正如非形式逻辑运动的重要干将布莱尔曾坦言："非形式逻辑"（informal logic）一词的创生带有强烈的修辞色彩，旨在强调其研究方法有别于传统的形式化方法，仅此而已（nothing more）。④

对于这一概念在非形式逻辑发展历程中所起到的特殊历史作用，笔者深表理解。然而，在非形式逻辑已成为逻辑学重要分支的今天，我们大概是时候清醒地认识到：正如科学逻辑是"科学研究中的逻辑应用方法论研究"一样，联导论证等非形式逻辑学界重点关注的论证类型，其实质都可视为"对经典或非经典的演绎与归纳推论在非形式论证中的作用机理的刻画"。⑤ 如今

---

① 武宏志：《逻辑实践转向中的非形式逻辑》，《重庆工学院学报（社会科学）》，2008 年第 10 期，第 20—21 页。

② 谢耘：《当代西方论证理论概观》，《哲学动态》，2012 年第 8 期，第 105—106 页。

③ Douglas Walton, "Abductive, Presumptive, and Plausible Arguments", *Informal Logic*, 2001, 21, p. 142.

④ J. A. Blair, *Groundwork in the Theory of Argumentation*, Springer Science + Business Media, 2012, p. 101.

⑤ 张建军：《当代逻辑科学"应用转向"探纲》，《江海学刊》，2007 年第 6 期，第 6—7 页。

若再继续高举"第三类论证"这一旗帜,恐怕会成为非形式逻辑的"理论负资产"而引起其他逻辑学者不必要的误会甚至攻击,不利于非形式逻辑的进一步发展。而承认"演绎-归纳"二分法,既能在学理上站得住脚,更无碍于这些日常论证类型在当下的研究。综上,至少就目前考察的种种"证立方案"来看,"第三类论证"的证立远未成功。若在此基础上把联导等论证视为是与演绎、归纳相并列的论证类型,既是不恰当的理论论断,也是不必要的修辞策略。

(原载《自然辩证法研究》2018 年第 12 期)

　　作者简介:廖彦霖,南京大学哲学系 2016 级哲学专业博士研究生(导师张建军),于 2018 年 9 月至 2019 年 9 月受留基委资助赴加拿大温莎大学进行为期 1 年的交流。现为中山大学哲学系、逻辑与认知研究所助理研究员。

自我的根源

——原自我与前自我的关系辨微

岳富林　王　恒

摘　要：自我问题在胡塞尔现象学中占据着十分重要的位置，但目前学界对纯粹自我、人格自我、原自我（Ur-Ich）、前自我（Vor-Ich）的关系却莫衷一是。本文首先阐明原自我与前自我是纯粹自我和人格自我的两个最终构造根源，借此对混淆层级与混淆根源的观点进行批判；再介绍并辨析如下几种对原自我与前自我之关系的解读：李南麟（Nam-In Lee）的静态/发生式解读、田口茂（Shigeru Taguchi）的近距/远距式解读、倪梁康的形式/内容式解读、马迎辉的正史/前史式解读；最后以现象学考古学为指导线索，尝试提出一种既整合以上诸种解读、又与之完全不同的解读方案。

关键词：自我；原自我；前自我；现象学考古学

自我问题是胡塞尔现象学中的一项核心议题。在文本跨度上，自 1898 年《论感知》①文稿伊始，历经 1901 年《逻辑研究》（第二卷第一部分），1913 年《纯粹现象学通论》（以下简称《观念Ⅰ》），1929 年《笛卡尔沉思与巴黎讲演》，直到 1936 年《欧洲科学的危机与超越论的现象学》（以下简称《危机》），可以说，胡塞尔整个哲学生涯都在思考自我问题。在现象学事实上，自我及其意识生活是对象显现以及对象认识的根据，整个超越论现象学的主题就是自我及其意

---

① E. Husserl, Ms. A Ⅵ 11 Ⅰ, SS. 185 - 186, in E. Marbach, *Das Problem des Ich in der Phänomenologie Husserls*, Den Haag: Martinus Nijhoff, 1974, S. 6.

识与世界之间的意向性关联,即世界在超越论自我及其意识之中的构造。超越论现象学的真正问题是构造问题,自我的"自身构造是所有那些所谓超越构造、世界对象性构造的基础"①,因此,探究自我自身构造之可能性和可理解性的本我学(Egologie)就是构造现象学的基础。下文第一部分将表明,自我自身构造的最终根源是原自我和前自我,它们不再诉诸某种更原初的自我概念。

关于原自我与前自我的关系,迄今为止,国内外学界提出了诸多不同的解读方案,具有代表性的是:李南麟的静态/发生式解读、田口茂的近距/远距式解读、倪梁康的形式/内容式解读、马迎辉的正史/前史式解读。这些方案具有交叉相似之处,也难掩其核心差异。遗憾的是,对于如此重要的问题,目前这些方案几乎都处于"自说自话"的状态,相互之间并没有形成有效的对话。有鉴于此,本文致力于厘清诸种解读之间的关系,分析它们对胡塞尔文本的忠实度,进而尝试提出既整合以上解读、又与之不同的解读方案。

一、作为根源的原自我与前自我

在正式进入原自我与前自我的关系之前,首先要对"自我的根源"这个表述正名,即,指出原自我、前自我对自我的最终奠基特性,对克劳斯·黑尔德(Klaus Held)、丹·扎哈维(Dan Zahavi)、艾杜德·马尔巴赫(Eduard Marbach)、艾尔玛·霍伦施泰因(Elmar Holenstein)将原自我、前自我的层级混淆于纯粹自我、人格自我的层级进行批判,对阿尔文·迪默(Alwin Diemer)将原自我这个根源混淆于前自我这个根源进行批判。

(一)超越论自我的被奠基特性

超越论自我是构造性的主体,经验自我是被构造的客体。在共属超越论

---

① 胡塞尔:《笛卡尔沉思与巴黎讲演》,张宪译,北京:人民出版社,2008年,第23—24页。引文在必要处有所改动,以下不再说明。

态度的意义上,纯粹自我和人格自我都被称作超越论自我。纯粹自我是空洞的同一性极,人格自我是习性关联的统一体。对纯粹自我的讨论集中在《观念Ⅰ》,对人格自我的讨论集中在《现象学的构成研究》(以下简称《观念Ⅱ》)。而《观念Ⅰ》《观念Ⅱ》都局限在内在时间性领域,这个领域在意识流中具有其构造根源,相应地,纯粹自我和人格自我也应当在意识流中具有其构造根源。

在发现现象学还原并经过一段摇摆期(1907—1912)之后,胡塞尔在公开发表的《观念Ⅰ》中果断承认纯粹自我在超越论领域中是绝对存在着的。但正如保罗·利科(Paul Ricoeur)所指出的,胡塞尔在《观念Ⅰ》中涉及两种绝对性的含义:一种是存的必然性,与之相对的是存在的偶然性;另一种是存在的终极性,其存在不需要任何东西作为奠基,与之相对的则是被奠基之物①。在前一个意义上,纯粹自我作为纯粹意识主体无疑是绝对被给予的;但在后一个意义上,纯粹自我这种"超越论'绝对'实际上并非最终物;它是在某种深刻的和完全独特的意义上被构造的东西,而且它在一种最终和真正的绝对中有其根源"②。具体而言,纯粹自我作为同一性极是意向体验之内在的超越,而"意向性……这个层级不下降到组成一切体验时间性的最终意识的晦暗深处,而是把体验看作内在反思中呈现的统一时间过程"③。所谓"最终意识的晦暗深处"即构造起内在时间统一的意识流。

自我不仅是空洞的纯粹自我,还是具有其习性积淀的人格自我。一方面,人格自我作为具有稳定风格和固持习性的基底自我,具有从出生到成长、成熟直至衰老、死亡的发展过程,它与纯粹自我一样都是在内在时间中的绵延统一,因此人格自我也必定具有其在意识流中被奠基的特性。在这个意义上,胡塞尔承认他在《观念Ⅱ》中的研究与《观念Ⅰ》一样"完全保持在内在时间性内部"④。另一方面,人格自我的习性不仅是主动行为之构造成就的积

① 胡塞尔:《纯粹现象学通论》,李幼蒸译,北京:商务印书馆,1997年,第517页。
② 同上,第204页。
③ 同上,第213—214页。
④ 胡塞尔:《现象学的构成研究》,李幼蒸译,北京:中国人民大学出版社,2013年,第86页。

淀,而且一开始是由完全被动的本能所驱动的①,因此,人格自我必定具有其习性动机关联的本能性"前人格"(Vorperson),正是后者使得我最终有可能将自身理解为"人格"(Person)。

(二)奠基性的原自我与前自我

自我的自身构造与内时间构造具有紧密的相关性,"构造现象学的基础也就在于,在内在时间性构造学说以及被归入它的内在体验构造的学说中创立一门本我学理论"②。关于时间构造,胡塞尔坚持区分意识流本身的流动与在其中被时间化了的河流,前者即活的当下的"原时间化"(Urzeitigung),后者即诸时间相位相互交织的自身延展。因而在自我的自身构造上,内在时间中的纯粹自我和人格自我应当具有其在原初流动中的"原存在"(Ursein)或"前存在"(Vorsein)③。

通过对被奠基的纯粹自我及其生活加括号,胡塞尔最终还原到作为"原根基"(Urgrund)的原自我及其"原生活"(Urleben)④。首先,原自我具有匿名性和唯一性。原自我是在活的当下中始终发挥着功能的原极,它不能被任何反思性直观所捕捉,更不是被回忆的对象自我,它是完全逃逸的、匿名的。同时,原自我具有独特的唯一性或"人称上的无变格性"(persönliche Undeklini-erbarkeit),它先于当下自我与过去自我之分,先于自我与他者之分。原自我既不是我也不是你/他/她,而是个体性之"人称"及其变格所构造的源泉。因为一切人称变格都是通过自身时间化构造起来的,而自身时间化又奠基于原自我的原时间化。其次,原自我与"原初非我(urtümliches Nicht-Ich)"不可分离地相统一。在活的当下中可以抽象地区分原自我以及作为其对立面的原

---

① 同上,第 213 页。

② 胡塞尔:《笛卡尔沉思与巴黎讲演》,第 24 页。

③ E. Husserl, *Zur Phänomenologie der Intersubjektivität*, *Dritter Teil: 1929–1935*, hrsg von I. Kern, Den Haag: Martinus Nijhoff, 1973, S. 584.

④ E. Husserl, *Zur phänomenologischen Reduktion*, *Texte aus dem Nachlass（1926–1935）*, hrsg von S. Luft, Dordrecht: Kluwer Academic Publishers, 2002, S. 300.

初非我,原自我即在触发与行为相互唤起之前发挥着构造功能的原统觉,原初非我意味着"世间实在性之可被本己感知方面的现象学剩余项,即感觉质素,在其本己时间化中的原质素(Urhyle)"①。原初非我为原自我而存在,前者在本质上是自我性的。作为一切存在者及其时间形式的原源泉,原自我与原初非我"这两个原根基是统一的,不可分离的,因此只能抽象地得到自为的考察"②,原时间化既是原自我的又是原初非我的原时间化。再次,原自我在原时间化中自身分异并自身融合。原自我生活在活的当下的原流动之中,它具有在原时间化中的存在。在原时间化中,存在着为分异奠基的"原分异"(Ursonderung),以及为统一奠基的"原融合"(Urverschmelzung),原自我在原分异中自身分异,在原融合中自身统一,它具有一种流动而持立的"贰-壹性"(Zwei-Einigkeit)③。

不同于原自我,前自我是作为未被揭示本能之中心的前人格,它"固然是中心,但尚不是'人格',遑论在通常人类人格意义上的人格"④。在《逻辑研究》中,本能一方面被理解为非表象性的体验,另一方面被理解为不确定的表象体验⑤。在后期研究中,胡塞尔将这两种理解分别对应于未被揭示的本能(本能,第一本能)和被揭示的本能(本欲,第二本能)⑥:未被揭示的本能完全就不是表象活动,既非确定性表象又非不确定性表象,被揭示的本能则具有不确定的表象;未被揭示的本能是远距过去的天生本能,被揭示的本能则伴随着人格自我的全部发展过程。天生本能是"一种属于灵魂存在之原初本质结构的意向性",即追求自身保存的总体本能,其中包含着诸多特殊的本能,

---

① E. Husserl, *Späte Texte über Zeitkonstitution*(*1929 – 1934*), *Die C-Mnuskripte*, hrsg von D. Lohmar, Dordrecht: Springer, 2006, S. 110.

② Ibid., S. 199.

③ Ibid., SS. 255, 76.

④ Ibid., S. 352.

⑤ 胡塞尔:《逻辑研究(第二卷第一部分)》,倪梁康译,北京:商务印书馆,2015 年,第 743 页。

⑥ E. Husserl, *Grenzprobleme der Phänomenologie*, *Analysen des Unbewusstseins und der Instinkte*, *Metaphysik*, *Späte Ethik*, *Texte aus dem Nachlass*(*1908 –1937*), hrsg von R. Sowa und T. Vongehr, Dordrecht: Springer, 2013, S. 124.

每项本能的满足都具有"一个未被满足的空乏视域",因而重复是天生本能的本质①。天生本能非表象性地追求作为感受性材料(质素流)的目标,不清醒地具有其非实显的世界,前自我与非自我的感受性内容不可分离地相互联结,本能意向性既分离又融合,因此前自我处在一种尚未分化的状态。处在这种状态中的"胎儿(Urkind)"之具体活的当下就是母体,"子宫中的婴儿已经具有动觉,并且动觉地、移动地具有其'事物'——已经形成了原层级中的原真性"②。未被揭示的本能通过重复、满足、断裂、不满、替代生成为被揭示的本能,即有意识地、表象性地朝向某个对象的追求③。因此,相对于胎儿,襁褓中的婴儿已经就是被奠基的,它具有来自胎儿的经验获得物。

(三) 对混淆层级和混淆根源的批判

通过以上对原自我与前自我对超越论自我之奠基特性的说明,就可以对马尔巴赫、扎哈维、黑尔德、霍伦施泰因混淆构造层级以及迪默混淆构造根源进行批判。

在《胡塞尔现象学中的自我问题》第九章(标题为"展望胡塞尔后期对自我问题的态度")中,马尔巴赫宣称,胡塞尔在后期延续了早期关于自我问题的态度,仍将纯粹自我看作行为的射线中心。他认为,与《观念Ⅰ》将实显性我思扩大到非实显性我思相应,胡塞尔在 20 世纪 30 年代将纯粹自我以及自我中心化扩大到原统觉和本能意向性的层面,只是此时触发物向自我"射入"而自我并不向触发物"射出",这种自我状态相应于非实显性体验中的"行为

① E. Husserl, *Späte Texte über Zeitkonstitution* (1929-1934), SS. 169, 257.

② E. Husserl, *Zur Phänomenologie der Intersubjektivität*, *Dritter Teil*, SS. 604-605.

③ E.Husserl, *Späte Texte über Zeitkonstitution* (1929-1934), S. 253; E. Husserl, Ms. C 13 Ⅲ, S. 13, in N-I. Lee, *Edmund Husserls Phänomenologie der Instinkte*, Dordrecht: Kluwer Academic Publishers, 1993, SS. 177-178; E. Husserl, Ms. C 13 Ⅰ, S. 8,引自山口一郎:《发生现象学中作为原触发性被动综合的本欲意向性》,钟庸译,《中国现象学与哲学评论(第9辑)》,上海:上海译文出版社,2007年,第198页; E. Husserl, Ms. C 16 I, S. 14,引自山口一郎:《发生现象学中作为原触发性被动综合的本欲意向性》,第201页。

引动"(Aktregung)①。这种理解必然导致将前自我仅仅看作纯粹自我的被动状态,而行为的被动模态以得到凸显的触发物为前提,触发物恰恰要在未被揭示本能的重复、满足、断裂、不满、替代中才能得到构造。因此,马尔巴赫显然混淆了前自我与纯粹自我的不同构造层级。

扎哈维比马尔巴赫更敏锐地注意到原自我的唯一性、人称上无变格性与自我的复多性、人称变格性之间的矛盾。他提出如下两点来化解这个矛盾:1. 原自我的唯一性表示自我只能对自身具有自身意识,而不能对他我具有自身意识,这种唯一性并不排除他我;2.抽象的自我极无须参照他我就能得到刻画,而具体的人格自我要在主体间性之中才能够得到构造。他还断言前自我不过是前反思的非对象性自我②。扎哈维的错误在于将原自我、前自我、纯粹自我都规定为具有前反思自身意识的索引性第一人称视角,完全错失了内在时间性与意识流之间的层级区分,进而混淆了原自我和前自我与纯粹自我之不同的构造层级。

黑尔德比马尔巴赫和扎哈维更深刻,他区分了内在时间领域和意识流领域,正确地指出持恒自我极已然是被时间化了的内在时间对象,它必定具有相应的构造性意识,即活的当下。遗憾的是,黑尔德并没有相应地严格区分原自我和纯粹自我,以至于认为原自我的匿名性和唯一性不过是后来扎哈维所拥护的"第一人称"③,原自我具有与纯粹自我一样的前对象性反思的自身意识。黑尔德虽然比马尔巴赫和扎哈维都更接近实事本身,但对"第一人称"的无差别使用,阻碍了他发现比纯粹自我更深层的原自我。

与黑尔德区分内在时间性和意识流相平行,霍伦施泰因区分了自我性的联想进程与非自我性的联想进程,前者的载者是超越论自我,后者的载者是

---

① E. Marbach, *Das Problem des Ich in der Phänomenologie Husserls*, SS. 296 - 297.

② D. Zahavi, *Husserl and Transcendental Intersubjectivity*, E. A. Behnke trans., Athens: Ohio University Press, 2001, pp. 82 - 83, 71.

③ K. Held, *Lebendige Gegenwart: Die Frage nach der Seinsweise des transzendentalen Ich bei Edmund Husserl, entwickelt am Leitfaden der Zeitproblematik*, The Hague: Martinus Nijhoff, 1966, S. 161.

原流动生活,"自我是河流在其中得到中心化的极,是河流作为动机场域而对之发挥功能的主体"①。这种原流动生活并非完全的无自我性,而是具有某种自我关联,即与本能自我的关联。与马尔巴赫一样,霍伦施泰因援引《观念Ⅰ》中我思从实显性体验向非实显性体验的拓展,认为本能自我与超越论自我的区分不过是被动性与主动性之间相对的程度性差异。因此,霍伦施泰因最终不仅错误地将前自我理解为自我极,而且还错误地将前自我理解为原自我②。

如果说扎哈维和霍伦施泰因由于混淆了构造层级而混淆了原自我与前自我,那么迪默则是在区分不同构造层级的情况下混淆了两者。迪默承认,超越论自我的诸还原层级与时间构造的诸层级相平行。在深化的还原中,胡塞尔发现,"永恒当下(nunc stans)作为绝对的原自我存在于一切时间性之前,也存在于在其具体性中之自我的时间性之前"③。同时,具体的人格自我奠基于具有遗传之空乏视域的前自我,正是通过从原初本能中苏醒,自我才将自身构造为具有确定视域的、成熟的、理性的、正常的原真本我④。他还说:"'趋向'已然在自我中被前给予和被前标识了,这种趋向作为'本欲'和'本能'在其自我性生活或'前自我性'生活中被瞄向,即作为一种'原自我'而被瞄向。"⑤于是,迪默将前自我混淆为原自我。但正如上文所说的,原自我与前自我之间的区分是非常明显的,原自我是绝对持立在活的当下之中的原统觉,而前自我是远距过去的天生本能中心。

当然,不能将原自我与前自我的混淆完全归咎于扎哈维、霍伦施泰因或迪默,毕竟胡塞尔本人有时候就含混地使用着原自我与前自我这两个术语。例如,"每个经验自我都是作为原自我开始的……每一个自我在自我出生时

---

① E. Holenstein, *Phänomenologie der Assoziation*, *Zur Struktur und Funktion eines Grundprinzips der passiven Genesis bei E. Husserl*, Den Haag: Martinus Nijhoff, 1972, S. 213.

② Ibid., SS. 213, 218 - 221.

③ A. Diemer, *Edmund Husserl*, *Versuch einer systematischen Darstellung seiner Phänomenologie*, Meisenheim am Glan, 1956, S. 43.

④ Ibid., S. 276.

⑤ Ibid., SS.123 - 124.

完全如每一个其他自我一样是同一地同一个东西（作为自我）"①,"原自我及其原形态与原内涵中的本欲系统在被动性和主动性之中发挥作用"②,这两个文本的原自我明显就是处在本能阶段的前自我;而"原初的时间化进程就是前自我的"③等文本的前自我所指的则是活的当下中的原自我。

二、对原自我与前自我之关系的几种解读

通过阐明原自我与前自我在构造上为纯粹自我和人格自我提供最终奠基,原自我与前自我在内涵上相互区分,下面我们正式考察原自我与前自我的关系。首先,我们将介绍对原自我与前自我之关系的四种典型解读。进而,我们将根据胡塞尔文本对这些解读进行辨析,以期查明这些解读的有效性。

(一) 四种解读

1. 静态/发生式解读

迄今为止,学界对原自我与前自我之关系的最典型解读是李南麟在《埃德蒙德·胡塞尔的本能现象学》中提出的静态/发生式解读。这种解读是从静态现象学与发生现象学的严格区分而来的。李南麟认为,静态现象学针对的是非时间性现象之较高统一与较低统一之间的本质关联,发生现象学则从时间性方面处理较高统一与较低统一之间的本质关联;前者关注效用奠基,后者关注发生奠基;前者是描述性现象学,后者是说明性现象学;前者是后者的方法性前提,后者是对前者的深化和完善④。具体而言,静态现象学包含了客体化意向性为非客体化意向性奠基,自我为他者奠基,主体为对象奠基,当

---

① E. Husserl, *Zur Phänomenologie der Intersubjektivität*, *Erster Teil: 1905 –1920*, hrsg von I. Kern, Den Haag: Martinus Nijhoff, 1973, S. 407.

② E. Husserl, *Grenzprobleme der Phänomenologie*, S. 102.

③ E. Husserl, *Späte Texte über Zeitkonstitution* (1929 –1934), S. 309.

④ N-I. Lee, *Edmund Husserls Phänomenologie der Instinkte*, SS. 18 – 21.

下化为再当下化奠基,而这些奠基关系在发生现象学中都不再成立,甚至要被颠倒过来①。自我在静态现象学中被看作一个点状的、逻辑性的自我极,在发生现象学中被看作具有其整个超越论生活;前者具有明确的自身意识,后者仅仅具有模糊的自身意识;前者必然导致唯我论,后者则一开始就具有主体间性经验②。相应地,原自我作为超越论主体性中心就是一切效用的根源,前自我作为原初时间河流的自我性要素和远距过去视域中的自我性要素就是一切发生的根源。最终,由于静态现象学与发生现象学是"两种独立的超越论现象学观念,它们不可能彼此还原"③,所以原自我与前自我就被看作相互独立的。

2. 近距/远距式解读

田口茂虽然继承了静态现象学与发生现象学的区分,但着重强调的是原自我与前自我在其他面的区分。在他看来,原自我是最终的效用根源,前自我是最终的发生根源。原自我悬搁了一切主体间性的效用,而前自我一开始就是主体间性的。这种描述似乎不过是李南麟之解读的翻版,但与李南麟的决定性不同在于,田口茂认为原自我由于面临本己自我与复多自我的疑难才成为主题,前自我是出于意识发生的前层级而成为主题。原自我具有本己自我的明见性,因而原自我对于从事现象学活动的自我来说是最切近的;而前自我对于从事现象学活动的自我而言则是我意识历史中之不可被回忆过去的远距自我④。在发生次序上,前自我虽然可以被看作原自我的发生前史,但在明见性次序上,对远距自我的理解必须奠基于当下近距自我的存在,前者只有通过后者才能被重构出来,后者比前者更具明见性和原初性⑤。

---

① Ibid., S. 26;李南麟:《主动发生与被动发生——发生现象学与先验主体性》,《中国现象学与哲学评论(第 8 辑)》,上海:上海译文出版社,2006 年,第 54 页。

② N-I. Lee, *Edmund Husserls Phänomenologie der Instinkte*, SS. 19, 27, 67.

③ 李南麟:《主动发生与被动发生——发生现象学与先验主体性》,第 21—22 页。

④ S. Taguchi, *Das Problem des, Ur-Ich'bei Edmund Husserl: Die Frage nach der selbstverständlichen, Nähe'des Selbst*, Dordrecht: Springer, 2006, S. 119.

⑤ Ibid., SS. 120 – 121.

3. 形式/内容式解读

国内学界对原自我与前自我之关系的最具代表性解读由倪梁康提出。一方面,他在某种程度上接受李南麟的解读,认为前自我既是原初时间河流中的意识底层又是超越论自我出生的原开端①;另一方面,他提出了与李南麟、田口茂都不同的解读方案。首先,他并不在区分静态现象学与发生现象学的意义上区分原自我与前自我,而是将原自我和前自我都看作发生现象学的课题②。其次,尽管原自我与前自我都具有自身觉察(Selbstinnerwerden),但原自我是"所有时间化统一的原极点",前自我是"自我发生学中在原自我和自我之间的一个阶段"③,因为前者是纯粹形式性的追求活动,后者则在形式之上还具有丰富的实事内容。虽然田口茂也暗中持有形式与内容之分,但这是在静态与发生这两个次序中进行的区分④,而在发生现象学内部进行的形式与内容之分无疑以倪梁康的观点最具代表性。

4. 正史/前史式解读

不同于田口茂在近距与远距的区分基础上将原自我和前自我分别看作自我的正史和前史,马迎辉在活的当下与原感觉意识的区分基础上将原自我和前自我分别理解为正史和前史。与其独特的时间构造分级相平行,马迎辉对自我的自身构造进行相应分级。在最终的两个构造层级中,活的当下在原印象、原滞留和原前摄的原分异与原融合中流动而持立,生活于其中的自我是原自我。活的当下奠基于最终的构造层级——原感觉意识的同期(Zu-gleich),后者是活的当下的生成前史。前自我作为生活于原感觉意识同期中的自我尚不具有活的原视域,因此前自我是原自我的生成前史。原感觉意识

---

① 倪梁康:《胡塞尔现象学概念通释》,北京:生活·读书·新知三联书店,2007年,第496页。

② 倪梁康:《"自我"发生的三个阶段——对胡塞尔1920年前后所撰三篇文字的重新解读》,《哲学研究》,2009年第11期,第55页。

③ 同上,第55、52页。

④ S. Taguchi, *Das Problem des ‚Ur-Ich' bei Edmund Husserl*, S. 121.

的同期不能分离于活的当下,只能抽象性地得到考察,因此,前自我在本质上并不独立于原自我①。

以上四种解读虽然互有交叉的地方,但它们的核心主张是严格区分的。我们应该选择哪种解读方案? 对此,需要进一步分析它们对胡塞尔文本的忠实度。

(二)辨析

1. 静态与发生

首先应当肯定的是,李南麟的如下理解无疑是完全贴合胡塞尔本意的:静态现象学和发生现象学都是本质性的而非事实性的分析,都是超越论的分析而不是心理学的分析;静态现象学是描述性现象学,发生现象学是阐释性现象学。②

至于胡塞尔是在什么时候开始区分静态现象学与发生现象学,李南麟就陷入混乱了。他在《埃德蒙德·胡塞尔的本能现象学》中认为是在 1916/1917年,在《主动发生与被动发生》中却认为是在 1920 年以后③。事实上,胡塞尔在 1912 年为《观念 II》写的铅笔稿就区分了本体论和现象学,前者在同一性中静态地考察固定物,后者在流动统一中考察发生性进程④。只是到 1916/1917年,胡塞尔才明确使用静态现象学与发生现象学这两个术语,前者研究对象在显现统一之中的构造,后者研究意识的先天发生规律,即"一切当下经验动机都回溯到过去的意识"⑤。1921 年,胡塞尔进一步规定了静态现象学和发生现象学的主题,意识与对象的相关性属于前者,内时间河流的构造、内在时间统一体的构造、自然的构造、动物的构造等属于后者,发生现象学所研究的发

---

① 马迎辉:《胡塞尔现象学中的时间性与本我论——一种建基关系的考察》,《复旦大学学报(社会科学版)》,2013 年第 4 期,第 73—75、79 页。

② 胡塞尔:《被动综合分析》,李云飞译,北京:商务印书馆,2017 年,第 381 页。

③ N-I. Lee, *Edmund Husserls Phänomenologie der Instinkte*, S. 25;李南麟:《主动发生与被动发生——发生现象学与先验主体性》,第 15 页。

④ 胡塞尔:《现象学和科学基础》,李幼蒸译,北京:中国人民大学出版社,2013 年,第 104 页。

⑤ E. Husserl, *Zur Phänomenologie der Intersubjektivität*, *Erster Teil*, S. 357.

生规律既包含时间规律又包含联想和再生规律,静态现象学则是以静态对象为指导(Leitfaden)的"入门现象学"(die Phänomenologie der Leitfäden)[①]。胡塞尔在1925/1926年将活的当下纳入发生现象学的主题,"活的内在当下本身的确是最普遍的发生现象"[②]。1930年的研究计划延续了前面的规定,即对意向对象、意向作用及其自我极的研究是静态的,而"作为唯我论抽象之本我的自体发生。被动发生理论,联想。前构造"[③]属于发生现象学。从1912—1930年的规定看,原自我与前自我都应被纳入发生现象学的辖域,因为它们都不是意向体验的自我,而是前行为的自我;都不是固定不变的同一性极,而是流动的统一。这导致以静态现象学与发生现象学来区分原自我与前自我这种解读方案的破产。

另外,李南麟所宣称的诸奠基关系从静态现象学到发生现象学的颠转,是站不住脚的。首先,原初意识流先于任何意向体验,天生本能先于任何本欲追求或主动追求,不能将行为层面的非客体化与客体化之分运用到前行为层面。其次,原质素与感受性材料不是对象,而且原自我与原初非我不可分离地相统一,前自我与感受性材料处在未分化状态,因而这里谈不上主体与对象间的奠基关系。再次,前自我确实一开始就具有原移情性经验,但原自我并非唯我论式的,否则就是无视《危机》§54 b(我作为原自我构造我超越论他者的视域⋯⋯)中通过视域意向性对他者问题的解决。最后,从前自我作为自我的发生根源不能得出再当下化为当下化奠基的结论,正如田口茂所指出的那样,对前自我的再当下化必须奠基于原自我的当下化。

2. 近距与远距

田口茂认为原自我是受到本己自我与复多自我的区分疑难而成为主题的。根据马尔巴赫对胡塞尔承认纯粹自我的动机考察,一个重要的动机是为

---

① E. Husserl, *Zur Phänomenologie der Intersubjektivität*, *Zweiter Teil: 1921 - 1928*, hrsg von I. Kern, Den Haag: Martinus Nijhoff, 1973, SS. 38 - 41.

② 胡塞尔:《被动综合分析》,第167页。

③ E. Husserl, *Zur Phänomenologie der Intersubjektivität*, *Dritter Teil*, S. XXXVI.

了区分本己意识流与复多意识流、自我与他我。但是,原自我不是纯粹自我,田口茂明显混淆了承认纯粹自我的动机与承认原自我的动机,胡塞尔承认原自我不是为了解决主体间疑难,而是为了对纯粹自我进行最终的奠基。进而,上文对李南麟之自我与他者奠基关系的批判同样适用于田口茂,后者错误地将原自我局限在唯我论领域内,忽视了原自我在《危机》中对解决主体间性问题的贡献。

田口茂将原自我规定为近距自我,他所谓的近距有两种不兼容的含义,一是当下的近距,一是与从事现象学活动之自我的近距。我们无条件认同前一种近距,因为原自我就是活的当下中保持为永恒当下的原统觉,它并不随时间相位的流逝而沉入过去,相应地,前自我则是不可能被带至当下的远距过去自我。与此同时,我们果断拒绝后一种近距。欧根·芬克(Eugen Fink)根据"观念"时期的现象学还原区分了三种自我:经验自我、超越论自我与现象学自我①。现象学自我只能表示本己自我,超越论自我表示包含自我与他我在内的一切构造性主体。这种区分并不适用于胡塞尔后期进一步现象学还原所发现的原自我,原自我既不是经验自我也不是超越论自我或现象学自我,后三种自我已然是被构造的内在时间统一体,而原自我是意识流的原功能者;后三种自我是个体性的,原自我是前个体性的。因此,原自我的近距不可能是对现象学自我而言的近距,前自我也不可能是对现象学自我而言的远距。

3. 形式与内容

在胡塞尔现象学中,形式与内容具有多种含义,形式可以表示时间形式、意向作用、形式范畴,内容可以表示时间内容、质素、区域范畴②。形式范畴与

---

① E. Fink, "Die phänomenologische Philosophie Edmund Husserls in der gegenwartigen Kritik" (1933), in *Studien zur Phänomenologie*(*1930 - 1939*), Hague: Martinus Nijhoff, 1966, SS. 355 - 356.

② E. Husserl, *Späte Texte über Zeitkonstitution*(*1929 - 1934*), S. 296;胡塞尔:《纯粹现象学通论》,第62、247页。

区域范畴只适用于意识对象,不能被用于作为原区域的纯粹意识。其他两种形式与内容也不能被用作区分原自我与前自我的依据,因为原自我(原统觉)作为意向作用(统觉)的奠基性要素与作为质素奠基性要素的原质素不可分离地相统一,前自我与感受性材料也尚未分化,它们既具有拟-时间形式又具有拟-时间内容。那么,还能够在什么意义上理解不具有内容的原自我呢?答案是抽象与具体。纯粹自我"除了其'关系方式'或'行为方式'以外……完全不具有……可说明的内容"①,反之,每个人格自我都具有其独特的信念、风格及其周围世界。类似地,原自我"完全不具有确定的质素(Anlagen)……只有对于一切自我都同一的原-自我-结构或原-自我性本质",前自我则具有其确定的质素,而且"每个自我都以一个不同的质素开端"②。在这个意义上,原自我是形式性的,前自我是内容性的。

如果说李南麟由于过分倚重前自我而模糊地将原自我理解为"反思的自我意识之中心的先验主体性"③,甚至将原本属于原自我的原初时间意识流动中的自我性要素归给前自我,那么,倪梁康则由于侧重原自我而将前自我的纯粹本能理解为原自我的纯粹追求活动。适当地中和李南麟与倪梁康的理解,更加符合上文对原自我与前自我的规定,即原自我是在原初时间意识流动中的原统觉,前自我是纯粹本能的活动中心。

4. 正史与前史

马迎辉正确地指出了共时性(Gleichzeitigkeit)与同期(Zugleich)的区分④。共时性只能表示复多时间对象在某个时间位置或时间段中的共时显现,并且在滞留的过程中保持着与当下的相同距离,同期则是原印象与原滞留之时间意识的融合,因此,"我们不能将这个或那个同期称之为一个共时。

---

① 胡塞尔:《纯粹现象学通论》,第 202 页。
② E. Husserl, *Zur Phänomenologie der Intersubjektivität*, *Erster Teil*, S. 408.
③ 李南麟:《主动发生与被动发生——发生现象学与先验主体性》,第 54 页。
④ 马迎辉:《趋同与原意向》,《现代哲学》,2010 年第 5 期,第 82 页。

我们不能再去谈论一个最终构造着的意识的时间"①。

马迎辉进一步区分活的当下与原感觉意识的理由是活的当下是具有现成时间相位或时间形式的时间意识,它必然导向更深层时间意识的构造,即原感觉意识的同期构造②。但是,首先,活的当下的原印象、原滞留、原前摄并不表示与内在时间相同的时间相位,毋宁说,活的当下是前时间的原时间化,正是活的当下这个最终时间意识构造了一切时间相位③。其次,《内时间意识现象学》中所谓原感觉意识的同期,无非就是《关于时间构造的晚期文本》(以下简称《C 手稿》)中活的当下的"同时融合"(Simultanverschmelzung)。在《内时间意识现象学》中,原感觉意识的瞬间-同期(印象性的流淌之同期)和片段-同期(前-同期)分别表示"一个内在的现在的一个或一组原感觉"和"相位的连续统,这些相位与一个原感觉相衔接",为了突出原感觉意识的抽象性,胡塞尔说"可惜我用瞬间-同期这个表达时处处都指的恰恰是片段-同期"④。在《C 手稿》中,两种同期都被整合在活的当下的"同时融合"之中,"这种同时融合在形式上就是处在连续映射之中的原现在、滞留性过去与前摄性将来","作为当下,现在和曾在的连续性,以及保持的视域和将来的视域同期被意识到。这种'同期'作为活的当下就是流动的同期"⑤。再次,即便承认活的当下与原感觉意识的构造性区分,我们也很难将前自我应于原感觉意识,况且前自我是远距过去的自我,而非当下的原印象性自我。因此,在这里我们无法将原感觉意识看作活的当下奠基,也无法将前自我看作原自我的生成前史。

综上所述可知,静态现象学与发生现象学不仅不能构成区分原自我与前自我的原则,而且必然会导致无法弥合两种原自我与前自我的关系,即在发

---

① 胡塞尔:《内时间意识现象学》,倪梁康译,北京:商务印书馆,2010 年,第 125 页。

② 马迎辉:《趋同与原意向》,第 84 页。

③ E. Husserl, *Späte Texte über Zeitkonstitution（1929 - 1934）*, SS. 117, 269；E. Husserl, *Zur Phänomenologie der Intersubjektivität*, Dritter Teil, S. 667.

④ 胡塞尔:《内时间意识现象学》,第 125、126、484 页。

⑤ E. Husserl, *Späte Texte über Zeitkonstitution（1929 - 1934）*, S. 76；G. Brand, *Welt, Ich und Zeit : Nach unveröffentlichten Manuskripten Edmund Husserls*, Den Haag: Martinus Nijhoff, 1955, S. 78.

生视角下前自我为原自我奠基,在静态视角下原自我为前自我奠基;可以在与当下,而不是与现象学自我的关系上,谈到原自我的近距与前自我的远距;除了抽象与具体,其他的形式与内容含义都不能被用于区分原自我与前自我;前自我并非原自我在时间意识构造上的前史。因此,静态/发生与正史/前史这两个选项就被排除了,但是将原自我与前自我的关系仅仅解读为近距/远距、形式/内容也是不充分的,因为它们既没有突出原自我与前自我在方法论上的差异,也没有回答原自我与前自我何以在结构上是类似的。因此,本文试图提出一种全新的解读方案。

三、建议性方案:发掘/重构式解读

胡塞尔在 1923/1924 年"第一哲学讲座"中提到现象学的考古学。这种"'考古学',应该系统地研究那种最终根源,以及在自身中包含着存在与真理的一切根源,并且进而应当向我们说明,一切认识何以能够出于一切意指和效用的这种源泉而获得最高的且最终的理性形式……"[1]。在 20 世纪 30 年代,胡塞尔更加明确地规定了这门现象学考古学的方法:"对隐匿在其组元中的构造性建筑进行发掘……正如在通常的考古学中一样:重构,'之字'地理解。"[2]胡塞尔提出现象学考古学包含了发掘与重构这两个步骤,"所有的原联想、原意向性首先都是通过拆解和重构而得到阐释的"[3]。发掘与重构考察的都是不可被反思性直观所直接把握的现象,但发掘所揭示的现象是原初地且绝然地被给予的,例如活的当下;而重构所揭示的现象则永远不可能被事实性地把握到,例如出生、死亡等界限现象。发掘性分析又被称作"回退现象学(Regressive Phänomenologie)",重构性分析又被称作"前进现象学(Progressive Phänomenologie)",前者是"对还原地被给予的、'直观地'被证明的

---

① 胡塞尔:《第一哲学(下卷)》,王炳文译,北京:商务印书馆,2010 年,第 72 页。

② E. Husserl, *Späte Texte über Zeitkonstitution (1929 - 1934)*, S. 356 - 357.

③ Ibid., S. 437.

超越论主体性的构造性分析",后者是对"所有被动机引发的、超出超越论生活之直观被给予性的建构整体"①的分析。

在称号上,胡塞尔也许借用了康德的回溯法(分析法)和前进法(综合法)②,或者借用了保罗·纳托尔普(Paul Natorp)在1880年代提出的建构法与重构法,但胡塞尔与他们之间的差异是非常明显的。康德的回溯法以假定真理性的事实为前提,前进法首先要回答的是先天综合判断何以可能的问题,因此前进法要优先于回溯法。胡塞尔的前进法则要以回溯法为前提,对不可被事实性经验现象的重构要以所发掘的隐匿组元和结构为前提。纳托尔普虽然试图根据本体论差异(对象或对象化主体与原初生活状态中的主体)区分建构法与重构法,但这两种方法实质上是一样的,只是在研究方向上存在着区分,建构法从对象到主体,重构法从主体到对象。这种方法一元论最终导致了本体一元论,即主体成为与客体不可分离的因果关联体。胡塞尔通过超越论还原"在方法论层面上准确地描述了主观性与客观性之间的区别"③,使得超越论主体完全摆脱了与自然客体的因果关联。此外,纳托尔普的建构与重构是静态的,胡塞尔的发掘与重构则是动态的。

发掘先行于重构,重构要以所发掘的最终根源为基础。发掘即"返回自然,并且从自然出发而作为现象学考古学的主导,发掘在其建造要素中隐匿的建造物,统觉性意义成就的建造物,这种意义成就已然为我们存在为了经验世界。对塑形着存在意义之个别成就的追溯和发掘,直到最终的'本

---

① E. Fink, *Sixth Cartesian Meditation: The Idea of a Transcendental Theory of Method, with Textual Notations by Edmund Husserl*, R. Bruzina trans., Bloomington & Indianapolis: Indiana University Press, 1995, p. 8; E. Husserl, *Zur Phänomenologie der Intersubjektivität, Dritter Teil*, SS. XXXVIII-XXXIX.

② 康德:《未来形而上学导论》,庞景仁译,北京:商务印书馆,1982年,第33页。

③ S. Luft, "Reconstruction and Reduction: Nartop and Husserl on Method and the Question of Subjectivity", *Meta: research in hermeneutics, phenomenology, and practivcal philosophy*, 2016 (2), p. 345.

原'"①。发掘就是现象学还原的深化,具有系统性拆解、回溯性分析等表现方式。通过排除世界超越物、他者、一切再当下化,"最终的还原将关注的目光朝向绝对原初的生活,朝向原初的我-在,朝向流动,朝向原被动的流动,朝向我-做,自我-同一化,等等",因而最终我们发现了原自我及其原初流动的自我生活。但不同于李南麟、马迎辉②,我们将发掘方法仅仅用于原自我而不是前自我,因为前自我恰恰要以所发掘的原自我为基本图式才能得到重构。

"重构,即对并不直接被经验之物或不可被经验之物(但是是一种合乎本质的明见之物)的重构"③,"对胎儿的灵魂生活就是如此。但是这个灵魂生活存在着,并且是可被明见地重构的(在一种仅仅'模糊的'规定性之中),并且现实地具有重构为它所指派的存在意义"④。也就是说,重构不是对可被现实经验到之发生过程的建构,而是对"那个或这个这样展开的关系之潜能"⑤的揭示,现实自我的潜能首先发端于处在胎儿阶段的前自我。但是,对成熟主体的结构研究要先于对胎儿或新生儿的研究⑥,正是根据成熟自我的原自我结构,前自我才被理解为"存在着的前存在者,即在方法上始终要被重构者和统一化者,在被统觉之前的'曾在'者"⑦。重构不是形而上学式的独断、假设、猜测或推论,而是植根于"迄今为止向'原现象'之彻底还原的风格"⑧的经验。任何的重构都是以原初被给予之物为合理性基础而进行的,正是原自我的原

---

① E. Hussel, Ms. C 16 Ⅵ, 1, in N-I. Lee, *Edmund Husserls Phänomenologie der Instinkte*, S. 77.

② N-I. Lee, *Edmund Husserls Phänomenologie der Instinkte*, S. 77;马迎辉:《胡塞尔现象学中的时间性与本我论———一种建基关系的考察》,第 79 页。

③ E. Husserl, *Die Lebenswelt*, *Auslegungen der vorgegebenen Welt und ihrer Konstitution*, *Texte aus dem Nachlass (1916 –1937)*, hrsg von R. Sowa, Dordrecht: Springer, 2008, S. 480.

④ E. Husserl, *Zur Phänomenologie der Intersubjektivität*, *Dritter Teil*, SS. 608 – 609.

⑤ 汉斯·莱纳·塞普:《人格———戴着面具的自我》,江璐译,《广西大学学报(哲学社会科学版)》,2019 年第 1 期,第 40 页。

⑥ E. Husserl, *Zur Phänomenologie der Intersubjektivität*, *Dritter Teil*, S. 481.

⑦ E. Husserl, *Späte Texte über Zeitkonstitution (1929 –1934)*, S. 223.

⑧ K. Held, *Lebendige Gegenwart*, S. 145.

初明见性为前自我的重构提供了合法性。由于都是为自我进行最终奠基的构造性根源,都处在前行为、前触发、前时间的本己意识流层面,因而,原自我的结构——原自我与原初非我不可分离地统一,原自我具有原分异与原融合的原时间化——就可被转用(übertragen)于前自我:前自我与感受性材料尚未分化,前自我具有天生本能的空乏视域。正是这种结构相似性,使得胡塞尔偶尔含混地使用原自我与前自我这两个术语。但前自我不是原自我,也不是过去的原自我,因为原自我始终只能是原当下的自我,前自我始终是远距过去的自我。而且,原自我具有比前自我更加原初的被给予性,在这个意义上可以赞同田口茂的断言,即前自我的明见性奠基于原自我的明见性。因此,虽然我们并不具有对不可被回忆之远距前自我的事实性经验,但在原自我的启发下,"我们建构了作为开端的仍然无世界的前场域(Vorfeld)和前自我"①。

对原自我与前自我之关系的发掘/重构式解读,既整合了田口茂的近距/远距式解读和倪梁康的形式/内容式解读,又补充了原自我与前自我在方法论上的差异和在结构上的类似。发掘/重构式解读不仅具有胡塞尔文本的根本支撑,而且得到诸多现象学家的支持,其中不乏提出其他解读方案的现象学家。例如,马里亚·塞莱斯特·维奇诺(María Celeste Vecino)新近的观点即与我们所提出的解读方案相一致,他认为原自我作为当下的原真性是由向活的当下的现象学还原所发现的,前自我作为过去的原真性则只能通过重构才能通达;原自我具有比前自我更多的原初性,包括重构在内的任何现象学研究都预设了原自我的原当下存在②。另外,李南麟承认前自我是本我论反思的界限,它只能从沉淀化现象(这种沉淀化奠基于原自我的原时间化)出发

---

① E. Husserl, *Späte Texte über Zeitkonstitution* (1929–1934), S. 352.

② M. C. Vecino, "Leib and Death: A Study on the Life of the Transcendental Ego in Husserl's Late Penomenology", https://www.academia.edu/34619560/Leib_and_death_a_study_on_the_life_of_the_transcendental_Ego_in_Husserls_late_phenomenology_Workshop_internacional_Husserl_hermen%C3%A9utico_Heidegger_trascendental_Universidad_Diego_Portales_Junio_2017_.

通过相似结构的类比化才能够得到重构①。田口茂也认为前自我只能被重构,而原自我在一切重构之先就已然存在着②。如果剔除在前面所指出的不足,李南麟和田口茂就理应被看作发掘/重构式解读的支持者。

(原载《现代哲学》2019 年第 5 期)

作者简介:岳富林,南京大学哲学系 2016 级哲学专业博士研究生(导师王恒),于 2018 年 1 月至 2019 年 1 月受留基委资助赴丹麦哥本哈根大学进行为期 1 年的交流。现为四川大学哲学系助理研究员。

---

① N-I. Lee, *Edmund Husserls Phänomenologie der Instinkte*, SS. 65, 165.

② S. Taguchi, *Das Problem des ‚Ur-Ich' bei Edmund Husserl*, S. 119.

关系本体论：儒家"仁"与西方关怀伦理

赵　宁

　　摘　要：关怀伦理学家在解释关怀的道德基础时使用了"关系本体论"这一概念，但是这一概念并不指一种严格的哲学本体论承诺，而是指一种社会心理角度对关系之重要性的认识。对于关怀关系的现象描绘并不能直接推出道德的普遍"应当"，其中缺乏了哲学反思的关键步骤，因此关怀伦理内部仍然存在着"是"与"应当"之间的断裂。此前关于儒家"仁"与"关怀"的比较多从"仁"之"用"的维度入手，忽视了二者道德本体层的差异，儒家"仁"的本体论本质上也是一种基于关系的本体论，但是儒家"仁"的关系本体论具有"体用合一"的特征，集"是"与"应当"为一体，具体体现在其两层的关系本体论架构中：先秦儒家同样以家庭中富有情感性的"孝悌"关系作为"仁"之根基，与关怀伦理重视原初家庭领域的关怀关系相似，但是儒家以"孝悌"为核心的"亲亲"关系已经内蕴着伦理的"应当"法则；其次，宋儒以后更加强调"万物一体"关系为"仁"的宇宙论本源，解释了以家庭关系为根基的伦理关怀，何以能推扩至一切宇宙万物。儒家"仁"的两层关系本体论对于克服关怀伦理"是"与"应当"断裂问题具有启发意义。

　　关键词：关系本体论；儒家；关怀伦理；万物一体

关怀伦理学(Care Ethics)①发端于 20 世纪七八十年代的美国，其早期标志性人物为女性主义学者卡罗尔·吉利(Carol Gilligan)和内尔·诺丁斯(Nel Noddings)。起初关怀伦理被认为独属于女性私人领域的描述性道德理论，后经由更多关怀伦理学家推进②，发展成为一门颇具潜力的替代性道德和社会规范理论：它不仅与家庭、朋友等私人领域相关联，也与医疗实践、法律、政治生活、社会组织、战争和国际关系相关联③。相较于主流道德理论，尤其是康德主义和功利主义，关怀伦理拒斥任何形而上的理论基础以及对道德法则的普遍说明，主张用"关系"视角代替"行动者"视角，更加注重维持和发展现实的关怀关系而非判断行为的是非；更加突出具体关系中的道德责任而非抽象的道德义务；更加重视关系中内在的情感体验而非外在理性法则的证明。从完全经验的路径思考道德的来源问题既是关怀伦理的特点，也是其被攻击的软肋：关怀伦理学家虽然提出了关怀的"关系本体论"(relational ontology)以解释关怀的道德基础，但是其中所指的"关系"仍然是一种关于关系的现象而非"存在"本身，其"本体"涵义也并非一种哲学的本体论承诺，而是描述了一种"关系"之于人类生活的"重要性"。简言之，关怀伦理的"关系本体论"并未从本体层面肯定关怀关系为最高的道德善，而是借由社会心理角度的对关系之重要性的把握，直接给出了"关怀"之"应当"，这种"应当"的说明是直接由"是"给出的，对于如何由"是"转变为"应当"的过程，关怀伦理学家并未对此进行说明。

关怀伦理在发展中也努力寻求同其他非西方文化的契合点，儒家"仁"的伦理因特别重视关系、情感、德性等内容被认为有潜力与关怀伦理会通。近

---

① 英语中也用"The Ethics of Care" "Feminist Care Ethics"等指同一概念；国内学者一般将其译为"关怀伦理学""关爱伦理学"等。

② 影响较大的学者包括：Joan Tronto、Diemut Bubeck、Eva Kittay、Virginia Held、Maurice Hamington、Michael Slote、Daniel Engster 等。

③ Held V., *The Ethics of Care: Personal, Political, and Global*, Oxford University Press on Demand，2006，p. 9.

年来,不少学者围绕"仁"与"关怀"能否兼容的问题进行了很多讨论[①],这场争论主要涉及"仁"是为了维护关系还是成就德性;"仁"依靠"礼"的法则处理关系是否与"关怀"依据情境维护关系不同;"仁"所维护的礼教关系是否与"关怀"所要求的平等关系相悖等。实际上这几个问题是围绕"仁"与"关怀"各自"为何维护关系""维护何种关系"以及"怎样维护关系"产生的争论,"关系"问题是这场争论的核心。但是关于这三个问题的分歧反映出大多数学者对"仁"与"关怀"的比较还停留于这两个概念表层的含义,而未深入各自的道德本体论层面进行讨论。尤其是部分西方学者对儒家"仁"这一概念的丰富性和多层次性认识还不足,多将"仁"简单理解为一种类似"关怀"的、属于个体的情感与德性,或者简单等同于传统的礼教,而忽视了"仁"的概念本身和具有关系性本体的内涵,其自身就是伦理价值的源头。因此"仁"的情感发动、德性的实践、"礼"的规定都属于"仁"之"用"的层面,而在"用"中还充分地彰显着"仁"之"体",此"体"即关系性的本体,个体的情感发动与德性践履皆以此关系性的本体为源头。可以说,儒家的"仁"概念与"关怀"概念的根本不同正是在于其是"体"与"用"的合一,集关系性的本体与个体的道德实践为一体。因此,由于部分学者对儒家"仁"之"体"的忽视,导致对"仁"的概念理解不够彻底,在理解"仁"之"体"与"仁"之"用"时将二者人为地割裂。

这些困惑的解决关键就在于辨明"仁"之"体",事实上,"仁"之"体"与关怀伦理的"关系本体论"颇为相似,都指向一种关系性的本体,但是儒家"仁"的关系本体论集"是"与"应当"为一体,是一个两层的关系本体论结构,相比于关怀伦理的一层"关系本体论",是一种"厚"的关系本体论,其以"孝悌"关系为核心的"亲亲"关系与"万物一体"关系共同组成了"仁"的关系本体论内涵,使得"仁"即具有现实发端的根本,又能够在宇宙的高度真正以天地万物为同胞,这对于关怀伦理的"关系本体论"具有启发意义,特别是对于其始终不能克服的"是"与"应当"断裂问题能够提供一条解决的思路。

[①] 参与这场谈论的学者包括:Li Chenyang;Daniel Star;Herr Ranjoo Seodu;Yuan Lijun;Kelly M. Epley;Yoshimi Wada;Li-Hsiang Lisa Rosenlee;Julia Po-Wah Lai Tao 等。

一、关怀伦理的"关系本体论"及其"是"与"应当"[①]问题

关怀伦理的"是"与"应当"问题从其产生之初就存在，吉利根、诺丁斯等人发现了被主流伦理学所忽视的关怀价值，认为人与人之间相互依赖的关怀关系是道德的源泉。随后"关系本体论"这一说法又被许多关怀伦理学家使用。但是关怀伦理学家所发现的依赖与关怀更多存在于传统私人领域，如何从私人关系之所"是"推出适用于更广泛关系之"应当"，并替代主流的"正义视角"[②]，成为关怀伦理学目前面临的核心难题。主流正义伦理学也正是因为抓住关怀伦理产生于私人关系这一软肋，指责其从原本不平等的家庭关系及两性关系中得出一种性别道德或是奴隶道德，将关怀伦理理解为自然的描述伦理而非一门严格的规范伦理。这一问题实际上可以归结为休谟所提出的道德领域中的"是"与"应当"断裂问题，如果不能解释自然形成的关怀关系何以成为道德的本体，关怀伦理将很难成为一种具有普遍意义的规范伦理学。

关怀伦理学家的"关系本体论"一直是一个未经深思的术语，因为无论其中的"关系"概念，还是"本体"概念，其实都不是严格哲学意义的。汉明顿指出，许多关怀伦理学家，包括他自己，都支持为关怀伦理学奠基的"关系本体论"。但是，以往他们在使用"关系本体论"这一术语时，更多指的是社会心理的和实存的对自我及其身份的感知，而非像对"存在"（being）的研究那样是一

---

① 一般认为"是"与"应该"问题最早可以追溯到休谟，在《人性论》中（Hume, *A Treatise of Human Nature*, The Floating Press，2009，p. 715）。休谟指出，几乎所有的道德命题都是由"应该"和"不应该"构成的，与一般"是"与"不是"构成的命题有所不同。从"是"到"应该"的转变是在不知不觉的过程中发生的。休谟指出，我们必须对"应该"和"不应该"这种新的关系和断言进行观察、解释以及提供理由。

② 赫尔德认为，"正义视角"强调普遍的道德原则和如何应用原则到特殊的事例、并且尊重关于它们的合理论证；而"关怀视角"更注意人们的需要，即人们之间的实际关系怎样能维持和修补，并且尊重当作出道德判断时对所在的境况的讲述和敏感性，见 Held V, *The Ethics of Care*: *Personal*, *Political*, *and Global*, Oxford: Oxford University Press on Demand, 2006, p. 28。

种严格的哲学意义的理解。① 换言之,关怀伦理学家的"关系本体论"只是提供了人类之间相互关怀的自然解释,陈述了一种我们彼此依赖,否则便无法存活的客观事实,这种关系的本体实则还是一种未经反思的关系现象,而非严格的哲学本体论承诺。汉明顿的发现可以通过另一位关怀伦理学家罗宾逊对"关系本体论"的解释来印证:"一种批判性的关怀伦理学从关系本体论开始;它强调人们在社会关系中生活和感知世界的程度,同时认识到人们利用关系来构建并且表达权力和知识。"②可以看出,罗宾逊对于"关系本体论"的解释正如汉明顿所言,并非哲学意义的对关系作为"存在"之本真的反思,而是重在强调现实的关系之网如何深刻地影响了我们的日常生活及社会心理。这种通过经验总结到的认识,不同于哲学路径对关系之"所以然"与"所当然"的反思。因为并不是所有人都可以感知到关系网络的重要性,按照早期关怀伦理学家如吉利根和诺丁斯的解释,只有女性,特别是成为母亲之后才会自觉地用关系的逻辑来思考问题,因此对于关系之重要性的认识并非普遍的现象,仅仅是部分的经验事实。说到底,对于关系网络的感知能力在早期关怀伦理学家看来只是少数人,甚至是独属于女性的特殊道德能力。而历史上主流的道德理论,一般都会给出一个哲学本体论的承诺,或为上帝的意志,或为普遍的理性,或为个体的绝对权益,从而推出道德的普遍法则。关怀伦理存在的问题是,拒绝一切先在的道德形而上来源,完全从以往的关怀经验出发,由私人领域的关怀事实推出普遍的"应当",这种无异于给出"因为我们生活于关怀关系之中,所以我们应当互相关怀"这种同义反复式的道德理由。正如休谟所说的,对于如何由"是"转变为"应当",我们应该对其中的过程给出进一步说明。关怀伦理学家尽管不必像康德一样悬设一个抽象的"应当",或者宣称其道德来源于上帝的意志,但是必须认识到由"是"到"应当"的转变必须经过哲学的反思,将从经验中得来的认识提升为可被所有人认同、

---

① 出自"Confronting Neoliberal Precarity: The Hyperdialectic of Care",此文是汉明顿于 2018 年参加美国西部政治学联会关怀伦理论坛时提交的会议论文,未正式发表。

② Robinson F., *Globalizing Care: Ethics, Feminist Theory, and International Relations*, Boulder: Westview Press, 1999, p. 110.

理解和接受的道德理由。

吉利根和诺丁斯的“关系本体论”基本上决定了之后关怀伦理学家对关怀基础的探索路径，其“是”与“应当”问题在二者理论中又有不同的具体体现。吉利根在做科尔伯格的研究助理时，发现科尔伯格的道德心理发展理论①掩盖了妇女的道德经验，通过研究若干女性的道德心理发展历程，她得出：“妇女不仅在人际关系背景下定义自己，而且也根据关怀能力判断自己”②。吉利根认为，妇女的关怀伦理是与公正伦理完全不同的另外一种道德经验：关怀伦理的逻辑基础是一种心理意义的关系逻辑，与强调正义路径的公平的形式逻辑形成对比③。显然，吉利根反对传统那种以形式逻辑思考道德的方式，但是完全用一种心理意义的关系逻辑来替代哲学的思考是存在很大问题的。直接从心理意义的“关系逻辑”中推出道德的“应当”有可能进一步导致关怀的性别化，并且将“关怀”限制在私人领域内。正如另一位关怀伦理学家特龙托批评道：吉利根对关怀伦理的构想几乎完全建立在“私人关系”基础上，忽略了与更大关系群建立连接的可能性，比如被扩大了的家庭关系、社群关系等。④ 可以说，吉利根对关怀关系的强调还是出于一种政治的理由而非哲学的辩护，其目的是为了让女性的关怀“声音”被主流伦理学听到，而非发展一种基于关系本体的道德哲学。

诺丁斯在吉利根的基础上，试图论证关系的本体论基于一种更普遍的关怀经验，而不仅仅是女性心理意向的产物。这种普遍的关怀经验存在于每个人的记忆深处，是个人伦理行为的源泉，个体只需通过回忆曾经关怀与被关怀的“影像”就可以形成关于未来的伦理理想，指导自己的道德行为。关怀由

---

① 科尔伯格认为，所有人的道德发展规律是一致的，他基于对 84 个男孩近 20 余年的追踪发现，从儿童期到成年期人的道德发展普遍历经三个水平、六个阶段。在吉利根看来，科尔伯格似乎暗示着妇女的道德发展停留于六阶段序列中的第三阶段，即在关系中“帮助他人，使他人愉快的阶段”，而要上升到更高的道德阶段，则需要进入传统男性的活动领域，意识到更高的公正原则。

② Gilligan C., *In a Different Voice*, Cambridpe：Harvard University Press，1993，p. 17.

③ Gilligan C., *In a Different Voice*, Cambridpe：Harvard University Press，1993，p. 73.

④ Tronto J. C., *Moral boundaries：A Political Argument for an Ethic of Care*, Hove：Psychology Press，1993，p. 96.

此从"前道德的善"(premoral good)逐步转变为"道德的善"(moral good)①。但是,同吉利根一致,诺丁斯将原初的关怀关系直接当成道德的本体的策略是失败的,由"前道德的善"转变为"道德的善"并没有扩宽关怀的道德领域,个人的"伦理理想"实际上还停留于传统的私人领域,原因在于:

首先,诺丁斯仍然坚持一定的性别本质主义,将关怀的道德能力同生物差别联系起来,这不利于男性参与到关怀关系中来,进一步扩展关怀关系的范围。她多次提到,作为女人,"关心是她们自我影像的核心"②,且"母性是保持伦理理想的唯一强大的源泉"③。这意味着,男性在关怀能力方面天然是弱势的,由此更容易导致他们对自身关怀天赋及其能力的怀疑;而对于女性来说,一旦失去了做母亲的经验,比如那些未曾经历或者不打算经历母子关系的女性,将很难成为一名优秀的关怀者。无论是吉利根还是诺丁斯,将关怀作为一种女性特有的性别道德都招致了很多批评,一些当代的女性主义者就认为,提倡这种原发于家庭领域的关怀伦理将进一步巩固传统对于女性不利的性别结构。因此,吉利根和诺丁斯所声称的,关怀来源于记忆中最自然、最天然的家庭关怀,也并不完全是自然、天然的。女性在历史上长久地从事关怀活动,即使部分的原因是天性使然,但另一部分原因则是由于性别权力的不平等进一步巩固了女性同关怀的联系。关怀伦理学家在看到原初家庭领域中富有情感性的关怀关系时,将其"不自然"的一面也视为"自然"的,从而进一步巩固了这种不平等的关怀关系。概言之,原初的关怀关系作为一种关系现象,并不能直接认其为关怀的道德本体,进而推出关怀的"应当"。关怀伦理学家应当摒弃原来的关怀现象中不平等、不合乎"应当"的成分,从而进一步反思其"应当"存在的关系本体论,作为关怀的普遍道德基础。

---

① Noddings N., *Caring: A Feminine Approach to Ethics and Moral Education*, Oakland: University of California Press, 2003, p. 84.

② Noddings N., *Caring: A Feminine Approach to Ethics and Moral Education*, Oakland: University of California Press, 2003, p. 130.

③ Noddings N., *Caring: A Feminine Approach to Ethics and Moral Education*, Oakland: University of California Press, 2003, p. 130.

其次，诺丁斯还用"圈层和锁链"①来形容这种自然所"是"的和"应当"形成的关怀关系，实际上阻止了关怀从私人领域走向更广泛的关系。诺丁斯认为我们天然所处的关系圈层和锁链是道德的源泉，并且认为只有在圈层和锁链中，我们才能实现真正的关怀，避免关怀流于形式。诺丁斯以此来反对之前道德理论那种"鼓动性的口号"②和"同情来自想当然的推测"③。但是以自然形成的"圈层和锁链"来保障关怀关系同样存在很多问题：

第一，我们将不可能与锁链之外的"他者"建立真正的关怀关系。诺丁斯承认，一旦超出内圈层，"关怀者身上的压力是巨大的"。④ 比如非洲饥饿的儿童，自然界的万物，我们就无法与其建立关怀关系。这种对内外圈层的严格划分不仅严重违反我们的道德直觉，而且也无助于改善公共领域的道德生活。如果远距离的关怀是一种压力，那么关怀将继续停留于私人领域。第二，多个"同心圆"之间有可能爆发冲突。如果关怀只在同心圆内部存在，那么多个同心圆之间可能就是漠不关心的，甚至是相互冲突的。诺丁斯没有设想多个同心圆之间如何连接的问题，在后来的著作中，她承认"很多团体往往变成一个个膨胀的个体"⑤，我们可以设想，一旦这些团体之间的善理念各有不同，将有可能爆发同心圆之间的冲突。诺丁斯后来针对此提出的方案是通过教育培养一种普遍的关怀态度，但是如果一种普遍的关怀态度能够被培养，又意味着我们需要某种关怀的人性基础，这又与诺丁斯坚持关怀产生于自然关怀的经验、反对任何形而上的人性预设相矛盾。第三，诺丁斯还强调

① Noddings N., *Caring：A Feminine Approach to Ethics and Moral Education*，Oakland：University of California Press，2003，p. 46.

② Noddings N., *Educating Moral People：A Caring Alternative to Character Education*，New York City：Teachers College Press，2002，p. 113.

③ Noddings N., *Educating Moral People：A Caring Alternative to Character Education*，New York City：Teachers College Press，2002，p. 113.

④ Noddings N., *Caring：A Feminine Approach to Ethics and Moral Education*，Oakland：University of California Press，2003，p. 47.

⑤ Noddings N., *Caring：A Feminine Approach to Ethics and Moral Education*，Oakland：University of California Press，2003，p. 118.

关系的"圈层和锁链"内部一定是互惠(reciprocity)的,并且以父母与子女是潜在互惠的关系来例证。在自然的关怀关系中,我们的确希望被关怀者能够对我们的行为有所回报,子女的成长、伴侣回馈的爱意的确有利于家庭关系的和睦。但是"互惠"关系却并不是道德发生的充分条件,在公共领域和一些紧急的道德境遇中,过于关注能否互惠的结果将不利于产生利他的道德行为,有些时候我们并不确定采取行动是否会使被关怀者情况变得更好,但是凭借强烈的道德直觉和义务感还是会马上采取行动。说明了私人关系领域中互惠性的要求不一定完全适用于公共领域。诺丁斯认为,在关系的锁链中,被关怀者总是"为关怀的维持作出贡献,阻止了关怀变成关怀者的痛苦或是只为自己考虑"①。这实际上是将个人都当成利己的主体,除非借助关系的锁链,以及被关怀者的回应,才能够避免关怀的负担造成关怀者的"痛苦"以及关怀者"只为自己考虑"的动机。诺丁斯否定了关怀的形而上学基础,但是自然的"圈层和锁链"又难以超出小团体内部自身利益的考虑,仅仅依靠个体对以往自然关怀关系的记忆,难以促成从自然的关怀到伦理的关怀的转变。总之,诺丁斯认为关怀的道德基础来源于原初私人领域的关怀关系中,尤其是将关怀与女性牢牢捆绑,阻碍了关怀走向更广泛的伦理关系。这种由"是"直接推出伦理"应当"的尝试是失败的,其原因就在于原初的关怀经验本是私人关系内部的产物,其道德义务产生于"圈层和锁链"内部的捆绑,并且其中存在着权力的压迫,与道德哲学领域所要求的更平等的人际关系、更包容的道德共同体,以及高尚的利他行为等有所抵牾。

概言之,吉利根与诺丁斯的共同问题都在于直接将未经反思的关系现象当成了本体的存在,尤其是将私人领域中天然的关怀关系作为道德的本体基础。她们的问题在于忽视了私人领域中的关怀关系在相当程度上也是不自然的,其中充斥着性别权力的不平等,因此这种未经哲学反思的关系现象并不能直接被当成道德的本体。这种由"是"直接推出"应当"的路径,实际上限

---

① Noddings N., *Caring: A Feminine Approach to Ethics and Moral Education*, Oakland: University of California Press, 2003, p. 74.

制了关怀突破私人关系的"锁链"，向更广泛的关系领域扩展。对比关怀伦理的"关系本体论"，中国古代儒家"仁"的本体论也是一种关系性的本体论，其特点是集"是"与"应当"为一体，在"用"中彰显着"体"，其独特的致思路径能够为关怀伦理的关系本体论中"是"与"应当"割裂的问题提供启示。

二、"仁"与"关怀"的比较及其"关系本体论"维度的缺失

近些年来，随着关怀伦理的兴起，一些学者发现儒家"仁"与"关怀"具有类似之处，二者皆指向对他人的爱，皆代表一种利他的情感与价值，但是之前对二者的比较缺失了一个重要的维度，即二者道德本体论的比较。具体来说，"仁"与"关怀"皆重视自我与他者之间的关系，但是关于这种利他的道德由何而来并没有引起重视，其主要原因在于，一些西方的学者侧重于将"仁"理解为一种已经实现出来的，类似于关怀的情感与德性，而对"仁"本身即关系性的本体，具有"体用一如"的特征缺乏认识。在英语世界中，"仁"通常被翻译为"benevolence""love""altruism""humanity""perfect virtue"等词汇，李晨阳教授总结道，这些对"仁"的翻译主要反映出"仁"的两种含义："作为情感的仁"与"作为德性的仁"①，这其中就缺乏了对"作为道德本体的仁"的认识。如果自身的情感、德性等对应于仁之"用"的维度，那么之前对"仁"的翻译就缺少了"仁"之"体"的维度。陈来先生在《仁学本体论》中认为，就道德修养而言，可以说仁的实践是属于为己之学，但就伦理关系而言，仁代表指向他人的伦理、他者的伦理。因此，仁正如其字形从人从二一样，其本身就预设了人与他人的关系，并以此为前提。② 也就是说，相比于"关怀"的概念，"仁"的概念含义更为丰富，兼具"体"与"用"两个层面，不仅包含着已发之"用"，还包含着未发之"体"。关怀伦理学家斯洛特在最近与中国学者江畅的对话中③，就疑

① Li C., "The Confucian Concept of Jen and the Feminist Ethics of Care: A Comparative Study", *Hypatia*, 1994, 9(1), pp. 70-89.

② 陈来：《仁学本体论》，北京：生活·读书·新知三联书店，2014 年版，第 78 页。

③ 江畅、斯洛特：《关于仁爱与关爱的对话》，《哲学动态》，2019 年第 9 期。

惑于儒家的"仁"本身是否具有独立的价值。由于斯洛特本人一直以"移情"作为关怀的本体,本质上还是基于行动者视角来解释关怀的发生,由此造成的问题是"移情"难以达至私人领域之外的陌生人。这说明以斯洛特为代表的西方学者并未了解到儒家"仁"的概念不仅是一种类似"移情"的情感与经过培养的德性,其本身还代表一种关系性的本体,是"体用"的合一。正是因为关系的本体才导致了"仁"的情感发用,也正是因为个体情感的发用才认识到仁的关系本体。

之前的争论表明,仅仅把握住"仁"之"用"的层面与"关怀"进行比较是不够的,容易对二者理论产生误解,比如,一些学者抓住了"仁"的概念的某个层面,直接将"仁"等同于一种情感、德性或"礼"的秩序,在理解"仁"与"关怀"各自"为何维护关系""维护何种关系"以及"怎样维护关系"时,将"仁"与"关怀"简单对立起来,都忽视了"仁"之内外一如、体用合一的特征。这些对"仁"的概念的肢解,导致了对儒家伦理的误读,以及忽略了从"仁"与"关怀"真正的道德本体基础,即"关系本体论"的基础比较二者理论的同异。

李晨阳教授在1994年的文章《儒家"仁"的概念与女性主义关怀伦理——一种比较研究》①中较早地肯定了儒家"仁"的伦理是一种"关怀"伦理,认为"仁"与"关怀"皆作为最高的德性,本身就值得被追求,其实这是对"为何维护关系"的回答。其次,李认为二者皆无普遍的道德法则,"仁"的规定"己所不欲,勿施于人"同关怀伦理一致,传递了一种"关怀"的视角而非"权利"的视角,皆是依据情境而非规则来维护关系,这实际上是对具体的"仁"与"关怀""怎样维护关系"的回答;再次,李认为二者维护的皆是有层级的关系,儒家和关怀伦理都以身边亲近的人为中心,而无法对遥远的陌生人产生一种普遍的爱,这是对二者"维护何种关系"的回答。

反对者对李晨阳的观点提出质疑。从"为何维护关系"的角度,斯塔认为:关怀伦理关注的是"具体关系"中人们的需要,而儒家更在乎"角色关系"

---

① Li C., "The Confucian Concept of Jen and the Feminist Ethics of Care: A Comparative Study", *Hypatia*, 1994, 9(1), pp. 70 - 89.

中德性的培养,尤其是等级关系中的特定角色,这妨碍了儒家对更具个性化的需求和他人的脆弱进行回应。① 斯塔还将儒家伦理看作众多美德文化传统的一种,而关怀伦理和任何特定的传统都无关。因此,儒家是美德伦理而非关怀伦理;就"维护何种关系"来说,女性主义学者苑莉认为儒家"仁"与"关怀"所维护的伦理关系范围不一致。儒家遵循"礼"的规定而将女性描绘成低等的、道德上不成熟的"小人"。② 因而儒家"仁"维护的仅是"礼"所规定的部分的"关系",尤其是有道德能力的君子之间的"关系",这样就排除了女性、小孩等道德"不成熟者"建立互惠的道德关系和实现君子"仁"德的可能性。这与现代关怀伦理的性别平等、个体平等要求从根本上是相悖的;从"怎样维护关系"的角度,赫尔认为,儒家"仁"与"关怀"更有着方法上的不同:儒家"仁"的伦理需要"礼"的固定准则来表达,使自然的"五伦"关系成为道德意义上的关系,过程中因"礼"的僵化而缺乏积极性和主体性,呈现出"关系中参与者的不平等、自发的感情表达被抑制,以及需要某种恭敬的疏离感"③。而关怀伦理在维护关系时,凭借一种"厚的"(thickly)对他人的关注和响应,从被关怀者的角度出发,能够"撕下与被关怀者之间的情感壁垒而仿佛与被关怀者成了另一个自我"④,因此在怎样维护"关系"的问题上二者也具有重大的不同。

可以得出,李晨阳倾向于认为"仁"与"关怀"对于"为何维护关系""维护何种关系"以及"怎样维护关系"几个问题的回答是一致的。但是他还是主要从"仁"与"关怀"的情感、德性维度去阐释这几个问题,缺少了对二者道德本体论的探源,将"仁"与"关怀"理解为自身就值得被追求的最高善是准确的,但是李晨阳没有具体诠释这种最高善究竟是何种善,其具有何种性质,如何

① Star D., "Do Confucians Really Care? A Defense of the Distinctiveness of Care Ethics: A Reply to Chenyang Li", *Hypatia*, 2002, 17(1), pp. 77 – 106.

② Yuan L., "Ethics of Care and Concept of jen: A Reply to Chenyang Li", *Hypatia*, 2002, 17(1), pp. 107 – 130.

③ Herr R S., "Is Confucianism Compatible with Care Ethics? A Critique", *Philosophy East and West*, 2003, pp. 471 – 489.

④ Herr R S., "Is Confucianism Compatible with Care Ethics? A Critique", *Philosophy East and West*, 2003, pp. 471 – 489.

可能与所有人发生联系,并被所有人共同追寻等问题,最后只能借助儒家"苟志于仁矣,无恶也"(《论语·里仁》)①来说明追寻最高善,就可以避免恶。实际上,如果将"仁"的关系性本体含义考量进来,就不难解释,"仁"的最高善本质上就是关系之善,"仁"的情感发动、德性养成全部来源于此关系之善,其最终的目的,也是为了维护此关系之善,"仁"的关系之"体"和表现出来的情感之"用"是二而一的关系,只有从关系之"体"才能解释清楚个体情感之"用"的来源,反之,也只有在个体之"用"中才能把握关系之"体"。

反对儒家"仁"与关怀伦理兼容的学者大多认为"仁"是古代中国一个特殊的文化概念,不具有现代道德哲学概念的普遍适用性,只能算作一种特殊文化传统中的美德或礼教秩序,不能与现代道德理论所要求的理想人际关系兼容,其本质也是将"仁"局限地理解为在具体历史条件下"仁"之应用的层面,将"仁礼合一"之意等同于"仁"在封建等级秩序中外化而成的礼教制度,将一种道德哲学理念等同于在现实世界中的应用。反对者们声称,"仁"与"关怀"不能兼容的一个重要原因就在于"仁"是为了维护"礼"的关系:首先,"仁"是为了成就礼教秩序中某种具体的角色而去维护关系;其次,其维护的是封建礼教关系而非人与人之间的道德关系;最后,其依据的是"礼"的僵硬规定而非依据情境来维护关系,这实际上是将"仁"的理念和"仁"的现实应用混淆了,将"仁"直接等同于历史中的礼教秩序。部分西方学者不明白,当"仁"与"礼"都作为哲学概念时,只不过是"仁"的内外表现,"仁"与"礼"的合一在道德本体的意义上共同奠定了存在之间是一种"仁"的关系,并且这些关系之间已经蕴含着"礼"的法则。反对者们看到了"仁"与"礼"合一的一面,但是由于理解的偏差,将"仁礼合一"的哲学理念等同于具体历史现象中的礼教秩序。无法理解"仁"的道德本体论基础其实是一种包含着"礼"的法则的"关系本体论",与关怀伦理的"关系本体论"具有重大不同:因为关怀伦理的"关系本体论"只陈述了关怀关系的重要性,尤其是天然的关怀关系对于道德生活的重要性,而没有在哲学本体的意义上承诺关系之间的"应当"法则及次序

---

① 杨伯峻:《论语译注》,北京:中华书局,2015年版,第51页。

安排；而儒家“仁礼合一”的“关系本体论”，不仅仅揭示了万物之间“仁”的关系性质，还揭示了这种“仁”的关系同时也是一种“礼”的关系，蕴含着内在的条理。总之，儒家“仁”的“关系本体论”是一种“是”与“应当”相结合的关系本体论。

无论支持还是反对“仁”与“关怀”相兼容的学者，都没有从哲学本体的意义上去分析“仁”的范畴，从而将“仁”的关系本体内涵等同于现实中的各种关系现象：或者理解为人与人之间天然的情感关系，或者理解为人为规定的礼教等级关系。这些都是在描述一种受儒家文化影响的具体的关系现象，而非儒家“仁”本身蕴含的“关系本体论”。从关系的现象到关系的本体应经过哲学的反思，只有反思之后才能得出关系作为伦理本体的根本性质与“应当”法则。之前的研究中集中于“仁”之现象的层面，恰恰遗漏了儒家“仁”作为哲学的理念本身蕴含着的“关系本体论”内涵，在理解“仁”的情感、德性、实践法则的同时，仅仅抓住了与西方关怀伦理表面的相似与相异之处，忽视了“仁”的道德哲学中“体用一如”“仁礼合一”等特有的致思逻辑。导致了在比较“仁”与“关怀”概念时，并没有抓住二者理论真正沟通的关键，即道德本体论的比较。

三、儒家“仁”的两层关系本体论对关怀伦理的启示

儒家“仁”的关系本体论同“关怀”的关系本体论相比，其“仁礼合一”“体用一如”的特征具体表现为两层的关系本体架构，与关怀伦理仅仅强调原初私人领域中的关怀关系有所不同：儒家既以原初充满情感性的亲亲关系为伦理的源头，又强调宇宙万物之间一体生生的根本关系，这两层的关系共同构成了“仁”的道德本体内涵。

具体来说，“亲亲”关系与“万物一体”关系作为仁的本体在儒学不同的发展时期有不同的侧重：

首先，在原始儒家看来，以“孝悌”为核心的“亲亲”关系是“仁”之本体，

《论语·学而》篇有:"孝弟也者,其为仁之本与"①;《礼记·中庸》中言:"仁者人也,亲亲为大"②,意思是"亲亲"关系,尤其是与父母兄长的"孝悌"关系是"仁"之根本,是其他一切伦理关系的源头与示范,在这里儒家"仁"之"本"不仅指的是道德原则的逻辑之本,还意味着伦理关系由此生发的本根,"孝悌""亲亲"的关系可以说彰显了儒家生成论的道德本体特色,与西方理性主义伦理学所追求的道德本体有所不同。需要注意的是,对于"孝悌"关系究竟是"仁"之本体还是"仁"体之用,历史上也曾有过争论,对于《论语》中"孝弟也者,其为仁之本与"这句话就有"孝悌是仁之本"及"孝悌是为仁之本"两种不同的解读。如汉唐时期大都将其解读为孝是仁之本体,而到朱熹时已经继承二程所谓"为仁以孝弟为本,论性则仁为孝弟之本"的说法,明确讲"仁是体,孝弟是用"。但是,现代对于《论语》该句的解读,大都依据汉唐时期"孝是仁之本"的说法。如杨伯峻《论语译注》将其解读为:"孝顺爹娘,敬爱兄长,这就是'仁'的基础吧!"③钱穆《论语新解》中也将孝悌之心理解为仁之本根:"仁者,人群相处之大道。孝弟乃仁之本,人能有孝弟之心,自能有仁心仁道,犹木之生于根。孝弟指心,亦指道。行道而有得于心则谓之德。仁亦然,有指心言,有指道言,有指德言。内修于己为德,外措施之于人群为道。或本无'为'字。或说以'为仁'连读,训为'行仁',今不从。"④所以,"孝悌"作为仁之根本,犹木之生于根,并不是先有了仁的本体,才去行孝悌之事,是古今大多数儒家学者的看法。这种儒家式的道德本根论与西方的道德本体说有所不同,其"孝悌"作为"仁"之本根集实然与应然为一体,并不是先确立了一个应然的法则再去行"孝悌",而是"孝悌"这种相互构成性的关系本身可以作为儒家道德的本体,由此出发的本体谓之"仁"。就这个意义上来说,"仁"的本体并不是一个抽象的理念,而是就体现为这种不断构成的"孝悌""亲亲"关系。这一点与关怀伦理的关系本体论也不尽相同,虽然关怀伦理强调原发性的、

---

① 杨伯峻:《论语译注》,北京:中华书局,2015年版,第3页。
② 朱熹:《四书章句集注》,北京:中华书局,2011年版,第30页。
③ 杨伯峻:《论语译注》,北京:中华书局,2015年版,第3页。
④ 钱穆:《论语新解》,北京:生活·读书·新知三联书店,2002年版,第6页。

天然的关怀关系是关怀伦理的本体基础，但是仅仅突出其天然的、情感性的一面，而忽略了传统私人关系中也有其不合理、不平等的一面，将这种未经反思的关系现象直接当成了哲学的本体，本质上是直接从关怀之所"是"推出关怀之"应当"。

进一步说，关怀伦理直接以自然的关怀关系作为道德的本体，同时也将人永远地束缚于生来具有的关系"锁链"之中，容易对遥远的他者所遭受的苦难无动于衷；而儒家以"孝悌"为核心的"亲亲"关系，却能够以此为起点展开，生根发芽，将对亲人的关怀推扩至一切宇宙万物。最关键的一点，就在于儒家虽以亲亲关系为仁之根本，但其中已经蕴含着伦理的自觉，这种伦理的自觉是在具体的生存境遇中通过父母与子女、兄弟姐妹之间慈与孝、敬与爱的切身互动中被体知和体认的。可以说，儒家的"亲亲"关系已经不只是无意识流露出来的天然情感，还包含着对血缘亲情的伦理反思，在"亲亲"之间，已经在自觉体践着"礼"的规定。与关怀伦理更强调亲子关系之中父母对子女流露出来的天然的关心不同，儒家的"亲亲"关系更强调曾经的被关怀者对当初关怀者的爱与敬，充分说明了儒家的"亲亲"不仅强调出于血缘的天然情感，更强调在此血缘的基础上被相互确认的伦理义务，在"亲亲"的生存境遇之中，已然在亲身地践行着伦理的"应当"次序。

其次，宋明理学时期，程颢、王阳明等理学家更强调"万物一体"关系是"仁"的最终本源，进一步从宇宙论的高度为万物之间的道德关系奠定了先验的基础。陈来先生认为，"仁"的本体论即是万物一体的关系本体论："宋儒提出'仁者以天地万物为一体'……一体亦是整体，世界万物的一体即是仁，宇宙万有的一体即是仁，故万物一体即是仁体，即是本体。"①实际上从"孝悌"作为仁之本体到"万物一体"作为仁之本体的转变，体现了儒家仁学本体论也在不断地趋于成熟和完善。但是无论是早期对"孝悌""亲亲"关系的强调，还是后期对"万物一体"关系的更加侧重，其实二者对于解释儒家"仁"之本体都缺一不可，因为正是有了"亲亲""孝悌"关系之本，万物之间的伦理关系才有了

---

① 陈来：《仁学本体论》，北京：生活·读书·新知三联书店，2014年版，第30页。

生根发芽处,才在现实中有了切实的开展,不至于使"仁"体流于虚空的形上理念;而正是由于"万物一体"的根本关系,"仁"才能由"孝悌"关系产生,终致一体无间,生生不息,二者互为前提,互为保障。儒家的"关系本体论"相比于关怀伦理的"关系本体论",不仅同样重视家庭中关怀关系的根本重要性,还在此基础上多了一层"万物一体"关系的宇宙论基础。宋代儒家学者张载曾提出"民,吾同胞;物,吾与也"①;明代大儒王阳明也认为:"风、雨、露、雷、日、月、星、辰、禽、兽、草、木、山、川、土、石,与人原只一体。故五谷禽兽之类,皆可以养人;药石之类,皆可以疗疾:只为同此一气,故能相通耳。"②从中都可以看出,宋明时期的儒家学者强调,从宇宙论的层面,万物之间本然就是一气相通、血脉相连的整体。也正是因为万物本来是一个大的生命关系体,人才有可能感知到万物的痛苦。如果说"一气流通"是指"万物一体"的"本然"层面,那么理学家程颢的"仁者以天地万物为一体,莫非己也"③突出了在此基础上仁者"应然"承担的道德责任。理学家们普遍认为,人在宇宙这个大的生命关系体之中具有独特的道德地位,只有人才能意识到万物是一个有机的整体,并可以通过现实的关怀行动将"万物一体"之本然的关系实现出来,改变现实中因各种私欲导致的彼此的隔绝,使得万物成为真正的一体。儒家讲人在宇宙间的责任是"参赞化育"(《中庸》第二十二章),即指人作为所有存在间唯一具有灵明觉知的主体,能够主动承担起关怀和协助万物化育的责任。总言之,"万物一体"关系作为"仁"的关系本体论,从宇宙论的高度进一步确认了儒者的道德责任,使得儒者能够突破私人关系的"锁链",达至一体同怀的"大我"境界。

总之,儒家"仁"的两层关系本体论与关怀伦理的一层关系本体论相比,虽然在重视"亲亲"的关系上有所相似,但是儒家的"亲亲"关系已然经哲学的反思,具有了高度的伦理自觉。除此之外,儒家的"亲亲"关系最终还以天地

---

① 张载:《张载集》.北京:中华书局,1978 年版,第 62 页。
② 王守仁:《王阳明全集》,上海:上海古籍出版社,2011 年版,第 122 页。
③ 程颢、程颐:《二程集》,北京:中华书局,1981 年版,第 15 页。

万物一体生生为其宇宙论的本源,使得伦理的向外递推得以可能;而"万物一体"关系,既是所有存在之间一气相通的本来面目,同时也是仁者经过道德践履,克服私欲后所能达到的一体同怀的终极境界,"亲亲"关系与"万物一体"关系共同构成了儒家的关系本体论,体现出"本然"与"应然"相统一的特色。

四、结 论

关怀伦理的"关系本体论"描述了原初发生于私人领域中的关怀关系对于道德生活的重要性,这既是关怀伦理的道德本体论特色,也是其被主流道德理论攻击的软肋。因为其在探究关怀的道德基础时依靠的是社会心理的方法而非哲学的路径,导致其对关系现象的心理感知无法真正为一门独立的道德理论提供哲学的道德本体论基础。此前对儒家"仁"与"关怀"的比较从未从二者的道德本体论层面进行,局限于对"仁"与"关怀"作为情感、德性等内容的比较,其对"仁"与"关怀"不兼容的论证很大程度上是因为不了解"仁"的概念本身具有的"体用一如""仁礼合一"的多层次内涵。因为儒家对"仁"解释本身包括了本体论的维度,在儒学发展前后曾提出过"孝弟为仁之本"以及"万物一体"的本体论,这两种关于"仁"之本体的界定共同构成了儒家两层的关系本体论。其以"孝悌"为核心的"亲亲"关系与"万物一体"关系不仅仅是描述一种实然的关系,其中已经蕴含有"礼"之"应当"的规定,体现出高度的伦理自觉。总之,儒家"仁"的两层关系本体论相比于关怀伦理的"关系本体论"更为精致,是经哲学的体认提出的真正具有哲学意味的道德本体论。在解释仁爱如何集"是"与"应当"为一体的问题上,可为关怀伦理的关系本体论中"是"与"应当"割裂的问题提供启示。因为在儒家看来,一方面宇宙万物本身是一种伦理关系,提供了最为基础的宇宙论承诺;另一方面,以"孝悌"为核心的"亲亲"关系作为其他一切伦理关系之本根,又提示儒家的"关系本体论"自有其特色,其"本体"不只是一种抽象悬设,而是在现实中确有其生根发芽处,是人人都可以体认的本根。儒家的两层关系本体论将整个宇宙变成一个德化的世界,而此德化的世界又是自然的、可被人直觉感知的,作为道德主体的人的任务就是从其"是"中领悟到"应当",并通过自身的体践真正实现其关系本体中蕴含的"应当"。儒家"仁"与关怀伦理的沟通应该由此关系的本体论来展开,为儒家"仁"学的当代转化与关怀伦理的进一步发展提供新的契机。

(原载《北京师范大学学报(社会科学版)》2020 年第 4 期)

作者简介:赵宁,南京大学哲学系 2016 级哲学专业博士研究生(导师杨明),于 2017 年 8 月至 2018 年 9 月受留基委资助赴美国明尼苏达大学(双城)进行为期 1 年的交流。现为上海大学马克思主义学院讲师。

动态量化解悖方案及其争议

林静霞　张建军

摘　要：动态量化方案是关于语义悖论的一种新型语境敏感解决方案，其基本思路是：悖论推导过程中表达关系在语篇中的凸显导致语境转变，产生新的真值条件进而扩张量化域，使得悖论性语句先后呈现不同语义状态。探讨该方案的主要争议可得，其中"语境转变"的解释植根于语言学基本观点，提供了悖论语篇语境研究的新角度；其真理分层的理念能够克服塔斯基经典层级论的困难，保持了真值谓词层次间的连贯性；其量化限制的做法依据"名词化"直觉，具有较高程度的非特设性。

关键词：语义悖论；语境转变；量化域；层级论

以说谎者悖论为代表的语义悖论一直是现代逻辑哲学研究的重要对象。经过对自然语言语义悖论的长期探索，语境敏感解悖方案已发展为不容忽视的一支，是当代语义悖论研究最具生机与活力的方案。① 然而，就悖论语篇的"语境转变"动机与机制而言，两类最具影响力的语境敏感方案——索引方案②和情境方案③，给出的解释不尽人意，遭到古普塔（Anil Gupta）、菲尔德（Hartry Field）等学者的批评。近年来，格兰兹伯格（Michael Glanzberg）提出

---

① 张建军：《逻辑悖论研究引论》，北京：人民出版社，2014年版，第93页。

② Cf. T. Burge, "Semantic Paradox", *The Journal of Philosophy*, 1979(4), pp.169 – 198.

③ Cf. J. Barwise, J. Etchemendy, *The Liar: An Essay on Truth and Circularity*, Oxford: Oxford University Press, 1987.

了一种新型语境敏感方案,其核心理念是语境因素作用于量化域,称作"动态量化方案"。该方案赋予了"语境转变"一种新颖解释,并带来了不同于塔斯基的层级理念。围绕语境转变、真理分层以及量化限制等议题,国外学界掀起了关于该方案的热烈讨论。基于其良好的解悖能力和独到的哲学说明,动态量化方案被认可为并列于索引方案与情境方案的第三类语境敏感方案[①],被视作推动 21 世纪真理论悖论研究最新进展的主要贡献之一[②]。鉴于国内学界关于语境敏感方案的研究仍主要局限于前两类,本文拟以强化的说谎者悖论研究为中心,系统评述动态量化方案,深入探讨其主要争议,论证其合理性并指出进一步的研究方向。

一、动态量化解悖思路

关于说谎者悖论的推导涉及语境依赖(context-dependence)现象的理念,来源于强化的说谎者悖论(Strengthened Liar Paradox)的建构,其一般模式如下:

(1-1) λ:λ 不是真的;

(1-2) λ 是病态的,故 λ 不是真的;

(1-3) λ 言其所是,故 λ 是真的。

大多语境敏感方案致力于说明(1-2)和(1-3)是不同语境中的断言。一般情况下,当语句含有指示代词、索引词、有程度差别的形容词以及名词所有格等,语境因素以显性的方式发挥作用,这种现象称作"日常语境依赖"。这类语句可以刻画为"语句 s 在语境 c 中表达了命题 p"。作为悖论性语句的说谎

---

① Cf. Jc Beall, "Truth and Paradox: A Philosophical Sketch", in D. Jacquette ed., *Handbook of the Philosophy of Science* (*Philosophy of Logic*), Amsterdam: North-Holland, 2007, pp. 325 – 410.

② Cf. K. Scharp, "Truth, the Liar, and Relativism", *Philosophical Review*, 2013(3), p. 427.

者语句λ并不包含这类语境因素"指示灯",因此对其进行刻画时语境参数不能直接出现。继承帕森斯(Charles Parsons)的量化域受制于语境的理念①,格兰兹伯格将说谎者语句刻画为"λ:不存在由λ表达的真命题"。相较于说谎者语句的一般表述"本语句是假的",这种刻画通过"表达"谓词和命题变元而引入了存在量词。由这种刻画可重塑强化的说谎者悖论的推导。

先设定如下几个规则:

(T-Exp) 如果 s 表达 p,那么 p 是真的当且仅当 s 成立。

(U-Exp) 如果 s 表达 p 并且 s 表达 q,那么 p 与 q 是同一的。

(T-Id) 如果 p 与 q 是同一的,那么 p 是真的当且仅当 q 是真的。

(Exp-Prov) 如果 s 从真前提获得证明,那么存在由 s 表达的真命题。

假设λ表达了某个命题,由(T-Exp)、(U-Exp)以及(T-Id),易证得该命题既真又假。因此λ不表达任何命题。

显然,这样的重塑可以消解原型说谎者悖论,但仍然无法摆脱强化的说谎者悖论。

(2-1) 不存在由λ表达的命题;

(2-2) 不存在由λ表达的真命题,即λ;

(2-3) 由(Exp-Prov),存在由λ表达的真命题。

格兰兹伯格认为,(2-1)与(2-3)之间语境发生了转变。以上重塑明确了解决说谎者悖论所需的语境转变动机与结果。就动机而言,由于排除了日常语境依赖,语境转变需要某种以隐性方式发挥作用的独立动机。就结果而

---

① Cf. C. Parsons, "The Liar Paradox", *Journal of Philosophical Logic*, 1974(4), pp. 381 - 412.

言,语境依赖需导致量化域的扩张,使得在(2-1)的量词辖域中不存在由 λ 表达的命题,而在(2-3)的量词辖域中存在由 λ 表达的命题。由于命题可被视为真值条件的集合,量化域中的真值条件决定了可表达的命题。因此,这种要求相当于更多真值条件被个体化而进入量化域,进而构成由 λ 表达的命题。

对于语境转变动机的这种解释来源于一个语言学的基本观点:语境为显项(salient item)提供动态记录。显项提供语篇的主题(topic),显示任何在语篇节点上凸显的对象。出于在形式语言中构建解悖方案的目的,这里只需考虑凸显的个体、性质以及量化域,这些显项可用显结构(salient structure)刻画。由此,说谎者悖论涉及的语境被抽象为显结构。当语篇中出现新的显项,作为"记录者"的显结构得以扩充。对于以上推导,由于之前的条件假设已被消解,(2-1)是第一个结论,因而是语篇中的第一个节点。(2-1)断定不存在由 λ 表达的命题,这里唯一的语义关系是表达关系,它在这一节点上成为语篇的显项。新显项的出现引发语境转变,(2-1)之后的推导步骤应当在新的语境中获得解释。那么,语境的这种转变如何致使量化域扩张呢?

语境决定说者可获得的真值条件域。格兰兹伯格借鉴了斯塔尔内克(Robert Stalnaker)等学者的观点,将真值条件刻画为可能世界,而"命题是从可能世界到真值的函数,或同等地讲,是一个可能世界集合"。[①] 据此,命题将可能世界划分为两部分,它是在其中为真的那部分可能世界的集合。格兰兹伯格强调,对于可能世界的划分是一回事,而可能世界域的确定是另一回事。"在任何意义上,断定一个命题都不是考察一个已被独立给出的固定观点域,也不是表明哪些世界在该命题中哪些不在。"[②]可能世界域的范围由语境决定。可能世界域、语境以及命题三者的关系为:语境决定语篇的可能世界域,断定一个命题即对该域的二分;倘若断定的行为所涉及的对象超出语境给出的可能世界域,那么该断定行为相对于该语境不表达命题,一种典型的例子

---

① R. Stalnaker, *Context and Content*, Oxford: Oxford University Press, 1999, p.3.

② M. Glanzberg, "A Contextual-Hierarchical Approach to Truth and the Liar Paradox", *Journal of Philosophical Logic*, 2004(1), p.42.

为预设失败。[①]

新的语义关系促使真值条件域扩张。"真值条件域——世界域——被说者拥有的用于表达命题的资源所约束。这些资源可以随着语境改变。"[②]也就是说,量化域受制于语境,在缺乏某些语言资源的语境中,有些命题根本不可能被表达出来。新的语义关系能够增加说者的表达能力,这取决于语义谓词与无穷性语言(infinitary language)之间的匹配关系。语义谓词的使用使得说者可以表达一些复杂命题,它们等价于无数命题的合取或析取。例如"张三说的每句话都是真的",如果张三说了 s_1、s_2 等,那么它等价于"s_1 是真的,并且 s_2 是真的,并且……"。"张三说的"这个谓词的使用实现了无穷合取,该命题的复杂度超过了缺乏此谓词的显结构中的任何命题。因此,如果语境提供更多语言资源,说者能够表达的命题将增加。

由以上思路,格兰兹伯格运用可容许集(admissible set)理论和克里普克超穷归纳构造,证明了"表达"谓词带来初始语境之语言资源无法刻画的真值条件。据此,语境转变导致量化域严格扩张,矛盾得以消解。

那么,λ 在(2-3)的语境中究竟表达了什么命题?格兰兹伯格表明,该命题的刻画需要"内部语义关系"(internal semantic relation)。直观上讲,内部语义关系指的是从新语境视角重构原语境的语义关系。一方面,(2-3)由(2-1)推出,对于 λ 包含的语义关系的解释前后应保持稳定。另一方面,(2-1)与(2-3)处于不同语境,对于相同语义关系的刻画应有所不同。基于保持推导有效性和语境敏感性的要求,要刻画 λ 在(2-3)表达的语义事实,就需要从(2-3)的视角重构(2-1)的语义关系。这就好比高处的登山者描述低处的登山者之所见,他必须从自身的角度出发探究低处的登山者的视角。运用(2-3)新增的真值条件构造出(2-1)真值谓词的内部版本(内部真值谓

---

① Cf. M. Glanzberg, "Presupposition, Truth Value, and Expressing Propositions", in G. Preyer, G. Peter eds., *Contextualism in Philosophy: Knowledge, Meaning, and Truth*, Oxford: Oxford University Press, 2005, pp. 349 - 396.

② M. Glanzberg, "A Contextual-Hierarchical Approach to Truth and the Liar Paradox", *Journal of Philosophical Logic*, 2004(1), p.42.

词),可以证明 λ 表达的命题是:λ 相对于(2-1)的语境不表达命题。

依赖语境的真值条件域扩张带来了一种新的层级理念,它具有如下特征。其一,这种层级具有动态性,反映的是说者的反思过程。层次并非预先固定的,说者不仅能够根据语境对相同语句做出不同层次的解释,还可以在相同语境中审视先前不同层次的语义关系。其二,不同于塔斯基层级的语法限制,这种层级限制的是语篇的量化域,在形式语言中表现为命题的量词辖域。克里普克构造的运用使得真值谓词的自我应用成为可能。其三,这种层级体现为多个方面,如语境层级、真值谓词层级以及说谎者命题层级等。它们具有相同本质,都是相对于真值条件的增加无限延伸的。

总之,根据动态量化方案,表达关系在悖论推导过程中成为语篇显项,导致语境转变进而引起真值条件域扩张,使得不同步骤的说谎者命题具有不同的量词辖域,从而消解矛盾。

二、关于“语境转变”的争议

格兰兹伯格的动态量化解悖方案自提出以来便备受关注,其语境转变解释、真理分层理念以及量化限制思想引致大量讨论与争议。而争议的首要焦点在于其中最为重要的语境转变之动机。正如比尔(Jc Beall)等人所指出:“语境主义者面临的关键挑战是,为说谎者涉及的语境转变的来源与本质,提供完整且具有良好动机的解释。”[①]

在动态量化方案出现之前,古普塔曾断定“克里希普斯直觉”(The Chrysippues intuition)被所有语境敏感方案共享,并质疑这种做法是缺乏依据的。[②]高克尔(Christopher Gauker)认为这种批评同样适用于动态量化方案。概括地讲,克里希普斯直觉指的是,说者说出说谎者语句之后总能够“跳出去并从

---

① Jc Beall, M. Glanzberg, D. Ripley, "The Liar Paradox", in: http://plato. stanford. edu/archives/win2016/entries/liarparadox/.

② Cf. A. Gupta, "Truth", in L. Goble ed. , *The Blackwell Guide to Philosophical Logic*, Malden,Oxford: Blackwell 2001, pp. 90-114.

一个不同语境的视角判断该说谎者语句是真的"。① 在高克尔看来,从(2-1)到(2-3)的推导即为这种直觉的应用。由于(2-2)仅仅由逻辑规则从(2-1)得出,语境转变只能发生在(2-2)和(2-3)之间。如果将语境参数显性化,那么克里希普斯直觉告诉我们,连接(2-2)和(2-3)的(Exp-Prov)应具体化为(Exp-Prov'):如果 s 在语境 c 中从真前提获得证明,那么在语境 c' 中存在由 s 表达的真命题。但是,该规则是严重背离直觉的。

穆尔齐(Julien Murzi)等人认为,动态量化方案的语境转变动机不可能是新显项的出现。如果新显项是语境转变的动机,那么由于表达关系在(2-1)即已成为显项,(2-1)应该是新语境的断言。考虑如下案例:A 说"我感觉冷",B 说"我感觉不冷"。当 B 发言时,"我"的指称发生改变,B 成为新显项,故 B 发言时语境已转变。可见,新语境与含有新显项的断言同时出现。如果这成立,那么(2-1)将表达:λ 在语境 c' 中不表达命题。这违背了动态量化方案的初衷:证明说谎者语句在新语境中表达了真命题。在他们看来,(Exp-Prov')与算术反思原则(arithmetic reflection principle)之间的相似性可以为克里希普斯直觉辩护。② 对于一个递归可公理化的理论 T,其可靠性由其统一反思原则表达:如果一个公式是 T 可证的,那么它是真的。勒伯定理(Loeb's Theorem)表明,一个相容的理论不能证明其反思原则。将 T 的反思原则添加到 T 本身,可获得一个严格强于 T 的理论 T'。他们据此修正了动态量化方案,将语境刻画为一系列类似于从 T 到 T' 的强度递增的理论,那么c' 包含 c 的语境化反思原则:如果一个公式在语境 c 中可证,那么它在 c' 中表达了真命题。由此,(Exp-Prov')是语境转变的依据,语境转变发生于(2-2)和(2-3)之间。

在我们看来,前述高克尔的批评来源于对动态量化方案语境转变位置的误解。根据前文,显项在(2-1)凸显,这之后的步骤在新语境中进行解释,故

---

① C. Gauker, "Against Stepping Back: A Critique of Contextualist Approaches to the Semantic Paradoxes", *Journal of Philosophical Logic*, 2006(4), p.393.

② Cf. J. Murzi, L. Rossi, "Reflection Principles and the Liar in Context", *Philosopher's Imprint*, 2018(15), pp.1-18.

语境转变发生于(2-1)与(2-2)之间。因此,关于动态量化方案诉诸克里希普斯直觉的论证,犯了稻草人谬误。退一步讲,将克里希普斯直觉运用于悖论语篇的语境解释,这一点如高克尔所言毫无依据吗? 纽哈德(Jay Newhard)认为,依赖于克里希普斯直觉的语境转变论证是一种循环论证[①];穆尔齐等人则认为,勒伯定理的启示为此提供了独立依据。可见,这种做法的合理性尚存争议。"即使格兰兹伯格的语境理论仍然依赖于克里希普斯直觉,这也不能成为攻击其理论的理由。因为,如果能给出将克里希普斯直觉应用悖论性语篇的令人信服的说明,那么即便格兰兹伯格的理论依赖克里希普斯直觉,这仍然是可以接受的。而格兰兹伯格确实给出了令人信服的理由。"[②]

穆尔齐等人关于显项与新语境同时出现的论证采用了误导性的案例。该案例的语境转变动机是索引词,索引词的每一次新的出现都可能导致语境转变。这与表达关系的凸显带来的语境转变,其机制是不同的,表达关系在悖论语篇成为显项的基础是条件假设的消除。因此,该案例并不能支持(2-1)是新语境的断言。一种可能的反驳是:即便该案例不具有说服力,新语境与新显项同时出现的观点仍十分符合直觉。在说谎者悖论的推导中,(2-1)是表达关系凸显的节点,对于它的反思才使得说者视角发生改变。在日常推导中,人们不会像说谎者悖论推导那般有一个证明过程来引入新显项,而常常直接说出某个含有新显项的断言,此时新显项的出现即刻转变语境。但是,日常推理的"同时"并不必然反映为逻辑推导的"同步",这种直觉不能直接延伸到对说谎者悖论推导的分析当中。此外,穆尔齐等人对于动态量化方案的修正也存在漏洞:根据勒伯定理只能得出,语境 c 的反思原则由严格更强的语境 c' 表达,但无法得出 c 的语境化反思原则应该形如(Exp-Prov')。

---

① Cf. J. Newhard, "The Chrysippus Intuition and Contextual Theories of Truth", *Philosophical Studies*, 2009(3), pp.345-352.

② 张亮,张建军:《动态语境敏感真理论探析》,《哲学动态》,2017 年第 6 期。

动态量化方案植根于语言学观点的语境转变解释,既避免了将真值谓词理解为索引词而引发的特设性质疑[①],又抛开了将部分性情境内化于命题而产生的反经典外观[②],开辟了探讨悖论语篇语境问题的新方向。即便是语境迟钝方案的集大成者菲尔德,也给出了相当高的评价:"(以往语境敏感方案)支持语境转变的语用学规则被陈述得过于含混,以至于难以评价。比起其他理论,格兰兹伯格的理论情况要好得多:他的文章开发了一种极为精细的语境理论,这也许很好地处理了其他理论的含混议题。"[③]

三、关于真理分层的争议

克里普克发表《真理论论纲》后的四十余年来,语义悖论研究者几乎"一边倒"地反对真理分层。[④] 作为一种层级方案,动态量化方案不能回避反层级论者对于真理分层的一般质疑。

动态量化方案的层级基础是克雷赛尔型层级(Kreiselian Hierarchy)。这种层级的一般形式是逐层添加上一层次的统一反思原则,任一层次都是对上一层次可靠性的显性化。[⑤] 这正是穆尔齐等人修正语境解释时所遵循的精神。格兰兹伯格进一步指出,对于真理语义的认识是随着反思发展的,反思不限于接受理论的可靠性,更在于改进其不充分性。[⑥] 因此,将克雷赛尔型层级运用于真理论建构需要更精细的工作。动态量化方案的层次上升不仅是

[①] 参见张建军等:《当代逻辑哲学前沿问题研究》,北京:人民出版社,2014年版,第222页。

[②] Cf. G. Cardoso, "Situations and the Liar Paradoxes", *Principia*: *An International Journal of Epistemology*, 2018(1), pp.35 – 57.

[③] H. Field, *Saving Truth from Paradox*, Oxford University Press, 2008, pp.213 – 214.

[④] Cf. M. Glanzberg, "Complexity and Hierarchy in Truth Predicates", in K. Fujimoto, J. Fernández, H. Galinon, T. Achourioti eds., *Unifying the Philosophy of Truth*, New York, London: Springer, 2015, p.211; p.239.

[⑤] 参见林静霞:《"克雷赛尔型反思"与真理的合理分层》,《科学技术哲学研究》,2020年第2期。

[⑥] Cf. M. Glanzberg, "Complexity and Hierarchy in Truth Predicates", in K. Fujimoto, J. Fernández, H. Galinon, T. Achourioti eds., *Unifying the Philosophy of Truth*, New York, London: Springer, 2015, p.211; p.239.

对先前层次可靠性的肯定,更通过语义谓词与语言复杂度之间的匹配关系说明了说者表达能力的增加。基于对(2-1)的反思,说者利用新增的语言资源将原语境隐性的语义事实显性化,这实现了层次间的自然过渡。

对于真理分层的一般质疑主要针对的是塔斯基层级。这种层级是语法固定的,任一层次语句的真值都由下一层次的真值谓词表达。面向自然语言语义悖论,经典层级主要面临三点质疑。第一,真值谓词的层次划分致使真理概念碎片化,违背了人们关于自然语言真理概念的单一性直觉。第二,预先固定的层次无法处理克里普克所谓的"经验事实的不利出现",即有些语句本身并无问题,但由于特定经验事实而导致悖论,这样的语句无法在层级中确定位置。第三,层次划分使得某些合理的概括无法实现,如无法表达包含"任何语言""任何谓词"的语句。

我们认为,动态量化方案的层级具备克雷赛尔型层级的优势,能够较好地回应对于真理分层的一般质疑。首先,任一层次的真值谓词(以及内部真值谓词)都属于相同语言,层次间的差异在于理论强度而不在于谓词。层次反映的是语境对于说者把握真理语义的限制。因此,"碎片化的是我们做出反思的过程,而不是真理"①。其次,任一层次都包含了克里普克归纳构造,因而可以运用克里普克定点方案的思路处理那些由经验事实引致悖论的语句。如果脱离特定经验事实,它们仍能够在某个定点上获得真值。再次,层次划分并非语法限定,且具有无限延伸的特点。这意味着,这种层级不禁止任何量化语句的表达,只是量词辖域受到语言资源的隐性限制。对于上述合理概括,总存在一个包含更多真值条件的层次提供表达的可能。不过,这也带来了下文关于量化相对主义的质疑。

此外,动态量化方案的层级还受到本体论方面的质疑。菲尔德认为,层级无限延伸的特征导致本体论领域的"膨胀"。层级的多个层面归根结底是

① M. Glanzberg, "Complexity and Hierarchy in Truth Predicates", in K. Fujimoto, J. Fernández, H. Galinon, T. Achourioti eds., *Unifying the Philosophy of Truth*, New York, London: Springer, 2015, p.240.

相对于量化域的。量词约束个体域,个体变元的值是实体。因此,量词辖域的逐层扩张意味着,"引入越来越强的实体的过程是永无止境的,在某种意义上排除了单一理论支配该过程所得的所有实体的可能性"。① 然而,由前文可知,量化域中的真值条件被刻画为可能世界,可能世界构成命题。在使用命题概念和可能世界概念时,格兰兹伯格强调这两个概念不是必需的。命题仅仅作为真值载体而不预设其本质,语句殊型(sentence token)、话语(utterance)等概念都可以替代它;可能世界也可以被其他任何能够将真值条件模型化的概念替代。② 可见,层级的无限延伸仅仅表明说者在语境转变的推动下获得更强的表达能力,量词辖域的扩张是语言层面的而非本体论层面的。

至于无法通过单一理论把握研究对象的担忧,这是菲尔德基于其语境迟钝方案的立场提出的。根据这种立场,形式真理论的任务在于刻画真理概念的外延。那么,能否在一个语言中恰当地找出所有为真的语句,就成为评价一个解悖方案的主要标准。但是,这一标准并不适用于动态量化方案。作为一种依托于语言学传统的语境敏感方案,动态量化方案旨在揭示语境对于说者表达涉及真理的语义事实的作用机制。换言之,这里的目标是刻画一种使用中的或阶段性的"动态真"。因此,不同强度的理论共同把握真理概念是可接受的。

总之,动态量化方案带来了不同于塔斯基的层级理念,冲击了当下学界以反对真理分层为主流的研究格局。这种层级是克雷赛尔型层级的精致化。它既能够克服塔斯基层级面临的一般困难,又充分反映了说者进行说谎者悖论推导时不同反思阶段的关联,具有突出的理论优势。

四、关于量化限制的争议

早在帕森斯设想语境限制量化之初,他已意识到"本语句在任何语境中

---

① H. Field, *Saving Truth from Paradox*, Oxford: Oxford University Press, 2008, p.34.

② Cf. M. Glanzberg, "A Contextual-Hierarchical Approach to Truth and the Liar Paradox", *Journal of Philosophical Logic*, 2004(1), p.31; p.35; p.83.

都不是真的"这类超级说谎者(Super Liar)可能产生困难。他考虑了两种解决思路:禁止进一步的反思,或者禁止绝对量化。[①] 动态量化方案体现的是后者。

围绕是否存在绝对意义上无所不包的大全域,量化(或概括)的绝对主义与相对主义之争由来已久。限于本文宗旨,这里仅考虑与动态量化方案相关的质疑。第一,禁止绝对量化是违背直觉的。人们有表达绝对量化的主观意愿,自然语言中的量词直观上具备绝对量化的能力。第二,禁止绝对量化限制了语言的功能。如果禁止绝对量化,那么将无法确保诸如"所有事物与自身同一"这类逻辑有效式排除所有反例。第三,相对量化导致理论自毁。"所有量化都是受限的"本身预设了绝对量化。即如威廉姆森(Timothy Williamson)所言,"概括的相对主义倡导者似乎无法以任何融贯的方式阐明他们的立场"。[②]

除了上述一般质疑,部分学者批评动态量化方案限制量化的做法是特设的。有的学者认为,"格兰兹伯格坚称对所有语境进行量化是不合法的。但是,针对这种语境主义的回应,目前尚不清楚是否有独立的动机否认这种量化的合法性"。[③] 有的学者则将动态量化方案禁止绝对量化的做法,类比于罗素类型论设置分支限制的做法,认为二者均属于系统限制(systematic restriction),具有较高的特设性。[④]

格兰兹伯格构建动态量化方案时已考虑了针对量化相对主义的一般质疑。他指出,就直觉而言,人们关于绝对量化的直觉未必强于关于"名词化"(nominalization)的直觉。自然语言具备引入新的名词来替代其他项的能力。例如,"约翰说话很风趣,这种风趣很受欢迎,它为他增添魅力",这里先后两次将谓词"风趣"名词化。同理,无论做出多大范围的量化,量化域本身总能

[①] Cf. C. Parsons, "The Liar Paradox", *Journal of Philosophical Logic*, 1974(4), p.406.

[②] T. Williamson, "Everything", *Philosophical Perspectives*, 2003(1), p.433.

[③] Andy Demfree Yu, *Fragmented Truth*, Oxford: University of Oxford, 2016, pp.152 - 153.

[④] Cf. D. Tucker, "Paradoxes and Restricted Quantification: A Non-Hierarchical Approach", *Thought: A Journal of Philosophy*, 2018(3), pp.190 - 199.

被名词化而成为被量化的个体。我们认为,格兰兹伯格这个思想的合理性植根于集合论与真理论语义学的本质区别——公理化集合论可以通过限制集合的存在"资格"解决集合论悖论,而语言之意义具有"可增生性",描述增生意义的语义项同样属于自然语言。① 就语言功能与理论自洽性而言,"所有事物与自身同一"和"所有量化都是受限的"都是罗素式类型模糊化的,对应到动态量化方案的话语体系,即对于它们的语义解释不受量化域范围的影响。这类语句的真值相对于任何(any)量化域保持稳定,这不意味着对于它们的解释是相对于绝对意义上所有(all)个体的。任何量化域中的每一个仍可以是受限的。因此,这类语句无法表明绝对量化域的存在,亦不对量化相对主义构成实质威胁。

针对动态量化方案限制量化的特设性质疑也是不成立的。从量化限制的依据看,该方案依据的是语言资源对于说者表达能力的限制。前文已排除说谎者悖论涉及日常语境依赖的可能,重塑工作是在不涉及语境因素的情况下进行的。换言之,说谎者悖论推导的语境依赖是在考虑量化域的前提下,通过"反思"而发现的。在这种意义上,量化限制不能类比于类型论的分支限制。从自然语言的使用看,无论是科学研究还是日常会话,受限的量化才是常态。受限的方式取决于语境,如说者的预设、被量化的对象等。亚相容解悖方案当代代表人物比尔评价道:"在动态量化方案中,关于真值归因的语境依赖——动态性取决于自然语言量词本质上的语境依赖。这正是该方案的魅力所在。"②从本体论的层面看,该方案的量化限制是立场中立的。"语义解释是一种行为——它是我们所做的。我们已经发现它的执行方式的一些限制。它们揭示的不是对象世界的不稳定性,而是解释行为的不稳定性。"③量化限制是语境限制言语行为效应的一种体现,而非出于某种特定立场的人为设定。

---

① 参见张建军:《逻辑悖论研究引论》,北京:人民出版社,2014 年版,第 257 页。

② Jc Beall, "Truth and Paradox: A Philosophical Sketch", in D. Jacquette ed., *Handbook of the Philosophy of Science* (*Philosophy of Logic*), Oxford: North-Holland, 2007, p.387.

③ Cf. S. Florio, "Unrestricted Quantification", *Philosophy Compass*, 2014(7), pp.441 - 454.

总之,动态量化方案的量化限制有据可依,具有较高程度的非特设性。对于针对量化相对主义的一般质疑,格兰兹伯格承认诉诸类型模糊化的做法在一定程度上削弱了理论说服力,即便这不引致实质困难。目前,量化的绝对主义与相对主义之争尚无定论。[1] 悖论的解决总归需要付出一定代价,倘若放弃绝对量化是动态量化方案的代价,那么这一代价是否值当便见仁见智了。无论如何,动态量化方案至少是自圆其说的。

五、总结与展望

综上所述,作为一种新型语境敏感解悖方案,动态量化方案的基本思路是:量化域随着新显项引起的语境转变发生扩张,形成以真值条件为核心的多方面层级,使得悖论性语句在不同推导步骤呈现不同语义状态。通过探讨该方案的主要争议,本文得出以下结论:该方案对于语境转变动机的解释植根于语言学基本观点,开辟了悖论语篇语境研究的新方向;真理层次的划分既克服了塔斯基层级面临的困难,又保持了真值谓词层次间的连贯性;限制量化的做法有其直觉根基,具有较高程度的非特设性。这几个方面反映了动态量化方案在语义悖论研究中的开拓性意义和重要理论价值。

动态量化方案还有进一步的研究空间。例如,肖尔(James Shaw)和比尔等人分别将该方案的理念运用于分析拜里悖论的变体[2]以及库里悖论[3],这不仅为更多悖论提供了新的思考角度,且有助于检验其作为解悖方案的"宽广性"。出于量化绝对主义立场,穆尔齐等人致力于提出一种"双向语义学",旨

---

[1] Cf. S. Florio, "Unrestricted Quantification", *Philosophy Compass*, 2014(7), pp.441-454.

[2] Cf. J. Shaw, "Truth, Paradox, and Ineffable Propositions", *Philosophy and Phenomenological Research*, 2013(1), pp.64-104.

[3] Cf. Jc Beall, J. Murzi, "Two Flavors of Curry's Paradox", *Journal of Philosophy*, 2013(3), pp.143-165.

在将该方案的技术装置限定于处理悖论性语句。[①] 这种探讨必将为量化绝对主义与量化相对主义的论争提供新的视角。再如,孔斯(Robert Koons)已证明索引方案与情境方案具有形式同态性[②],而动态量化方案是否也能与二者形式同态尚待进一步考察,与其他语境敏感方案的比较工作将推进语境解悖进路的发展。

（原载《世界哲学》2020 年第 5 期）

作者简介:林静霞,南京大学哲学系 2017 级哲学专业博士研究生(导师张建军),于 2019 年 11 月至 2020 年 2 月通过南京大学国外短期访学资助项目赴奥地利萨尔茨堡大学进行为期 4 个月的交流。现为汕头大学马克思主义学院讲师。

---

① 穆尔齐主持了奥地利科学基金项目"语境中的说谎者悖论及其报复者"(2016—2019),其主要成果即将由牛津大学出版社出版。Cf. J. Murzi, L. Rossi, *Truth and Paradox in Context*, Oxford: Oxford University Press, forthcoming.

② Cf. R. Koons, *Paradoxes of Belief and Strategic Rationality*, Cambridge: Cambridge University Press, 1992, pp.102 – 110.

保罗·伯克特在生态学马克思主义中的
地位和影响

王　鸽

摘　要:保罗·伯克特生态学马克思主义提出了生态价值形式理论。资本主义社会的两类环境危机、对自然资本的批判、马克思的热力学思想和社会再生产的生态辩护,构成了这种生态学的基本内容。伯克特重新考察阐释了马克思的自然观,为马克思的生态思想进行辩护,强调从马克思主义内部来挖掘其生态基础。他的生态学思想对第二、第三代马克思主义生态学理论产生了重要影响。

关键词:保罗·伯克特;生态学马克思主义;生态价值形式;自然资本

生态学马克思主义一直是一个未能完全讨论清楚的思想流派。它现在仍然处于发展之中。还有不少生态学马克思主义学者还没有得到充分研究,其中包括美国学者保罗·伯克特(Paul Burkett)。伯克特在为马克思的生态思想进行辩护的过程中,形成和发展了自己的独特的生态学马克思主义思想,包括重新阐释马克思的自然观,生态价值形式理论,资本主义社会的两类环境危机,对自然资本的批判,马克思的热力学思想,社会再生产的生态辩护。通过研究他的思想和理论,我们可以更多地了解和窥视到近二十多年来生态学马克思主义流派的思想发展总体特点。本文将首先概述生态学马克思主义的三种理论发展形态,尤其是后两种理论形态的发展,进而在思想史的语境中勘定伯克特的理论地标,探析其历史地位;根据伯克特的著作和论文,概括和阐述其生态学马克思主义思想的主要内容;并简评伯克特的理论及其对生态学马克思主义流派后期发展产生的影响,特别是伯克特和福斯特等人的理论对最新阶段理论发展向深层次、更丰富和综合性发展的意义。

一、生态学马克思主义的出场

自 1968 年法国"五月风暴"之后,众多新的理论思潮出现,其中包括至今仍有影响力的生态学马克思主义。"生态学马克思主义是西方马克思主义在理论和实践逻辑终结之后的一种新的理论形态。"[①]它主要包含了三种理论形态,即生态马克思主义、生态社会主义和马克思的生态学[②]。

从 20 世纪 60 年代末到 70 年代末,社会环境问题日益受到重视,一些思想家便将生态学与社会主义、马克思主义相结合,探索一个生态、自然与人类社会和谐发展的生态社会主义社会。这个既不同于苏联的社会主义模式,又批判晚期资本主义社会的生态社会主义社会,可以说是当时的理论家们所要探索的"第三条道路"。这段时期的很多生态马克思主义学者深受法兰克福学派思想的影响,甚至有些学者自身就是法兰克福学派的成员,如马尔库塞。他们在生态学与马克思主义之间架起了一个有益的生态分析和生态批判理论,如威廉·莱斯的批判科技成为控制自然的工具及其异化消费批判理论,本·阿格尔的异化消费批判和期望破灭的辩证法。但是由于他们的思想存在诸多理论和地域局限性,所以 70 年代末以前的这个时期只能称之为生态学马克思主义最早的理论形态,即生态马克思主义(第一种理论形态)。换言之,在本·阿格尔之前的这个时期是生态学马克思主义发端最早的独立理论形态。

20 世纪 70 年代末以后,也就是在阿格尔之后,从西方左派理论中兴起了一股生态社会主义思潮,即生态学马克思主义的第二种理论形态。这一时期

---

① 张一兵主编:《当代国外马克思主义哲学思潮(下)》,南京:江苏人民出版社,2010 年,第 483 页。

② 张一兵主编:《当代国外马克思主义哲学思潮(下)》,南京:江苏人民出版社,2010 年,第 483——503 页。

的主要理论特点是用绿色理论来补充马克思所"缺失"的生态思想。到 90 年代末,生态社会主义思潮内部开始出现争论,生发出了第三种独立的理论形态——马克思的生态学,国外学者又将其称之为生态社会主义第二阶段或生态马克思主义阶段。这个"生态马克思主义阶段"的称呼极容易与阿格尔之前形成的理论形态名称相混淆,但其实它们之间有着质的不同。将其称之为"马克思的生态学"①更为妥当。

总的来看,第二阶段生态社会主义的理论观点与第一阶段的相对立,其理论发展呈现出断裂式发展。这种理论转向和断裂的特点主要体现在以下几个方面。其一,从马克思的早期著作转向马克思成熟时期的政治经济学。第一阶段的学者们认为马克思早期是自然主义,到了成熟时期的政治经济学及其劳动价值论则忽视自然,存在生态缺陷。第二阶段的学者们则注重恢复和挖掘马克思成熟时期的政治经济学及其劳动价值论里的生态思想。其二,在方法论上,从用绿色理论来外部重构马克思历史唯物主义的自然观转向回到马克思的历史唯物主义生态语境上,更加重视唯物主义和历史特殊性,从内部肯定马克思自然观的连贯性、一致性,以批判和超越绿色理论中的唯心主义、理想主义、道德主义,克服和弥补第一阶段的理论缺陷。其三,从否定马克思恩格斯的自然辩证法转向重新肯定马克思恩格斯的自然辩证法。前者受法兰克福学派和反对苏联立场的影响,忽视和否定了自然辩证法;后者则注重重新恢复自然辩证法的地位和意义。总之,"第二阶段生态社会主义学者对青年马克思反对成熟马克思、马克思反对恩格斯、自然科学反对社会科学的倾向提出了质疑"。② 以下我们将具体来考察这两个阶段的理论争论。

第一,马克思是否具有生态思想。本顿曾经指出马克思是普罗米修斯主义,是普遍的技术乐观主义。这种乐观主义使马克思低估了生产的自然限制,缺乏对自然环境问题的足够重视,这在马克思的古典政治经济学的论述

---

① 张一兵主编:《当代国外马克思主义哲学思潮(下)》,南京:江苏人民出版社,2010 年,第 499—502 页。

② John Bellamy Foster and Brett Clark, "Marx's Ecology and the Left", *Monthly Review*, 2016 (68), p.13.

中到处可见。奥康纳等人也同样认为马克思缺乏对自然条件的分析。对此，伯克特认为他们对马克思著作的解读存在孤立性、片面性，只有系统考察才会发现马克思的著作具有基本的生态思想，只是表达的语言发生了变化。他在深入研究马克思的政治经济学之后，提出了生态价值形式理论。福斯特也批判"第一阶段的生态社会主义分析是在绿色理论的霸权下发展起来的"。[1]他坚持马克思具有生态思想，并从社会学、哲学层面上提出了"新陈代谢断裂"理论。日本学者斋藤幸平（MEGA2 的编辑）基于马克思的《自然科学笔记》（尤其是马克思 1868 年撰写的笔记）进行了深入研究，发现"根据马克思的自然科学笔记本中的记载，他对理解人类与自然之间的新陈代谢过程的断裂特别感兴趣——新陈代谢断裂是为了资本的高效增殖而对物质世界进行无休止的形态转变的结果"。"马克思很清楚李比希的理论并没有完成对资本主义的生态批判，他尝试着结合生态学、农业和植物学等不同领域中的新研究成果而继续发展并扩大对资本主义的生态批判。"[2]

　　第二，在对待马克思历史唯物主义和劳动价值论的态度上出现分歧。第一阶段的学者们，如本顿和奥康纳，认为马克思的历史唯物主义忽视自然或是反生态，只注重强调生产力和科学技术的发展，因此需要杂糅进新马尔萨斯主义和绿色理论。对此，伯克特则坚持历史唯物主义与生态学的一致性，认为马克思不仅具有成熟的自然观和重要的生态思想，并且为资本主义的生态批判提供了重要的方法论。福斯特和克拉克也批判了第一阶段学者的理论做法是混搭，"在这个混搭中，历史唯物主义传统的批判力量将会丧失。更重要的是，在第一阶段生态社会主义理论中对马克思的批评常常是扭曲的"。[3] 此外，围绕在谢尔盖·波多林斯基事件上的不同解读和阐释，也产生了争论。第一阶段的学者们认为马克思没有回应波多林斯基的农业热力学

---

① John Bellamy Foster，"Environmental Politics：Analyses and Alternatives"（a review），*Historical Materialism*，2001(8)，p.462.

② Kohei Saito，"Marx's Ecological Notebooks"，*Monthly Review*，2016(67)，p. 41.

③ John Bellamy Foster and Brett Clark，"Marx's Ecology and the Left"，*Monthly Review*，2016(68)，p. 9.

问题,而是将波多林斯基的建议连同热力学理论一起驱逐出劳动价值论之外,马克思的劳动价值论本身存在生态缺陷。第二阶段的学者们对此进行了辩护。福斯特和伯克特认为马克思的政治经济学分析完全符合热力学第一、第二定律,并且马克思主义内在地包含热力学思想,马克思的劳动价值论也具有使用价值的自然物质因素和劳动力的生物化学基础。反观波多林斯基的理论,其本身就存在能量还原论的问题。西班牙学者恩里克·泰洛(Enric Tello)同样认为"波多林斯基关于人类劳动在与自然的社会代谢交换中的作用的能源论文仍然是试探性的和不成熟的"。[①]

第三,关于自然-社会辩证法的争论。随着对马克思是否具有生态思想的辩论接近尾声,一个更加深入的哲学和辩证法问题浮出水面,即关于自然-社会辩证法的争论。第一阶段生态社会主义学者受法兰克福学派和左派绿色理论的影响,否定马克思的自然辩证法。因此有的学者在自然与社会之间采用二元对立的辩证法,有的学者则采用社会一元论。对此,伯克特等人都予以批判,且声称第二阶段生态社会主义的观点是不同于二元论与一元论的。他们的理论逻辑"要求社会主义以更深刻、更彻底的方式回到唯物主义基础上来,因此,第二阶段分析代表了唯物辩证法与生态学自然科学要素的历史综合"。[②] 福斯特在此基础上提出超越二元论与一元论的生态辩证法,以实现自然与社会的辩证统一。在他看来,"马克思的'自然的普遍新陈代谢''社会新陈代谢'和'新陈代谢断裂'三位一体方案中隐含着辩证方法"[③],他以此为中心进行分析以实现更广泛的生态综合,以及在经典马克思主义基础之上产生的生态实践。

综上可见,20世纪90年代末正是生态社会主义前后两个阶段的分水岭,

---

① Enric Tello, "Manuel Sacristán at the Onset of Ecological Marxism after Stalinism", *Capitalism Nature Socialism*, 2016(27), p. 39.

② Paul Burkett, "Two Stages of Ecosocialism? —Implications of Some Neglected Analyses of Ecological Conflict and Crisis", *International Journal of Political Economy*, 2006(35), p. 24.

③ John Bellamy Foster and Brett Clark, "Marx's Ecology and the Left", *Monthly Review*, 2016(68), p. 12.

此后第二阶段生态社会主义对马克思主义经典思想生态基础的解读实现了异质性的发展。其断裂发展开始的标志性事件则是 1999 年伯克特的《马克思与自然》和 2000 年福斯特的《马克思的生态学》的出版。他们分别提出了最重要的理论发现，即马克思的生态价值形式分析和新陈代新断裂理论①。由此，生态社会主义第二阶段进入了断裂式理论发展，这种新的理论发展尤以伯克特在政治经济学上的发现为基础，极大地改变了此后对马克思生态思想的理解。

二、伯克特的主要理论观点

生态社会主义第二阶段的理论断裂发展，离不开伯克特的理论贡献，尤其是在马克思政治经济学上所做的理论考察。伯克特在分析阐释理论的过程中，反复强调了马克思方法论的重要性，即历史辩证法、唯物主义和阶级关系分析对资本主义社会生态危机问题的分析和解决具有重要意义。总的来说，伯克特的生态学马克思主义思想可以简单概括为以下几个方面。

第一，伯克特的理论起点是重新系统地考察马克思的自然观。首先，在伯克特看来，财富意味着使用价值的积累，而财富的生产离不开自然和人类劳动这两个要素的同时参与。在财富的生产过程中，一切自然的使用价值和自然条件，包括作为自然一部分的人类劳动力，只有与劳动相结合，才能共同构成财富的来源。其次，伯克特强调了人类生产和劳动的非同一性，认为劳动是人类存在的自然条件，而生产是对自然物质的占有，具有社会性。这种社会性体现在生产是在历史特定的生产关系下进行的，每一种社会形态下的生产又都内含着阶级关系。这里对生产关系的分析便是伯克特分析马克思主义的入口。接着，伯克特指出当人类生产与自然本身再生产出现社会分化后，生产便开始剥削自然和劳动，人类生产便走向了反生态的历史。最后，伯

---

① John Bellamy Foster, "Marxism in the Anthropocene: Dialectical Rifts on the Left", *International Critical Thought*, 2016(6), p.396.

克特从劳动概念入手,阐述了劳动力本身先是一个体力与智力综合的生命自然力。工人通过消耗生命有机体,如肌肉、神经、大脑等,来实现劳动动作。同时,劳动和劳动力"不仅是自然力,也是社会力量"①。劳动只有在社会分工中才能完成物质生产,一定社会的生产关系又影响制约着劳动能力的发展。而劳动力的再生产和进化又是一个社会的过程,即社会最基本单位家庭关系是劳动力再生产发展的条件。从历史进化的角度来说,劳动作为自然力量与社会力量的结合,推动了人类社会从自然界中分离,以及人类历史向前发展。以上伯克特对马克思自然观的概述,不仅从唯物主义的角度将自然界作为劳动、生产的前提性条件,重视使用价值作为财富形式的自然基础,而且还采用历史分析法,充分考虑不同社会关系下的第二自然与生产、劳动相结合的异质性,可以说这是伯克特对马克思自然观把握比较准确的地方。对比施密特对马克思自然观的跨历史悲观主义的解读②,伯克特更注重自然对使用价值的贡献,资本主义和工业主义之间质的不同,以及资本主义社会里存在的价值性矛盾。

第二,在以上的考察分析基础上,伯克特又运用历史分析方法提出了生态价值形式理论,为马克思价值论的生态意蕴进行辩护。他首先将这一理论分析定位于特殊的资本主义社会生产关系之下,以《资本论》和《大纲》为文本依据,将劳动者与生产必要条件的社会分离视为资本主义商品经济最重要的特征。相比于前资本主义社会使用价值占主导地位,资本主义社会的交换价值获得了独立的形式,开始支配使用价值。在资本和货币力量统治下,劳动者的劳动力和一切自然生产条件都被吸纳于资本的利益驱动之中。资本继而利用科技无限吸纳劳动和自然的使用价值,不断超越自然限制,不断无偿占有自然条件和社会条件,最终造成自然条件退化,发展成为全球性的环境灾难。对于那些批判马克思低估自然作为生产条件的言论,伯克特指出他们

---

① Paul Burkett, *Marx and Nature: A Red and Green Perspective*, New York: St. Martin's Press, 1999, p.52.

② Paul Burkett, "Nature in Marx Reconsidered: A Silver Anniversary Assessment of Alfred Schmidt's *Concept of Nature in Marx*", *Organization & Environment*, 1997(10), p.170.

的论断是误解了马克思的价值理论,且没有正确把握使用价值、价值和交换价值之间的区别和联系。价值是在生产领域中产生,交换价值是价值的一种形式;交换价值和使用价值都从属于价值形式;价值则是从"财富的自然基础和物质中抽象出来的"。① 继而,伯克特又特别指出,价值一定是在资本主义社会这一特殊历史条件下产生的,并且价值具有鲜明的反生态特征。价值本身包含了资本主义与自然的根本对立,质言之,商品内在包含着交换价值与使用价值之间的矛盾,即财富的资本主义形式与其自然物质基础的矛盾。具体而言,价值的普遍性、同质性、无限可分与使用价值的特殊性、多样性、有限性之间具有不可调和的矛盾。作为价值一般等价物的货币出现后,加之使用价值的生产离不开自然和劳动两个因素的共同作用,于是,货币与自然之间又构成了一种矛盾,即货币数量上的无限性与自然物质有限性之间的矛盾。这个矛盾的必然结果是,货币积累和资本扩张要求不断突破生产的自然限制,甚至为了突破局部的自然界限而将自然限制扩展到全球范围,最终导致全球自然退化。最后,伯克特又将反驳点放在了租金上。他先陈述了批评家们的观点,即租金似乎能够缓解价值与自然之间的矛盾,使稀缺资源得到保护;然后,伯克特指出租金是剩余价值的再分配,租金实际上强化了对自然的货币估价,反而加剧了市场对自然环境和自然条件的干预,加剧了资本对自然的无偿占有,以及价值与自然之间的紧张关系。

第三,伯克特认为马克思对资本主义的分析批判不仅包含上述的生态价值形式理论,而且还包含资本主义社会的环境危机理论。具体可分为两类环境危机;一类是"资本积累危机",另一类是更普遍的"人类社会发展质量的危机"②。这两类环境危机由于资本对自然财富的占用和对自然条件的占有而相互重叠。一方面,资本积累就是货币形式的价值积累,价值的物质承担者是使用价值,也就是物质材料的加工和生产。当劳动生产率提高,资本积累

---

① Paul Burkett, *Marx and Nature: A Red and Green Perspective*, New York: St. Martin's Press, 1999, p.82.

② Paul Burkett, *Marx and Nature: A Red and Green Perspective*, New York: St. Martin's Press, 1999, p.107.

速度加快时,劳动所需要和消耗的自然原材料、辅助材料和能源就会成倍增加。在原材料不足的情况下,资本又会想方设法地开发利用自然界中新的材料和能源,以及缩短自然更替时间和更新换代劳动工具。这些最终都导致了自然资源在数量和质量上的减少和下降,资本和自然矛盾不断加深,从而资本积累受到影响。除了材料和能源的限制之外,剩余价值的生产还受到另一个自然基础的影响,即"生产主辅材料所需的自然条件"①。在所有自然条件中,农产品生产物质资料的自然条件最为基础,换言之,一般资本积累危机往往起因于主要的农产品供给短缺。农业出现短缺,工人剩余劳动力的榨取便受到威胁,原材料的价格上涨,固定资本的价值也随之提高,这些最终都造成了积累障碍。反过来,资本的加速生产,进一步加剧了农产品和原材料的短缺。即使开发新材料、新能源也无法从根本上缓解工业资本日益增长的物质需求,因为自然规律、自然时间与物质供给加速之间存在矛盾。资本的物质需求与自然条件之间的不平衡,随着资本主义机器大工业的成熟而不断恶化。另一方面,伯克特把资本主义不断趋向的环境危机又理解为人类发展的危机。这在马克思恩格斯分析资本主义下的城乡对立中最为明显。资本通过剥夺劳动者的必要生产条件,尤其是土地,使大量劳动者向城市工业集聚,再加上工业与农业的分离,现代工业加剧了城市群的形成。城市的发展不仅破坏了当地及其周边的自然和社会环境,如城市垃圾、土地肥力下降、人与土地之间的物质循环中断等,而且也造成了当地自然生产条件被侵蚀,甚至严重威胁到人类发展的自然条件的质量。随着科技革命和全球化发展,这种城乡对立扩展到了全球范围。在伯克特看来,马克思关于环境危机的分析框架同时也为全球范围的环境危机分析提供了方法。

第四,伯克特延续上述理论分析,积极运用马克思的唯物主义和阶级分析方法重新评价了生态经济学中关于自然资本的争论。在批评自然资本将自然货币化、资本化,利用市场对自然进行估价时,一个很重要的理由是"货

---

① Paul Burkett, *Marx and Nature: A Red and Green Perspective*, New York: St. Martin's Press, 1999, p.113.

币的一维性使市场价格无法捕捉自然的多维使用价值"①,这只会加剧生态紧张关系。那么如何有效地抵制自然资本化? 其一,这就需要对资本主义生产关系进行彻底地批判性分析。这里,伯克特强调了特定的社会关系,即雇佣劳动。资本主义下工人与必要生产条件的社会分离,导致劳动能力、自然、生产资料都从属于商品体系。这既是资本主义生产关系形成的条件,也是资本主义社会存在的基本矛盾。由此,在马克思主义看来,自然资本就是在资本主义生产关系下资本对劳动和自然的剥削和异化。其二,在抵制自然资本的过程中,还需要区分资本主义再生产的环境危机和人类发展条件下资本主义诱发的环境危机,同时认清第二类环境危机带来的是自然条件不可逆的退化,甚至是永恒的恶化。环境危机包含的生态矛盾正是资本、货币、价值与自然之间的矛盾。矛盾的解决需要直接对抗资本主义核心的雇佣劳动关系,将反对自然资本化的斗争与工人社会运动斗争相结合,以实现新的生产关系和可持续发展。

第五,伯克特针对生态经济学关于热力学第二定律(熵定律)的争议,提出了马克思主义的批判性视角。他主要批判了尼古拉斯·乔治斯库-罗根(Nicholas Georgescu-Roegen)和赫尔曼·戴利(Herman Daly)的熵经济学忽视社会生产关系对自然条件的影响,缺少唯物主义阶级观的透视。争议还涉及一个很重要的论点,即马克思恩格斯对谢尔盖·波多林斯基在社会主义理论中引入热力学因素采取了消极态度。这也成为马丁内斯-阿里尔(Martinez-Alier)等人批评马克思恩格斯缺少生态思想和否定熵定律的切入点。对此,伯克特和福斯特在查阅波多林斯基的原文后,认为波多林斯基的理论是一种能量还原论,而且存在逻辑错误,即把人类社会劳动比作封闭孤立的卡诺的完美机器②,忽略了社会劳动的现实复杂性以及生物化学因素和熵的思考维度。伯克特和福斯特又进一步指出马克思在《资本论》中已经涉

---

① Paul Burkett, *Marxism and Ecological Economics: Toward a Red and Green Political Economy*, Leiden, Boston: Brill, 2006, p.121.

② Paul Burkett, *Marxism and Ecological Economics: Toward a Red and Green Political Economy*, Leiden, Boston: Brill, 2006, p.179.

及能量和熵的分析,这种分析与新陈代谢分析密切相关。其一,马克思把劳动和生产作为人与自然之间的新陈代谢过程,强调了"资本主义和任何其他形式的人类生产一样,都受自然规律的制约"①。同时,马克思也把劳动和生产"视为人与自然之间物质和能量的社会组织交换"②,这使马克思避免成为能量还原论者。其二,马克思把资本主义商品生产和交换过程看作社会新陈代谢过程,商品内在包含的价值形态是新陈代谢的"经济细胞形态"。其三,马克思对劳动力的定义和劳动力价值的分析充分包含了新陈代谢-能量的分析。劳动力作为一个生命有机体,在使用它的过程中,需要满足最基本的自然物质需求,以维持劳动力的再生产。同时,劳动力创造价值的过程也是物质能量耗散和熵增的过程。因此,伯克特得出结论:马克思对资本主义商品生产的分析及其劳动价值论不仅符合热力学第一定律(能量守恒定律),而且也符合热力学第二定律。由此,恩格斯反对波多林斯基的理论框架和能量核算方式,强调劳动和产品的不可还原性,完全与马克思主义分析相一致。伯克特继而指出那些攻击恩格斯误解、否定热力学第二定律的观点实际上缺乏证据。在考察了恩格斯的《自然辩证法》、关于热力学的笔记和书信后,福斯特和伯克特发现恩格斯批评的并不是热力学第二定律,而是由第二定律推断出的"地球的稳定冷却和宇宙热寂"③假说。因此,马克思和恩格斯不仅热切关注热力学,而且将热力学思想纳入了马克思主义中。

第六,生态经济学家们对马克思的另外一项生态指控是针对《资本论》第二卷中的社会再生产的,他们批判马克思的再生产计划"忽视或淡化了生产对自然条件的依赖以及生产对环境的影响"④。其中尤以罗根和戴利为代表,

---

① Paul Burkett, *Marxism and Ecological Economics: Toward a Red and Green Political Economy*, Leiden, Boston: Brill, 2006, p.182.

② Paul Burkett, *Marxism and Ecological Economics: Toward a Red and Green Political Economy*, Leiden, Boston: Brill, 2006, p.183.

③ John Bellamy Foster, Paul Burkett, *Marx and the Earth: An Anti-critique*, Leiden, Boston: Brill, 2016, p.173.

④ John Bellamy Foster, Paul Burkett, *Marx and the Earth: An Anti-critique*, Leiden, Boston: Brill, 2016, p.204.

他们批判马克思的再生产计划是一种不依赖于自然环境的"自我再生产系统",完全是"孤立的循环流动"①模型。马克思将经济看作货币的循环流动,在这个封闭的系统里,从生产到消费的流动过程,没有了自然物质环境的参与和影响,完全忽视了原材料和自然资源在其中的作用,只强调劳动作为价值的来源。由此可知,马克思视资源和自然财富为自然的免费礼物,将自然环境与经济分开,甚至是牺牲环境来发展经济。在他们看来,这种再生产计划中的生态缺陷,究其根源是由马克思的劳动价值论导致的。相比之下,重农主义和魁奈的《经济表》则获得了生态经济学家们高度的生态赞同。他们认为魁奈的《经济表》更像是一种财富的单向流动,货币循环流动则被看作一种社会工具。而重农主义总的来说重视自然是财富的来源,具有生物物理基础,关注经济活动的物质方面,具有生态优势。针对以上对马克思的生态观批判,伯克特从两个方面进行了回应。一方面,马克思对魁奈《经济表》的态度是充分赞扬其中的唯物主义成分。《经济表》对马克思分析资本主义再生产过程产生了强烈的影响,尤其是其中"把货币流通描绘成商品生产和交换的结果"②。货币流通的功能性定位则充分体现了魁奈的唯物主义观点,即货币和商品的流通形式都是由物质生产决定的,物质生产又与自然条件紧密相关、互相作用。因此,马克思讨论的物质生产并没有脱离自然环境,他的再生产计划也不是抛弃物质生产与再生产的自给自足的循环流动。另一方面,伯克特从马克思的方法论上进行辩护,认为资本主义再生产可以说是雇佣劳动关系的再生产,而马克思的再生产计划则揭示了资本主义社会在生产和财富流通中的阶级分裂的基本交换过程。在这个生产和消费的运动循环过程中,既有价值的不断替代循环过程,也有物质材料的不断替代循环过程。以唯物主义的观点来看,马克思更强调物质生产高于货币(价值)形式的流动。进一步分析物质生产的循环过程,会发现再生产始终离不开物质资料和活劳动的

---

① John Bellamy Foster, Paul Burkett, *Marx and the Earth: An Anti-critique*, Leiden, Boston: Brill, 2016, p.205.

② John Bellamy Foster, Paul Burkett, *Marx and the Earth: An Anti-critique*, Leiden, Boston: Brill, 2016, p.210.

同时投入,也就是再生产依赖于自然条件的限制,如劳动生产率的提高程度以及劳动形式。此外,马克思的再生产计划把资本主义生产看作一个开放的系统,即"作为一种从自然环境中汲取资源并将废物排放到自然环境中的物质生产系统"①。在扩大再生产或资本积累中,资本不仅过度侵占土地和自然资源,而且从热力学和生物物理学上来看,也过度剥削使用劳动力,最终,只会导致资本积累与自然条件之间的矛盾,造成人类发展自然条件的危机。

三、伯克特的理论影响

随着马克思生态思想的相关文献被挖掘和认可,以及持续十多年的大争论的基本结束,很多问题已经得到澄清并获得普遍共识,其中包括马克思具有生态思想的共识,这些都代表着第二阶段生态社会主义的胜利。在生态学马克思主义流派向下一个理论形态转变的过程中,伯克特的理论起到了举足轻重的作用。福斯特曾给予了高度的评价,认为"今天人们对马克思的生态学的贡献的广泛认可,在很大程度上也可以归因于伯克特的工作以及他影响的其他一些思想家的工作"。② 那么,伯克特的理论影响有哪些呢? 这可以大致概括为以下几点。

第一,开启了第二阶段生态社会主义思潮,或者说开启了生态学马克思主义的新格局。伯克特在1999年出版了著作《马克思与自然》,重新考察马克思的自然观,阐述生态价值形式理论。这形成了第二阶段对第一阶段进行批判的第一个理论突破口。伯克特在早期的苏联经济学家鲁宾(I.I. Rubin)的研究的基础上,深入研究马克思的价值形式理论和使用价值的自然物质基

---

① John Bellamy Foster, Paul Burkett, *Marx and the Earth: An Anti-critique*, Leiden, Boston: Brill, 2016, p.214.

② John Bellamy Foster, "Paul Burkett's *Marx and Nature* Fifteen Years After", *Monthly Review*, 2014(66), p.56.

础,并将其"首次系统地解释阐述为古典唯物史观中的生态价值形式分析"①。他对马克思成熟时期的政治经济学著作,尤其是《资本论》里面蕴含的生态思想进行分析,阐述了劳动价值论内在地包含资本主义社会下的价值与自然的矛盾。他的理论使生态学与马克思的价值理论结合起来,建立了马克思主义与生态经济学之间的关联。这些都更新了之前学者们对马克思政治经济学的认识,尤其"对马克思的生态学进行了否定性的评价,并试图与更为主流的绿色马尔萨斯主义概念相联系"②,以期填平红绿之间的鸿沟,也极大地改变了后来学者们对马克思生态学的理解。换言之,"伯克特的《马克思与自然》是对马克思第一阶段生态社会主义观的反驳,是对马克思批判生态观的重建和重申。"③在笔者看来,作为经济学家的伯克特从政治经济学的视角打开马克思的生态思想,重析马克思价值形式理论里的自然基础,确实为马克思的生态学做出了理论贡献,填补了人们在政治经济学上的生态认识空白。伯克特在政治经济学上打开的理论断裂由福斯特继续深化,他们在社会学和哲学层面上提出的新陈代谢断裂理论,使得后来的理论发展轨迹完全转向了第二阶段的生态社会主义,即"新的"生态马克思主义。

第二,对福斯特的理论产生了深远影响,尤其是在政治经济学的价值形式分析上为福斯特的新陈代谢断裂理论提供了经济学方面的理论支持。福斯特于2000年出版了《马克思的生态学》。在这本书的前言中,福斯特指出:"保罗·伯克特的权威性著作《马克思与自然——一种红色和绿色的视角》(1999)不仅构成本书写作的部分背景,而且也是本书所提供的分析的必要补充。如果我没有完整地阐述马克思的生态学中的政治经济学部分,那是因为

---

① John Bellamy Foster, "The Great Capitalist Climacteric: Marxism and 'System Change Not Climate Change'", *Monthly Review*, 2015(67), p.6.

② John Bellamy Foster, "Marxism in the Anthropocene: Dialectical Rifts on the Left", *International Critical Thought*, 2016(6), p.396.

③ John Bellamy Foster, "Paul Burkett's *Marx and Nature* Fifteen Years After", *Monthly Review*, 2014(66), p.58.

这本著作的存在已经使这项工作成为不必要的或多余的了。"①20 世纪 90 年代之后,福斯特与伯克特共同探索和发展马克思的生态学。在他们的带动和影响下,逐渐形成了一批生态社会主义第二阶段的理论学者,他们"试图通过更深入地挖掘马克思思想的宝库来解决为运动提出的新的现实问题,以构建一个更强有力的唯物主义批判"②。当福斯特对第二阶段的理论发展进行总结时,他曾指出:"到上个世纪末,这种对马克思生态学的回归带来了三个重要的科学突破:(1) 重新发现了马克思的'生态价值形式分析';(2) 恢复和重建了马克思的新陈代谢断裂理论;以及(3) 对两类生态危机理论的检索嵌入了他的分析之中。这些关键的突破对人类纪的革命实践产生了新的战略洞察力。"③日本学者斋藤幸平对此给予了高度肯定的评价,认为正是伯克特和福斯特等一批第二阶段生态社会主义学者们的研究工作,有力地为马克思恩格斯思想中的生态学要素进行说明阐述,才会使今天"关于'马克思的生态学'的评论格局与以前大不相同,把马克思和恩格斯的思想称为'反生态学'的人可以说已经成为少数派"④。由此,笔者认为生态学马克思主义流派之所以发展出新的理论格局,既离不开福斯特作为领军人物的带动作用,也离不开伯克特的理论支持,他们的理论影响了其他学者并共同推动了马克思的生态学的发展。

　　第三,对生态社会主义第三阶段的产生和发展具有一定的影响,或者说在一定程度上具有引导意义。经过第一阶段和第二阶段的多年争论之后,马克思是否存在生态学这个问题已经有了结果。生态学马克思主义内部已经基本形成共识,接下来的课题将是以马克思的生态学为前提,从马克思的思

---

　　①　福斯特:《马克思的生态学:唯物主义与自然》,刘仁胜、肖峰译,北京:高等教育出版社,2006年,前言部分第 5 页。

　　②　John Bellamy Foster, "Environmental Politics: Analyses and Alternatives" (A Review), *Historical Materialism*, 2001(8), p.463.

　　③　John Bellamy Foster, "The Great Capitalist Climacteric: Marxism and 'System Change Not Climate Change'", *Monthly Review*, 2015(67), p.5.

　　④　斋藤幸平:《人类世的马克思主义》,陈世华、卓宜勋译,《南京工业大学学报(社会科学版)》,2019 年第 3 期。

想观点、立场、方法来分析"人类纪中资本与自然的关系和矛盾"①,运用第二阶段形成的理论基础来深入分析资本主义社会各个行业的环境问题。此时,伯克特的理论影响,正像福斯特所说的:"其他人现在正试图追随伯克特的足迹,将马克思的社会生态辩证法和生态价值分析延伸到对当今环境问题的审视,这证明了伯克特的贡献是巨大的。"②在福斯特看来,第三阶段是第二阶段的"逻辑结果",其目标"是利用马克思主义经典思想的生态基础来对抗当今资本主义的全球生态危机,及其与统治形式一起产生的阻碍真正替代发展的意识形态"③。伯克特于2006年出版的《马克思主义和生态经济学:走向红与绿的政治经济学》,对当代的生态经济学进行了马克思主义的批判,具体阐发了生态可持续的社会主义构想,以回到马克思主义的方式构想未来社会主义实践。这一次,伯克特"带路了"。我国学者彭学农同样给予了肯定评价,认为"伯克特在《马克思和自然》建立的基础性观点之上,在与新古典生态经济学和左翼生态经济学的辩论中,写成了《马克思主义与生态经济学》一书,构建了鲜明的马克思主义生态经济学,开辟了第三阶段生态社会主义的前进方向"④。在笔者来看,伯克特对劳动价值论的生态分析,以及阐述马克思热力学思想和再生产理论的生态意蕴等,与福斯特的新陈代谢断裂理论,都为21世纪马克思的生态学发展奠定了理论基础。他们都致力于分析和超越资本主义的劳动价值论,他们的理论也共同成为"反批判"的思想武器,继续批判那些对马恩间接的深层次的生态指控,如:马克思恩格斯未区分可再生和不可再生(化石燃料)能源;马恩的工作缺乏自然的内在价值概念;等等。这些针对马恩新的隐蔽性的生态指控,也同样需要我们国内学者对其去进行辨别

---

① 斋藤幸平:《人类世的马克思主义》,陈世华,卓宜勋译,《南京工业大学学报(社会科学版)》,2019年第3期。

② John Bellamy Foster, "Paul Burkett's *Marx and Nature* Fifteen Years After", *Monthly Review*, 2014(66), p.62.

③ John Bellamy Foster, "Paul Burkett's *Marx and Nature* Fifteen Years After", *Monthly Review*, 2014(66), p.61.

④ 彭学农:《伯克特论马克思劳动价值论的生态学维度》,《上海师范大学学报(哲学社会科学版)》,2019年第5期。

和批判。

第三阶段生态社会主义虽然并未完全成型,可以算作第三阶段的代表人物也比较少,如加拿大的伊恩·安格斯(Ian Angus)、《气候与资本主义》期刊的编辑、日本学者斋藤幸平(Kohei Saito)等,但是我们仍然可以对其理论窥见一二。一方面,马克思所处的19世纪生态问题还没有凸显,因此生态思想还不够系统,但是作为一种方法论,这种思想却可以指导今天生态问题的认识和生态运动实践。第二阶段的理论成果开启了第三阶段的深入发展。马克思的生态思想,如"生态价值形式分析""新陈代谢断裂",成了生态运动的基础概念,对诸如美国的生态运动"制度变化,而不是气候变化"(System Change Not Climate Change)产生了一定程度的影响。另一方面,新陈代谢断裂理论和生态价值形式理论向纵深方向发展。根据当代资本主义社会出现的全球垄断金融资本的新发展、新特点,他们对诸如资本主义社会再生产、全球价值链问题等进行了新的批判;他们围绕资本主义制度和可持续发展进行具体行业的积极研究,尤其是利用新陈代谢断裂的方法来分析各种具体的生态问题,如气候变化、养分负荷、森林锐减、城市化生态问题、动物虐待、海洋渔业生态危机以及环境正义等等。然而,"并不是所有左派都同意第二阶段生态社会主义学者的观点,也有不同意把重点放在资本主义社会造成的生态断裂或对自然的支配上"。[1] 那些不同意见便形成了新的理论分歧和争论,这对于第二、三阶段的生态社会主义学者们来说,是仍需要面对的问题。

(原载《学海》2021年第3期)

作者简介:王鸽,南京大学哲学系2017级哲学专业博士研究生(导师张异宾),于2018年9月至2019年9月受留基委资助赴加拿大约克大学进行为期1年的交流。现为南京信息工程大学马克思主义学院讲师。

---

[1] John Bellamy Foster and Brett Clark, "Marx's Ecology and the Left", *Monthly Review*, 2016 (68), p.21.

图书在版编目(CIP)数据

思入风云：南京大学哲学系学生国际交流学术论文集/刘鹏，辛香英主编. —南京：南京大学出版社，2022.8

ISBN 978-7-305-25751-3

Ⅰ.①思… Ⅱ.①刘… ②辛… Ⅲ.①哲学－国际学术会议－文集 Ⅳ.①B-53

中国版本图书馆 CIP 数据核字(2022)第 091809 号

出版发行　南京大学出版社
社　　址　南京市汉口路 22 号　　　　　邮　编 210093
出 版 人　金鑫荣

书　　名　思入风云——南京大学哲学系学生国际交流学术论文集
主　　编　刘　鹏　辛香英
责任编辑　刘慧宁

照　　排　南京紫藤制版印务中心
印　　刷　江苏凤凰通达印刷有限公司
开　　本　787 mm×960 mm　1/16　印张 20　字数 321 千
版　　次　2022 年 8 月第 1 版　2022 年 8 月第 1 次印刷
ISBN　978-7-305-25751-3
定　　价　70.00 元

网　　址　http://www.njupco.com
官方微博　http://weibo.com/njupco
官方微信　njupress
销售咨询　(025)83594756